박람회

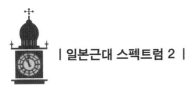

| 일본근대 스펙트럼 2 |

박람회

근대의 시선

요시미 순야 지음

이태문 옮김

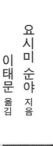

- 한글 표기를 원칙으로 하였으며, 필요한 경우 한자를 병기하였다. 한자는 한국어 발음으로 표기했을 때에는 '( )'로, 일본어 발음으로 표기했을 때에는 '란카이야[ランカィ屋]'라고 표기하였다.

- 일본 고유의 인명, 지명, 상호명 등의 일본어 발음은 『국어 어문 규정집』을 원칙으로 삼았다.

- 본문의 각주 중 역자주는 각주 끝에 '-역자주'로 표기하였다.

- 단행본은 '『 』', 잡지 및 논문 등은 '「 」'로 표기하였다.

일본을 가깝고도 먼 나라라고 한다. 감정적인 거리를 뜻하는 말이겠지만, 학문적으로 무엇이 가깝고 무엇이 먼지 아직 불분명하다. 학문은 감정에 흔들려서는 안 된다. 지금까지 우리 학문은 일본을 평가하려고만 들었지, 분석하려고 하지 않았다. 더욱이 일본을 알아나가는 행위는 운명적으로 우리를 이해하는 길과 맞닿아 있다. 그것이 백제 멸망 이후 바다를 넘어간 도래민족의 찬란한 문화, 조선통신사가 전한 선진 중국의 문물과 같은 자랑스러운 기억이든, 혹은 임진왜란, 정유재란, 식민통치로 이어지는 아픈 상처이든 일본과 한국은 떼어놓을 수 없는 적이자 동지이다.

그런 가운데 근대는 바로 그 질서를 뒤엎는 혁명적인 시기였다. 메이지유신을 통해 서구의 기술과 문물을 받아들인 일본은 동양의 근대화에서 하나의 본보기로 여겨졌으며, 그들 또한 자신들의 기준을 동양에 강제적으로 이식시켰다. 근대는 한 마디로 엄청난 높이, 놀라운 규모 그리고 무서운 속도로 우리들에게 다가왔으며, 지금까지 경험하지 못한 공포와 함께 강한 매력을 선물하였다.

'일본 근대 스펙트럼'은 일본이 수용한 근대의 원형 그리고 그것이 일본에 뿌리내리기까지 어떤 과정을 거쳐 변모했는지를 살피고자 한다. 특히 백화점, 박람회, 운동회, 철도와 여행 등 일련의 작업을 통해 근대 초기, 일본 사회를 충격과 흥분으로 몰아넣은 실상들을 하나하나 캐내고자 한다. 왜냐하면 우린 아직 일본의 학문과 문화 등 전반적인 면에서 높이, 규모, 속도를 정확히 측정한 적이 없기 때문이다. 다행히 '근대 일본의 스펙트럼' 시리즈에서 소개하는 책들은 현재 일본 학계를 이끄는 대표적인 저서들로 전체를 가늠하는 데 큰 힘이 될 것이다.

물론 이번 시리즈를 통해 우리가 얻고자 하는 결실은 일본 근대의 이해만이 아니다. 이번 작업을 통해 우리는 우리 근대사회의 일상을 잴 수 있는 도구를 얻을 수 있을 것이다. 식민지 조선 사회를 형성하였던 근대의 맹아, 근대의 유혹과 반응 그리고 그 근대의 변모들을 거대 담론으로만 재단한다면 근대의 본질을 놓치고 말 것이다. 근대는 일상의 승리였으며, 인간 본위의 욕망이 분출된 시기였기 때문이다. 안타깝게도 우리는 근대사회의 조각들마저 잃어버렸거나 무시하여 왔다. 이제 이번 시리즈로 비록 모자라고 조각난 기억들과 자료들이지만, 이들을 어떻게 맞춰나가야 할지 그 지혜를 엿보는 것도 유익할 것이다.

기획자가 백화점, 박람회, 운동회, 일본의 군대, 철도와 여행 등을 시리즈로 묶은 이유는 이들 주제가 근대의 본질, 일상의 면모, 욕망의 현주소를 보여주는 구체적인 예라고 생각했기 때문이다. 수많은 상품을 한자리에 모아서 진열하고 파는 욕망의 궁전 그리고 새로운 가치와 꿈을 주입하던 박람회는 말 그대로 '널리 보는' 행위가 중심이다. 전통적인 몸의 쓰임새와는 전혀 다른 새로운 움직임을 보여주었다는 점에서 운동회와 여행은 근대적 신체가 어떻게 만들어졌으며, 근대적 신체에 무엇이 요구되었는지를 살피는 계기가 될 수 있을 것이다. 이런저런 의미에서 근대를 한마디로 '보기'와 '움직이기'의 시대라고 할 수도 있겠다.

'일본 근대 스펙트럼'은 바로 근대라는 빛이 일본 사회 속에서 어떤 다양한 색깔을 띠면서 전개되었는지를 살피는 작업이다. 또한 그 다양성이야말로 당대를 살아가던 사람들의 고민이자 기쁨이고 삶이었음을 증명해보이고자 한다. 그리고 궁극적으로는 한국사회의 근대 실상을 다양한 스펙트럼으로 조명되고, 입증하는 계기가 되었으면 좋겠다.

기획위원회
이태문 · 김현호

한국어판 서문

나는 이제 이태문 씨의 노력으로 졸저 『박람회의 정치학』 한국어판이 선보이게 됨을 매우 영광으로 생각한다. 이 책은 1992년 일본에서 주코신서[中公新書]의 하나로 출판되어 지금까지 문화연구나 새로운 문화사의 시점에서 박람회, 박물관, 전시 정치의 정치학에 대해 살펴려는 많은 연구자와 학생들에게 읽혀왔다.

본디 이 책은 19세기말 일본에서 국가 이벤트의 연출과 민중의식 동원을 테마로 한 일련의 연구로부터 이루어진 것이다. 1960년대 후반부터 1990년대에 걸쳐서 나는 박람회와 소학교의 운동회, 메이지 천황의 지방순행 등 근대국가가 국민을 대량으로 동원해 가는 몇 가지의 의례적인 장면에 주목하고서, 이때 사람들의 일상적 의식과 신체감각, 그리고 국가의 문화전략과의 관계를 밝혀내려고 노력하였다.

이러한 관심은 원래 내 첫 저서인 『도시의 드라마투르기— 도쿄 · 번화가의 사회사』(弘文堂, 1987)에서 도시의 번화가에 모여드는 사람들의 의식과 자본, 그리고 국가의 공간전략과의 관계를 문제로 다루었을 때 그 관심의 연장선상에서 비롯되었다. 실제, 이 책에서 이루어진 도쿄 · 우에노에서 열린 내국권업박람회에 대한 분석은 이미 『도시의 드라마투르기』에서 시도한 논의를 발전시킨 것이다. 본서를 비롯한 1980년대 말부터 90년대 초에 걸친 나의 연구는 지금까지 도시공간의 레벨에서 생각해왔던 집합적인 의례와 근대적 권력 관계의 문제를 국민국가라든지 제국이라든지 좀 더 큰 문맥 속에서 고찰해 보고자 할 때 생긴 것이다.

그리고 이러한 작업을 진행해 가면서 새롭게 떠오른 것이 박람회와 식민지주의의 밀접한 관계였다. 1980년대 후반, 마침 해외에서도 19세기말 만국박람회의 식민지주의 이데올로기를 문제로 다룬 몇몇 중요한 연구성과가 나오기 시작하였다. 그러한 움직임과 관련해, 본서는 근대일본의 박람회에서 제국주의와 식민지주의가 어떻게 표상되었는지를 문제로 삼은 비교적 이른 연구였지 싶다. 하지만 이러한 관점은 본서가 출판된 후 1990년대 후반부터 급속하게 확산, 지금에 와서는 박람회와 제국주의라는 주제는 아주 일반화되어, 많은 연구자들이 각기 꼼꼼한 분석을 쌓아 가는 영역이 되었다. 본서의 분석은 이미 최근의 이들 연구에 의해 극복되었다고 생각되지만, 내가 본서의 연구를 하고 있었던 1980년대 후반에는 아직 그와 같은 시점이 오늘날처럼 널리 인식되어 있지 않았다는 점을 이해해 주었으면 한다.

또 한 가지, 이 책의 중핵이 되고 있는 것은 박람회와 소비문화의 관계이다. 어느 의미에서 이 책은 박람회라는 구체적인 군집의 공간에 초점을 맞춤으로써 국민국가와 제국주의, 그리고 소비사회의 관계를 밝혀내는 게 의도였다. 근대도시 속에 불쑥 나타난 여러 이미지 소비의 공간, 예를 들어 백화점과 놀이동산, 박물관, 광고 등의 원형이 박람회에 있지 않나 생각하였던 것이다. 이러한 관점은 본서 안에서 해외 만국박람회의 분석, 혹은 백화점이나 신문사가 개최한 박람회를 분석하는 과정에서도 나타났으리라 본다. 내 자신 역시 이 책을 뒤이어 특히 백화점이나 놀이동산과 이미지의 소비, 도시 중의 젠더 등을 테마로 계속 연구를 진행하고 있다.

이 책이 일본에서 출판된 지 벌써 10년 이상이 지났다. 그 동안 내 자신은 비판적인 문화연구의 시점으로부터 박람회 이외의 여러 주제, 예를 들어 아메리카화나 글로벌화, 미디어와 테크놀로지 등의 영역을 끌어들였다. 그리고 언젠가는 박람회의 문제를 다시 한 번 정면부터 다루어 보려고 한다. 이렇게 말하는 이유는 이 책에는 적어도 세 가지의 미해결 과제가 남아있다고 생각하기 때문이다.

그 첫 번째는 박람회에 실제로 모여든 사람들의 받아들이는 방식, 동시대 민중의 일상의식 속에 박람회 수용에 대한 분석이 이 책에서는 아직 충분하지 않다. 분명 이 책 곳곳에서 박람회를 찾은 사람들의 여러 시점을 선보이고 있다. 그럼에도 어떠한 사람들이 각각의 장면에서 박람회에 어떤 반응을 하였는지, 어떤 이야기가 박람회 안에서 빚어지고, 사람들의 정체성과 전시품의 의미를 변용시켜 갔는지 이러한 점들에 대한 분석은 정리되지 못한 채 마무리되었다. 나로서는 조만간 근대국가가 발명한 박람회를 여러 지역, 계층, 젠더의 민중이 어떻게 받아들이고, 그러한 국가 상징전략과의 관계에서 자신들의 정체성을 어떻게 재조직해 갔는지를 밝혀내는 작업을 본격적으로 하고 싶다.

한 가지 더 이 책 안에서는 충분히 논의하지 못한 것은 1970

년 오사카 만국박람회에 대한 분석이다. 본서의 초점은 19세기말부터 20세기초까지의 박람회에 있었던 까닭에, 제국주의와 소비문화의 관계가 전면에 내세워졌다. 하지만 제2차 세계대전이 끝난 이후의 박람회 분석에는 또 한 가지 개발주의라는 중요한 시점의 도입이 필요하다고 생각한다. 전후 고도경제성장기를 거쳐 일본에서 개최된 박람회, 혹은 1964년 도쿄 올림픽은 제국주의와 소비문화의 제전 이상으로 개발주의, 지역과 국가의 개발정치와 밀접하게 관련을 맺고 있는 이벤트였다. 그리고 이러한 관점은 1988년 서울 올림픽과 2008년 북경 올림픽, 2010년 상해 만국박람회의 문화정치를 생각할 때에도 중요한 의미를 지닐 것으로 본다. 20세기 후반 이와 같은 대형 이벤트를 분석하는 데에는 이 책에서 제시한 것과는 다른 분석들이 필요할 것이다. 그러한 개발주의와 제2차 세계대전 이후의 박람회 분석 역시 조만간 내가 정리해 보려는 테마 가운데 하나이다.

끝으로 본서의 박람회 연구는 박람회에 있어서 제국주의와 식민주의를 문제로 다룬 경우에도, 주로 일본 본토 내에서 개최된 박람회를 다루고 있으며, 대만이나 한반도, 만주에서 열린 박람회에 대해서는 자료적인 한계로 인해 본격적인 분석을 시도하지 못했다. 하지만 이러한 일본의 제국주의 지배 하에 아시아 각국의 박람회와 박물관, 문화의 전시를 놓고서 최근 많은 젊은 연구자들이 의욕적으로 분석을 시도하고 있는 덕분에 이 책의 전망을 뛰어넘는 새로운 지평이 나타나기 시작하였다. 나로서도 이러한 새로운 연구 성과들을 섭취하면서, 일본보다도 동아시아라고 하는 문맥 속에서 본서가 다루었던 전시의 문화정치 문제를 다시금 고쳐나가려고 한다.

1990년대 이후, 포스트 콜로니즘과 컬처 스터디, 뮤지엄 스터디라는 영역의 확대와 심화 속에서 박람회와 박물관, 전시의 정치학에 대한 연구는 세계적으로 큰 진전을 보여주었다. 이러한 가운데 특히, 동아시아에서 일본 제국주의의 지배와 포스트 식민지체제 속에서의 박람회와 박물관, 문화의 전시가 어떠한 정치학을 내포하고 있는지 살피는 것은 참으로 중요한 작업이다. 이번, 한국어판이 출판되는 것을 계기로 이 책에서 내가 제기한 문제들이 동아시아의 근대를 다루어 가는 데 하나의 실마리를 제공하게 된다면 너무나 기쁠 따름이다.

2004년 1월
요시미 순야

　사람을 끈다는 것은 바로 사람의 주목을 받는 것이며, 이렇게 모인 눈을 통해 정보는 전달된다. 그것이 사랑이든 제국의 위대함이든 시선을 통해 받아들이는 정보는 강렬하고 격정적이다. 이 책을 통해 박람회의 정치적 시선을 주목하는 이유도 여기에 있다. '百聞不如一見', 그 구체적인 실험이 박람회에서 이루어졌으며, 일반 대중들도 그 말의 깊은 뜻을 직접 실천으로 옮길 수 있었다. 일본은 일찍이 서구문명의 현장을 직접 답사하면서, 그 충격적인 경험들을 정리하고 기록으로 남겼다. 그리고 일본이라는 존재를 알리면서 동시에 서구문명의 일본화에 박차를 가하였다. 박람회도 이때 체득한 귀중한 성과물이자, 근대로의 모색이 이룩한 완결편이었다. 그 결과 일본은 정부는 물론이고 백화점과 신문사, 그리고 각종 단체가 새로운 정보를 전달하고 자기를 알리는 장으로 박람회를 수없이 개최하는데, 한마디로 박람회의 천국을 이루었다. 계몽과 선전의 장 박람회는 국내만이 아니라 조선, 대만, 만주 등 식민지 현장에서도 열려 식민통치의 정당성과 업적을 알리는 데 자기 역할을 톡톡히 한다.

　상상을 뛰어넘는 일이 벌어지는 현장, 자신의 일상과 거리가 있을수록 더욱 매력적으로 다가온 물건의 향연, 가장 이질적일 수 있는 사람들이 같은 공간 안에서 비록 한정적이지만 시대의 첨단을 달리는 상품들을 공유할 수 있었던 짜릿한 체험. 동양 사회의 근대 선두를 장식한 일본의 대중이든 식민지 구조의 모순 속에서 근대의 침투를 무방비로 받아들여야 했던 식민지 민중이든 박람회는 마약처럼 모든 신경과 의식을 마비시키기에 충분한 힘과 관능미를 가지고 있었다.

계몽과 선정의 장 박람회를 통해 사회는 비록 그 정도의 차이는 있을지언정 비약한 것이 사실이다. 도로의 정비, 철도와 비행기 등 교통망의 확충, 게다가 전화 보급과 숙박업, 여행업, 수송업이 크게 발전하였다. 하지만 그 비약으로 인해 사회는 갑자기 생긴 공백을 메우기 위해 고통을 겪어야 했는데, 특히 식민지 사회의 경우에는 비약이 큰 만큼 사회적 병폐도 만만치 않았다.

> 박람회(博覽會)다! 박람회다! 이때를 노치면 큰 낭패다! 三十萬 서울은 百만二百만이 된가.
> 려관업(旅館業)이다. 음식점(飮食店)이다.
> 평양(平壤)에서는 긔생들이 총동원(總動員)으로 서울에 원정(遠征)을 온단다.
> 술장사, 밥장사! 계집장사! 협심패! 날랑패! 부랑자! 거관 등등등 이러케 아즉도 석달이나 남은 박람회의 '포스터-'를 둘러싸고서 야단법석이다. (중략)
> 이러케 시골, 서울 할 것 업시 박람회만 열이면 무슨 큰 수나 날 것 가티 뒤범벅이 되어 펄쩍 떠든다. 집파라 논파라 딸파라! 박람회를 리용하야 돈을 벌랴는 사람들─ 한달 동안에 거부가 되어 흥청거리고 살어볼 꿈을 꾸는 가엽슨 사람!
> 몰려오는 예이차 공진회 보따리의 눈물에 저진 쇳푼을 노리

고 잇는 무리들! 요란한 서울의 그 두 달이 지나간 뒤에 차탄 (嗟歎) 비명(悲鳴)이 그들의 입에서 터저 나오지만 안 오리라 는 것을 그 누가 보증하랴.

박람회 박람회! 서울의 '일미녀이순' 과일만가지의 착종(錯綜) 되며 움즉이는 물톄에서 울어나는 교향악(交響樂)은 이땅의 잔몽(殘夢)일 것이다.

조선일보 1929. 6. 8.

한편, 박람회가 일정한 장소에 많은 물건을 진열하여 사람들의 시선을 끌어 모았다는 점에서 박물관과 백화점과도 호흡을 같이 한다. 실제로 메이지초 일본 정부는 박람회 개최와 박물관 건설에 힘을 많이 기울였는데, 박람회는 한시적인 기획 박물관, 박물관은 항구적인 상설 박람회라는 인식이 일반적이었다.

1873년 빈 만국박람회 당시 실질적인 책임자였던 공부(工部) 대신 사노 쓰네타미[佐野常民]는 박람회는 박물관의 기능을, 박물관은 박람회의 구조를 가지고 있다는 식의 이해를 내국박람회에서 구체적으로 실천에 옮긴다. 또한, 1871년 12월 23일 요코하마를 출발, 1873년 9월 23일 귀국할 때까지 대규모 사절단을 이끌고 구미 일대를 직접 답사한 이와쿠라 사절단(岩倉使節團)의 행적과 견문을 기록한 구메 구니다케[久米邦武]의 『미구회람실기(米歐回覽實記)』에서도 박람회는 박물관 설립의 예비단계로, 박물관은 상설의 박람회라는 인식을 엿볼 수 있다. 한마디로 뮤지엄과 엑스포를 구분하지 않았는데, 이들 두 가지의 장치를 근대화를 위한 중요한 제도로서 적극 받아들이려고 했음을 분명히 알 수 있다. 그런데 마쓰다 히사나리[町田久成; 1838~1897, 1865년 영국으로 넘어가 선진세계를 배운 뒤 귀국 후 적극적으로 박물관·

식물원·동물원을 만들 것을 주장한 인물로 제국박물관(帝國博物館) 초대 관장─역자주]는 사노의 구상에 도서관·자연박물관·역사박물 관·미술박물관 등 뮤지엄을 적극 반영시키려고 노력하였다.

일본의 박람회는 박물관의 교육성만이 아니라 동물원·식물 원·공원과 같은 오락성 및 축제성을 끌어들였는데, 이는 서 구의 박람회가 '새로운 발견'의 박물학적 시선에서 출발한 것과 맥을 같이하면서도 근대의 새로운 근대 여가 공간의 동시적 구 현이라는 의미를 지닌다. 여기에서 계몽과 선전, 그리고 유흥 이 덧붙여진다. 즉, 테마 파크 혹은 놀이동산이 본격적으로 소 개되었는데, 이 점에 대해서는 별도로 소개하고자 한다.

한편, 내국박람회에서 팔고 남은 물건들을 권업장(勸業場)으로 옮겨 팔았으며, 이 권업장이 진열장 도입, 토족(土足) 입장 등 백 화점으로 변신을 이루었다는 내용은 『백화점』(논형, 2003.8)에서 확인한 바 있다. 그리고 이들 백화점이 자체 박람회를 기획하여 적극적으로 근대생활의 규범을 널리 알리려고 한 사실도 거듭 확인할 수 있었다. 다시 말해, 백화점은 대중적 관심을 유도하 고 주목을 받으면서 유행을 만들어 나갔으며, '인기'를 누렸다. 근대는 바로 유행과 인기라는 새로운 개념과 만날 수 있었다.

어떤 의미에서 박람회는 유행을 동시적으로, 인기를 다발적 으로 창출한 정치적 공간이라고 할 수 있다. 박람회장을 찾은 수많은 사람들은 비록 감각적인 한시 체험이지만 권위적인 장 치로 포장된 유행에 동시적으로 노출된다. 그리고 각종 파빌리 언과 공연물, 행사 등을 통해 인기라는 어색한 표현이 낯선 사 람들을 이어주었다. 이런 식으로 출신, 학벌, 계급을 달리하는 사람들은 식민지 개발이 낳은 박람회의 정치적 시선 아래에서 하나로 통합될 수 있었다.

　내 평생의 업으로 느꼈던 박람회의 번역을 마치면서 잠시 개인적인 이야기를 덧붙이고자 한다. 일본에 와서 박람회의 스토커가 된 지 어느덧 5년이 된다. 계기는 1915년 〈조선물산공진회〉 때 경복궁 연예관에 올려진 한 장의 사진인데, 전라(全裸)에 가까운 사진 속의 댄서가 나를 손짓하였다. 그 후 식민지 조선에서 열린 박람회와 일본 국내에서 열린 박람회 속의 '조선'을 쫓으면서 느꼈던 스릴 이상으로 난 지금 긴장하고 있다. 나의 운명을 바꿔놓은 박람회, 그 바이블이라고 할 수 있는 좋은 책(특히, 요시미 순야 선생을 알게 된 것은 정말 행운이다. 그는 일본 근대사회의 '근대적 면모'를 구체적으로 접근하면서 폭넓은 지식과 자료로 근대의 사회상을 오늘날 우리의 언어와 시각으로 소개한 대표적인 연구자이다)을 소개한다는 짜릿한 흥분도 있지만, 사실 두려움이 더 크다. 마치 돼지저금통의 배를 가르고 꺼낸 푼돈이 내 꿈을 사기에는 턱없이 부족한 것을 깨달았을 때의 허탈함이라고 할까. 나에게는 소중한 책이지만, 나의 학문적 미천함과 스토커적인 욕심이 빚은 환상에 불과할 수 있기 때문이다. 미키 마우스의 가면을 벗고서 땀에 범벅이 된 댄서의 거친 숨소리와 이그러진 얼굴처럼, 괜히 꿈의 궁전 박람회의 환상을 깨놓은 것은 아닌지.

　하지만 이 책이 근대의 일상으로 접근하는 데, 또한 근대의 실상을 이해하는 데 도움을 줄 것으로 믿는다. 우린 지금 학문의 스토커가 되어야 하며, 단내를 풍기며 헉헉거리는 댄서의 열정과 생활의 고통까지 껴안아야 한다. 학문의 근대를 위해…

2003년 11월 도쿄에서
이태문

차례

서장

박람회라는 근대

1867년 파리 만국박람회에 전시된 여러 민족의 신들
(L'Exposition Universelle de 1867)

1. '발견'된 세계

세계는 '발견'되어 왔다. 콜럼버스가 세빌리아의 항구(팔로스항)에서 대서양으로 출범하기 훨씬 전부터, 대항해 시대의 도래는 필연적인 사실로 되어 있었다. 최초로, 이 불가역적 프로세스에 발을 디딘 것은 포르투갈의 항해 왕자 엔리케[1]이다. 1419년, 그는 포르투갈 남단의 서글레스에 항해를 위한 연구소를 설치하고 아프리카 서해안으로 일련의 탐험에 착수한다. 추측컨대, 엔리케의 활동이 콜럼버스의 모험적 항해 이상으로 중요한 것은 그 방법의 조직성 일지 싶다. 그는 미지의 세계를 꿈꾸고 목숨을 건 모험에 무모하게 뛰어들지 않았다. 유럽이 인식하는 세계의 지평선을 멋지게 조직된 프로젝트에 따라 확장시켰다. 이를 위해 먼저 외양(外洋)을 고속으로 항해할 수 있는 3개의 돛이 달린 경쾌범선(輕快帆船)을 개발했으며, 나침반을 비롯한 항해용구의 실용화를 진행시켰다. 또한, 탐험을 지원하기 위해 서글레스의 연구소에는 지도제작이나 천문학의 전문적 연구부문을 따로 설치하여 새로운 발견을 지도 안에 속속 정밀하게 기록하였다. 게다가 선단이 도착한 지점에는 항로를 확실하게 하기 위해서 포르투갈의 요새를 구축하였다. 이렇게 해서 1434년 당시 항해 가능한 한계선으로 인식되었던 보쟈도르 곶이 돌파되었으며, 1445년에는 대서양 위에 떠있는 카보 베르디[2]까지, 1457년에는 북위 10도까지 항해를 넓혔는데 왕자가 죽은 후에도 이러한 조직적 활동이 계속된 덕분에, 드디어 1488년 바르톨로뮤 디아스가 희망봉(喜望峰)을 발견하고, 10년 뒤에는 바스코 다 가마가 인도 항로를 발견한다.

[1] Henrique O Navegador; 1394~1460-역자주

[2] Verde; 포르투갈어로 녹지, 자연을 뜻하는 말-역자주

3 Immanuel Wallerstein,
1930년 뉴욕 출생. 컬럼
비아대학 사회학 박사.
졸업 후 같은 대학에 재
직했으나 1968년의 학
생운동에 적극 동참하
면서 대학을 떠났다가,
몬트리올의 맥길대학으
로 옮겼다. 1976년 이래
뉴욕주립대학 교수. '세
계체제론'의 거장. 저서
『근대세계체제』, 『포스
트 아메리카』, 『탈=사회
과학』, 『애프터 · 리벌
리즘』, 『전이(轉移)하는
시대』가 유명-역자주

4 Wallerstein, I., The
Modern World-System,
Academic Press, 1974.
川北稔 譯, 『近代世界
システム』, 岩波書店,
1981, I, 41-56쪽.

이매뉴얼 월러스틴[3]은 근대세계의 시스템 성립에 이르는 과정에서 결정적인 첫걸음을 다름 아닌 포르투갈이 내딛었다는 사실에 주목하고서, 그 이유로서 대서양에 면한 지리적 조건, 원거리 무역의 경험, 제노바인의 투자를 얻기 쉬웠던 점 등 3가지를 들었다. 그리고 덧붙여 15세기 유럽에서는 포르투갈이 유일하게 내란을 경험하지 않고, 국가 기구의 강화와 확대를 추진할 수 있었던 점도 꼽았다.[4] 이 같은 조건을 갖춘 국가에게 탐험은 커다란 이익을 가져다주는 전망 있는 사업이었다. 따라서 비슷한 조건을 구비한 국가가 나타날 경우, 이 또한 탐험을 이익을 낳은 사업으로 추구할 가능성이 높았던 것이다. 그런 의미에서 머지않아 스페인이 주도하고 네덜란드, 영국으로 이어져 확장일로에 있었던 이 '발견'의 프로세스는 중심점이 이동하면서 증식해 간 거대한 인식과 실천의 운동이었다고 할 수 있다. 물론, 그러한 프로세스 가운데 1492년 콜럼버스에 의한 '신대륙 발견'이 가장 드라마틱하고 결정적 순간이었음은 말할 필요도 없다. 이후 콜럼버스는 총 4차례의 항해를 실시하였고, 그밖에도 디아스나 가마에 의한 발견이 있으며, 그리고 1499년에는 아메리고 베스푸치의 남아메리카 대륙 발견, 1513년에는 바스코 누녜스 데 발보아의 태평양 발견, 1522년에는 마젤란의 세계일주가 이루어진다. 엔리케가 시작한 인식과 실천의 프로젝트는 1490년 무렵부터 1520년 무렵까지 겨우 30여 년 만에 우리가 살고 있는 세계의 모습을 전혀 다르게 바꿔 버렸던 것이다.

이와 같은 식으로 유럽인들이 새롭게 '발견'한 세계는 그리스도교의 우월성을 증명하는 상징으로 또는 유럽의 부를 위한 착취의 대상으로 정복되었으며, 식민지화 되어갔다. 한편 포르투 갈인들의 활약 무대가 된 인도양에서는 1509년 알부케르케[5]가 인도총독으로 취임하자 주요 교역거점의 식민지화가 강력히 추진되었다. 다음 해인 1510년 그는 인도양 최대의 교역거점 고아를 점령, 1511년에는 말라카에도 진출한다. 이들 땅에 있 었던 이슬람교도는 남김없이 살해당하였고, 그 자리에 견고한 돌로 둘러쌓은 포르투갈인의 거류지가 건설된다. 한편, 스페인 이 패권을 넓히고 있던 아메리카 대륙에서는 상상을 뛰어넘는 대규모 살육과 문명 섬멸이 이루어졌다. 페르난도 콜테스가 교 묘하게 정보를 조작하고, 부족 간의 대립을 이용해 불과 수백 명의 병사로 아즈텍 제국의 수도 멕시코를 제압한 것은 1521 년의 일이다. 계속해서 1533년 이번에는 피사로[6]가 역시 몇 안 되는 병사를 가지고서 잉카 제국의 수도 쿠스코를 제압한다. 그리고 이들 두 가지 '정복'을 정점으로 광대한 아메리카 대륙 은 유럽에서 넘어온 침입자로 인해 차례차례 유린되어, 본래의 자연과 사회 모습은 급격하게 변하고 만다. 일반적으로 16세기 초 세계의 총인구 4억 명 중 약 8,000만 명이 아메리카 대륙의 주민이었다고 한다. 그 가운데 16세기 중반까지 살아남은 이는 약 1,000만 명이다. 전 주민의 거의 9할이 16세기 수십 년 사 이에 죽음을 당하고, 질병으로 쓰러지고, 굶어죽은 것이다. 분 명한 것은 이런 비극의 최대 원인이 유럽으로부터 건너온 천연 두와 홍역 등의 질병이 이 대륙의 주민들이 전혀 면역을 지니 고 있지 않은 탓이겠지만, 이와 함께 스페인인들이 정복 과정 에서 그들을 학대하고 삶의 의욕을 빼앗았다는 것과도 무관하 지 않을 것이다.

5 Albuquerque, Affonso de; 1453~1515-역자주

6 Pizarro, Francisco; 1474~1541-역자주

우리는 근대의 막이 이러한 역사상 유례가 없는 대살육과 함께 시작하였다는 사실을 절대 잊어서는 안 된다. 그렇지만 여기서 주목하고 싶은 것은 새롭게 '발견'되고, 정복된 세계가 가능하게 만든 지구 규모에서 이루어지는 물건과 정보의 유통이다. 예를 들어, 아메리카 대륙에서 유럽으로 유입된 것 가운데 경제적으로 가장 중요한 것이 금과 은이었다는 것은 언급할 필요가 없다고 치더라도, 동시에 옥수수와 감자·토마토·고추 등 수많은 식물이 '신대륙'에서 '구대륙'으로 건너가 유럽인들의 식생활을 바꿔놓았다. 물론, 아시아와 아프리카에서도 새로운 종류의 동식물이 대량으로 유럽에 옮겨졌다.

그리고 인간들도 이처럼 '발견'된 '자연계의 진기한 물건'의 일부를 이루고 있었다. 실제, 이미 콜럼버스는 본국의 사람들에게 자신이 '인도'를 발견하였음을 증명하기 위해 수목·조류·동물류와 함께 6명의 인디오[7]를 '표본'으로 데리고 간다. 콜테스도 마찬가지로 멕시코 정복 후 다수의 조류 및 동식물류와 함께 고기 잡는 어부와 신체가 부자유스런 인디오를 데리고 가 스페인 궁정과 로마 교황청에서 '견본시[8]'를 개최한다. 식물과 동물, 그리고 인간까지도 '발견된 자연'에 속하는 '물건'의 일부로서 유럽인들 앞에 전시되었던 것이다. 게다가 이와 같은 다양한 '자연'의 이미지는 목판화와 항해기록을 통해 널리 알려지게 된다.[9]

대항해 시대에 출현한 '세계의 발견'은 단순한 지리상의 대륙이나 항로의 발견이 아니다. 그것은 요컨대 어떤 시선의 발견이었다. 이 시선은 '발견'된 세계에 객체로서 '자연'의 지위를 강요하고, 이를 기록하고 분류하며, 그리고 배치한다. 츠베탕 토

7 Indio, 라틴 아메리카에 사는 인디언들의 총칭-역자주

8 見本市; 상품의 견본을 전시하여 소개·선전하면서, 상품거래를 하는 시장-역자주

9 Marshall, P.J. & G. Williams, *Great Map of Mankind*, J. M. Dent & Sons, 1982. 大久保桂子 역,『野蠻の博物誌』, 平凡社, 1989. 그리고 多木浩二,『ヨーロッパ人の描いた世界』, 岩波書店, 1991 등을 참조.

도로프(Tzvetan Todorov)는 1492년 "그라나다의 마지막 전투 때 모루인[10]을 격파하고, 유대인을 강제적으로 영토에서 추방하는 식으로 안에 있는 '타자(他者)'를 떼어버린 스페인은 이후 라틴 아메리카, 즉 밖에 있는 '타자'를 발견한다"고 적고 있다. 토도로 프에 따르면, 한편에서는 자기 내부의 이질성을 배제하면서 다른 한편에서는 시선을 받는 객체로서 이질성을 도입해 가는 이러한 행동은 동일 운동의 겉과 속이었다.[11] 다시 말해, 이러한 이중 조작으로 자기는 순수하게 시선을 던지는 주체로서, 시선을 받는 타자를 소외시키고, 타자로부터 소외당하는 이 간극에 세계를 규율 · 훈련하는 투명하고 추상적인 시계(視界)가 확대되고 구성되어 갔던 것이다. 게다가 이러한 시계의 구성은 포르투갈과 스페인의 패권으로부터 머지않아 18세기 오리엔탈리즘이 혹은 이 책이 다루고 있는 박람회의 역사가 보여주듯이 유럽에 의한 근대세계의 재편이라는 정치경제 구조의 변동과 깊은 관련을 맺고 있었다. 근대란 바로 그러한 정치 · 경제 · 문화 등 모든 차원들이 복잡하게 얽혀 있었던 세계의 '발견=재편'의 프로세스에 다름 아니었다.

이러한 변화는 하지만 오래 시간을 거쳐 천천히 진행되었다. 대항해 시대가 가져다 준 새로운 세계의 지평선이 금방 여러 사람의 시선 구조를 바꿔놓았던 것은 아니다. 실제로 대항해 시대의 탐험자들은 18세기에 확산되던 투명하고 추상적인 공간 속에서 세계를 '발견'하지는 않았다. 그 예로, 콜럼버스가 '신대륙'을 발견한 방법은 참으로 중세적이다. 그는 항해 중에 만난 자연에 대해서 상세한 묘사를 남겨 놓았지만, 그 시선은 후대의 박물학자들과는 전혀 달랐다. 콜럼버스가 자연을 묘사한

10 Mourisque; 스페인 의 한 부족 이름-역자주

11 Todorov, T., *La Conquete de l'Amerique*, Editions du Seuil, 1982. 及川馥 · 大谷尙文 · 菊地良夫 역, 『他者の記號學』, 法政大學出版局, 1986, 4-70쪽.

12 원문은 프랑스어
signe(徵)로 표현-역자주

것은 그것들을 어떤 추상공간 안에서 분류하려고 해서가 아니라, 그 속에서 여러 가지 기호[12]를 읽어내려고 했기 때문이다. 경험에서 길러진 그의 눈으로 보자면, 바람이 없는데도 비가 내리면 육지가 가깝다는 징표이며, 어처구니없게도 바다 위에서 길을 잃고 날아다니는 두 마리의 새 역시 육지가 멀지 않았다는 징표였다. 마찬가지로, 흑인과 앵무는 더위의 징표이며, 그 더위는 부(富)의 징표였다. 그렇기 때문에 인디오들의 피부색은 자세히 기록하지 않으면 안 되었던 것이다. 그는 또한 항해 중에 만난 섬과 산, 강에 집요하게 이름을 붙여 가는데, 그것은 '사물은 그에 합당한 이름을 가지지 않으면 안 된다'라는 의식이 있었기 때문이다. 콜럼버스의 이러한 시선은 박물학자보다도 돈키호테의 시선에 훨씬 가깝다.

그림 서장-1 조선박람회(1928, 도쿄) 그림엽서
정감 어린 평양의 모란대 (이태문 소장)

2. 박물학적 시선의 확대

우리들은 이렇게 해서 겨우 이 책의 출발점에 도착하게 되었다. 알려진 것처럼 미셸 푸코는 17세기 유럽에서 어떤 에피스트메[13]의 변용, 즉 사람들이 세계와 관련을 맺고, 그 속에서 자기 자신을 발견해 나갈 때 인식론적 공간의 변용이 보인다는 점을 지적하였다. 푸코에 의하면, 16세기말까지 유럽에서는 유사성(비슷함)이 지(知)를 구성하는 기본원리였다. 자연은 그 수많은 부분이 서로 근접하고, 닮아가며, 상호 반향을 일으켜 접촉하는 식으로 자신의 주위를 둘러싼다. 거기서는 언어 역시 의미작용의 자의적인 체계 같은 것이 아니라, 아직 유사함과 외부적 표상의 끝나지 않는 분포로서, 사물의 질서 일부분을 형성하고 있었다. 따라서 어느 생물을 기술하는 것은 그 기관이 어떠한 것인가를 밝히는 것만이 아니라, 그것이 등장하는 전설과 이야기, 그에 대한 고대인이 언급한 것, 나그네가 표현한 것 등 모든 것을 동시에 기술하는 행위였던 것이다. 이 시대, 자연은 '말과 표식의, 이야기와 문자의, 언설과 형태의 촘촘한 직물'을 이루고 있었으며, 이런 자연을 기술하는 것은 곧바로 이와 같은 언어와 사물이 서로 교착한 두툼한 서적을 해석=재현해 가는 것과 다르지 않았다. 자연이란 분명히 한 개의 커다란 서적이었다.[14] 우리들은 앞서 콜럼버스가 이와 같이 유사함과 외부적 표상세계의 주민이었던 사실을 보았다. 콜럼버스와 똑같은 예들은 정도의 차이는 있을지라도 동시대의 많은 사람들에게서도 얼마든지 찾아볼 수 있을 것이다.

그런데 17세기 중반 이러한 세계를 짜는 방법 자체가 근본부

13 그리스어 episteme로 아리스토텔레스가 단순한 감각적 지각이나 일상적 의견인 독사(憶見)에 대립시켜, 확실한 이성적 인식을 가리켜서 부른 말-역자주

14 Foucault, M., *Les Mots et les Choses*, Editions Gallimard, 1966. 渡辺一民・佐々木明 역, 『言葉と物』, 新潮社, 1974. 40-70쪽.

터 변화한다. 지(知)는 이제 유사함의 원리로 세계를 질서 잡으려던 것을 버리고, 동일성과 상이성의 새로운 시계(視界)가 성립된 것이다. 그리고 이런 시계 안에서 등장하는 것이 박물학과 부(富)의 분석, 거기에 누구나 이해하고 납득할 수 있는 일반문법(一般文法)이다. 이제 이야기를 박물학에 한정하자면, 17세기 이후 발전하여 18세기에 전성기를 맞이한 박물학은 대항해 시대가 '발견'한 세계를, 대항해 시대와는 다른 방식으로 주목하고, 분류하며, 배치하였다. 이 박물학적 시선을 성립시킨 것은 물건과 물건을 배치하는 투명한 액자상태의 인식공간이다. 거기에서는 '일체의 주석이나 부속적 언어로부터 해방된 모든 존재가, 그 가시적인 표면을 이쪽을 향해 한 줄로 나열해, 그 공통의 특질에 따라 비교되고, 그렇게 함으로써 이미 잠재적으로 분석되고 가져야할 유일의 이름을 제시한다'.[15] 푸코는 여기서 볼거리로서 동물을 보여주기와 박물학으로서 동물을 기술하는 행위가 근본적으로 다른 표현형식에 따른 것임을 강조한다. 대항해 시대에도 진기한 동물을 볼거리로 보여주는 흥행물이 크게 유행하였는데, 그들 동물이 모습을 보여주는 것은 전설적인 과거의 재현으로서 동물 이야기의 역할을 연기하는 것을 통해서였다. 그런데 박물학의 발전과 병행하여, 17세기부터 건설되기 시작한 표본진열관과 동식물원은 원을 그리며 거리를 둘러싼 흥행물의 행렬을, '표상'[16] 형식의 전시로 바꿔놓는다. 푸코가 지적한 것처럼 이전 극장적 현현(顯現)과 새로운 박물학적 전시 사이의 거리를 만든 것은 단순히 지식욕의 증대가 아니라, '물건을 시선과 언설의 쌍방에서 묶는 새로운 방식'이었다.

그리고 이와 같은 박물학적 공간에서 특권적 작용을 하게 된

15 앞의 책, 150-155쪽.

16 원문에서는 프랑스어 tableau(表)를 사용-역자주

것이 시각이다. 박물학적 시선의 공간에서는 전문(傳聞)과 같은 것은 물론, 맛과 냄새, 감촉처럼 시각 이외의 불안정한 감각요소는 모두 배제된다. 게다가, 시각 속에서도 색채에는 2차적인 역할밖에 주어지지 않으며, 표면의 형태나 요소의 수, 요소 간의 배치, 크기 등에 특권성이 주어진다. 박물학은 '발견'된 세계를 그 엄밀하게 원격적인 한정적 시각의 힘에 의해 주목하였던 것이다. 아마도 이런 시각의 특권화는 마셜 맥루한[17]이 논한 것처럼 활자인쇄의 보급을 전제로 한 것이었다. '인쇄문화에서 볼 수 있는 시각에 의한 경험의 균질화가 청각을 내세워 오감(五感)이 짜내던 복합적 감각을 배경으로' 밀어내고서, 고정된 능동적인 관점을 가능하게 하였다는 맥루한의 주장은, 푸코가 여기서 문제로 삼고 있는 변용의 기술적 전제를 이야기한다는 의미에 국한시킬 경우 타당하다.[18] 하지만 미디어의 변화가 감각의 사회적 편성을 일방적으로 바꾼다고 생각하는 것은 잘못이다. 17세기 이후 문서의 보관 시스템이 발달하여, 도서관이 정비되고, 카탈로그와 장서목록이 작성되었음을 푸코는 박물학의 발달과 병행하여 중요한 변화로서 지적하고 있지만, 이러한 변화는 인쇄기술의 보급을 전제로 삼아가면서도 그러한 기술 보급 자체를 가능하게 만든 사회적 세계를 짜내는 방식의 변용 속에서 생긴 것이다. 미디어의 변용은 사회가 세계와 관련을 맺는 방식을 구조화하는 원리의 변용 가운데 하나로 균질적인 현상에 다름 아니다.

이렇게 인식의 매체와 형식이 복잡하게 교차하면서 성립된 박물학적 시계는 그 후 수세기에 걸쳐서 근대세계를 질서 짓는

17 Herbert Marshall Mcluhan; 1911~1980-역자주

18 McLuhan, M., The Gutenberg Galaxy, U. of Toronto Press, 1962. 森常治 역, 「グーテンベルクの銀河系」, みすず書房, 1986. 그리고 吉見俊哉, 『メディア變容と電子の文化』, 〈思想〉 817호, 1992, 16-30쪽 참조.

19 John Ray; 1627~ 1705, 영국의 박물학자, 영국 박물학의 아버지-역자주

20 Tournefort, Joseph Pitton de; 1656~1708, 프랑스 식물학의 아버지. 꽃의 모양에 따라 22 강(綱; classe)으로 나누고, 나아가 열매와 씨 모양에 따라 다시 목(目; section)과 속(屬; genre)으로 나누었다-역자주

21 Carl von Linne, 1707-1778, 스웨덴의 식물학자이자 박물학자. 처음으로 동물학과 식물학을 분리하여 강의하였으며, 생물의 속명과 종명으로 학명을 나타내는 이명법(二名法)을 창안하여, 현대 생물 분류학의 방법을 체계화했다-역자주)

22 Buffon, Georges Louis Leclerc, comte de; 1707~1788, 프랑스 박물학자로 파리왕립식물원 원장을 지냄. 린네의 인위적인 분류법과 달리 자연계를 종합적으로 검토한 위에 판단하자는 '자연적 분류법'을 제창-역자주

23 Bougainville; 1729~ 1811, 프랑스 탐험가. 그의 항해기와 세계주유기는 17~18세기 문화인류지로 높이 평가됨-역자주

가장 기본적인 원리가 된다. 이후 상당 기간 동안은 학설사적 수준에서는 레이[19]와 투르느포르[20]에서부터 린네[21] 뷰퐁[22]에 이르기까지 동식물의 분류 시스템이 줄곧 거론된다. 하지만 이들 저명한 박물학자 이외에도 수많은 무명의 박물학자들이 미지의 세계를 목격하고, 지구상의 구석구석으로 탐험을 나서 신기한 동식물과 도보(圖譜)를 가지고 돌아왔다. 특히, 18세기 후반이 되면, 대항해 시대가 지나간 최후의 거대한 프론티어, 즉 남태평양이 주목을 받게 되어, 부건빌레[23]에서 쿡(James Cook)에 이르는 탐험항해가 이루어진다. 프랑스와 영국의 국가적 지원을 얻은 이들 원정대는 머지않아 제2의 '신세계'로부터 무수한 표본과 그림지도, 박물지를 가져와, 유럽에 공전의 여행기 붐을 일으킨다. 물론, 이 시대에 남태평양만이 아니라, 아시아와 아프리카, 남북 아메리카도 정밀 지도가 많이 작성되었으며, 여러 민족들이 분류되고, 이들 지역의 종교·사회·정치적 제도가 분석되었다. 이제 박물학은 일부 지식인의 소유물이라기보다 유럽 모든 부르주아를 사로잡은 시대의 패션이 되었던 것이다. 전부 헤아릴 수 없을 만큼의 식물지와 자연지, 여행기가 출판되어 유통되었으며, 유럽인들의 '세계'에 관한 지식은 이전과는 비교할 수 없을 정도로 풍부해지고 정확해졌다.

하더라도 그것은 단지 양적으로 풍부해졌다는 의미만이 아니다. 박물학적 시선은 어떤 단계적인 우열의, 혹은 주객의 분리라는 기제(機制)를 내포하고 있었다. 예를 들어, 중·근동에 초점을 맞추자면, 에드워드 W. 사이드는 18세기 후반의 유럽에서 오리엔트에 관한 지식이 비약적으로 증대한 사실을 배경으로 오리엔탈리즘이 제도화되었음을 지적하였다. 오리엔탈

리즘이란 '우월한 서양과 열악한 동양과의 사이에서 뿌리 깊은 구별을 설정하는 것'이며, 이러한 관계를 재생산해 가는 언설적 편성의 모든 것이다. 거기에서 '동양인'은 '마치 법정에서 판결을 받는 존재로서, 흡사 커리큘럼에 따라 학습 받고, 도면으로 그려진 것과 같은 존재로, 어느 의미에선 학교나 감옥에서 훈련을 받는 존재인 양, 그리고 심지어는 동물도감에 도해되어 있는 존재와도 같은 존재'로 묘사된다. 사이드에 따르면, 이러한 오리엔탈리즘 성립의 중요한 전제가 된 것이 린네와 뷰퐁에 의한 박물학의 체계화였다. 박물학이 가능하게 만든 사물의 확대를 '단지 바라보는 행위에서 특징적인 제요소를 정확하게 측정하는 대상으로 변환시킨 듯한 지적 프로세스는 참으로 넓은 범위로 퍼져나갔다'.[24] 같은 현상은 인도와 중국, 일본, 남북 아메리카와 아프리카, 남태평양에서도 보인다. 실제, 이 시대 '인간의 박물학'이라고 불린 지(知)가 뷰퐁의 박물학과 아담 스미스의 부에 대한 분석 등의 영향을 받아가면서 발달하였다. 인간사회의 박물학적 시선 확장 속에서 이윽고 '행복의 아라비아나 '고귀한 야만인'의 관념은 배경으로 물러나고, 전세계의 인류를 분류, 서열화해 가는 것이 가능하다는 의식이 넓어져갔던 것이다. 특히 뷰퐁의 동물분류법은 오리엔트에서도 아메리카에서도, 그밖의 지역에 사는 인간의 '열성'을 '과학적'으로 증명하는 유효한 수단으로 이용되었다.

대항해 시대로부터 박물학의 시대로, 수세기를 통해 확장하고, 지구상을 전부 덮어버린 이 시선의 편성에서 유럽은 언제나 지켜보는 주체로서 특권적인 위치를 차지하였다. 바꿔 말하면, 거기서 퍼져간 것은 유럽을 기점으로 하는 원근법적 시선

[24] Said, E., *Orientalism*, Georges Borchardt, 1978. 板垣雄三・杉田英明 감수, 今澤紀子 역, 『オリエンタリズム』, 平凡社, 1986. 40-43쪽 및 86-87쪽.

의 기구였다. 그런데 이 원근법은 유럽 밖을 향해 확장되었던 것만이 아니라, 유럽 안으로도 침투하여 그 강목(綱目)을 둘러쳤던 것은 아니었을까? 거듭 푸코를 예로 인용하자면, 앞서 소개한 흥행물의 진기한 동물 보여주기에서 박물학의 이와 같은 액자형 공간 배치로의 이행과정은 그가『감옥의 탄생』에서 제시한, 화려한 신체형벌의 제식(祭式)적 현시에서 먼저 도로와 광장, 다리 등에서 이루어지는 처형의 기호 체계화된 전시로, 나아가서는 감옥으로 둘러싸인 법률 · 훈련의 권력 행사로 이행해 가는 과정과 표리를 이루는 변화였다.

> 법률 · 훈련의 주요 조작 가운데 그 첫 번째는 그러니까 뒤죽박죽 무익한 혹은 위험한 다수의 인간을 질서 잡힌 다양성으로 변화시키는 '살아있는 표상'을 구성하는 일이다. '표상'의 구성은 18세기 학문적 · 정치적 · 경제적인 기술론이 안고 있는 커다란 문제의 하나였다. 예를 들어, 식물원이나 동물원을 계획하고 준비하는 동시에 생물의 합리적 분류를 세우는 일, 상품 및 화폐의 유통을 관찰하고, 규제하고, 조정하는, 그것도 그렇게 함으로써 부유화(富裕化)의 원리로 가치를 가질 수 있는 경제 표상을 짜내는 일, 부하를 사찰하고, 그 출결을 확인하며, 게다가 무력에 대해서 일반적이고 항구적인 장부를 만들어내는 일, 병든 이들을 배분하고, 그들을 서로 분리하고, 의료를 베푸는 공간을 신중하게 구분하고, 나아가 병의 계통적 분류를 매듭짓는 일. 즉, 대상이 된 많은 조작이 있기 때문에 거기에서는 두 가지 구성요소 —배분과 분석, 규제와 이해가능성— 가 서로 긴밀하게 얽혀 있는 것이다. 18세기에는 표상은 권력의 기술 가운데 하나인 동시에 지(知)의 한 가지 수단이기도 하였다.[25]

푸코는 이와 같이 언급하면서, 박물학적 시계와 규율 · 훈련

25 Foucault, M., *Surveiller et Punir*, Editions Gallimard, 1975. 田村俶 역,『監獄の誕生』, 新潮社, 1977. 153쪽.

의 권력이 동일한 지(知)=권력의 구조적인 변화 속에서 나타난 것이라는 점을 인정한다. 사실, 규율·훈련이 범죄행위에 대해 유효하게 작용하기 위해서는 모든 범죄가 일정한 기회체계 안에서 분류될 필요가 있었다. 그리고 이러한 기호체계에 모델을 제공한 것이 박물학이다. 18세기 사람들은 범죄와 처형에 관한 르네적 분류체계를 세우려고 했었던 것이다. 바꿔 말해, 박물학이 외부세계의 사물과 신체를 분류하고 서열화했다고 하면, 새로운 감시와 처벌 시스템은 사회 내부의 신체를 분류하고 서열화했다고도 할 수 있다. 중요한 것은 시선이 밖으로 향해 있는지, 안으로 향해 있는지의 문제가 아니라, 외부든 내부든 이러한 분류·서열화하는 시선의 효과로서 세계가 기호화되고, 액자 속 강목의 구체적인 항으로 치환되었다는 점이다.

이러한 치환은 감옥과 학교, 병원이라는 직접적인 규율·훈련의 권력이 발동해 가는 제반 시설만이 아니라, 18세기 유럽 도시의 곳곳에서 일어났다. 특히 박물학적 공간이 도시 속으로 확산된 예로, 여기서 강조하지 않으면 안 되는 것은 박물관과 식물원, 동물원 등이다. 분명 이들 시설의 원형은 해외로부터 신기한 표본과 동식물을 가져오게 된 16세기부터 이미 왕후 귀족의 저택에 출현하기 시작하였다. 당시, 유럽 왕족들은 '진품진열실[26]이라든지, '경이(驚異)의 방'으로도 불리는 특별 방을 저택 내에 곧잘 만들었다고 한다. 하지만 이 무렵 이들 진열실을 채운 것은 고대 유물과 동전, 이국의 새와 곤충, 물고기, 미이라와 인디오 사진에 이르기까지 감각을 매료시키는 모든 종류의 진기품들로, 이것들은 단지 뒤섞여 신빙성 등과 같은 건 별로 신경 쓰지 않고 놓여 있었다. 아라마타 히로시[27]의 말을 빌리자

26 珍品陳列室; 현재의 박물관 원형이라고 할 수 있는 진품진열실(cabinets of curiosities)은 16세기에서 17세기에 걸쳐 유럽 왕후 귀족들 사이에 크게 유행하였다. 이런 종류의 방을 이탈리아에서는 '스튜디오로', 독일어권에서는 '경이의 방(Wunderkammer)', '미술진열실(Kunstkammer)' 등으로도 불렀다-역자주

27 荒俣宏; 1947~, 게이오대학 법학부 졸업. 신비학, 박물학 연구자로서 붐을 일으켰다. 잡지 「괴기와 환상」 편집. 영미환상문학의 번역 및 평론, 그리고 작가로서도 활약. 희귀본을 두루 수집하고 섭렵하여, 그 해박한 지식으로 도상해독력이 뛰어나다. 그밖에 『기업고고학(企業考古學)』, 『B급 미술사』 등 이색 저작이 많으며, 『世界大博物圖鑑』도 완결하였다-역자주

28 Bordeaux; 프랑스 서남부 항구도시. 포도주·브랜디 수출항으로 유명. 제철·화학·조선 등 공업이 발달. 프랑스 혁명기에는 지롱드당 본거지이기도 하다-역자주

29 manierisme; 미술·문학 양식의 하나로 극단적인 기교와 작위적 경향으로 때때로 부자연스러운 과장과 비현실성을 추구한다. 그 배후에는 많은 신플라톤주의의 관념적·주지적인 의식이 있다. 미술사에서는 르네상스에서 바로크로 이행하던 시기에 발생하였다-역자주

30 荒俣宏,「博物學」, 〈現代思想〉 13권 2호, 1985. 50-63쪽.

31 Altick, R., The Shows of London, The Belknap Press of Harvard U.P., 1978. 小池滋 감역, 『ロンドンの見世物』, 國書刊行會, 1989-90, I, 47-49쪽.

32 큐 왕립식물원; Royal Botanic Gardens, Kew-역자주

33 프랑스어로 동물원-역자주

34 Jean Lamarck; 1744-1829-역자주

면, "초기 박물관의 분류학은 인간의 얼굴과 비슷한 것이면 비슷한 것끼리, 그것들을 짜 맞추면 또 다른 오브제의 외형을 완벽하게 재현시킨 거라고 할수 있는, 흡사 안티 보르도[28]의 마니에리슴[29] 감각을 선구적으로 추구"하지 않았나 싶은 것들이었다.[30] 마찬가지로 16세기 중엽부터 유럽 왕후들의 동식물 컬렉션이 활발해지면서, 이들은 박물학적 방식보다도 부와 권력을 과시하는 상징적 징표로 이용된다. 수집한 동식물이 체계적으로 분류되고, 전시되는 일은 아직 일어나지 않았던 것이다.

18세기 이후 변용되어 간 것은 이러한 상황이다. 예를 들어 영국에서는 유명한 한스 슬론(Sir Hans Sloane)이 자택 컬렉션을 18세기 전반을 통해 확대시켜 가는데, 그의 진열실은 표본을 체계적으로 분류하여 보존하였다는 점에서 그때까지 영국의 다른 수집가들과 크게 달랐다. 린네의 제자 페르 캄(Pehr Kalm, 1716~1779)이 그의 진열실을 방문하였을 때, 박물학적 방법이 멋지게 적용된 사실에 크게 놀랐다고 한다.[31] 이 슬론이 1753년에 죽자 유언에 따라 그의 컬렉션은 의회가 구입하게 되었고, 이를 중심으로 1759년 일반 국민들에게 공개되는 첫 공공박물관으로서 대영박물관이 개관한 것이다. 다른 한편, 식물원에서도 18세기 이후 파리왕립식물원의 뷰퐁을 시작으로 저명한 박물학자들이 원장을 맡게 되었고, 전시식물의 분류와 체계화가 진행되었다. 18세기말부터 19세기에 걸쳐서는 런던의 큐식물원[32]과 파리왕립식물원 등이 연이어 일반에 공개된다. 이와 더불어 동물원도 프랑스 혁명 후 파리왕립식물원에서 따로 떨어져나간 국립자연박물관의 부속시설로서 첫 근대적인 메나쥐리,[33] 즉 동물원이 개설되어 일반 공개된다. 거기에서는 라마르크[34]와 샹 티

레루[35]가 박물학 연구를 진행, 전시된 동물의 체계적 분류를 시도하는 한편, 비교해부학을 발달시켜갔다. 이러한 표본 전시, 식물 전시, 동물 전시라는 모든 분야에서도 18세기를 통해 박물학적 분류 시스템의 보급, 사적 기관에서 공적 기관으로 이행, 일반 국민에게 공개라는 커다란 변화가 두드러졌던 것이다.

3. 박람회의 정치학을 위해

대항해 시대에서 박물학의 시대로, 그리고 박물관과 동·식물원의 체계화와 공개화의 진전 등. 박람회 시대는 이렇게 적층(積層)되어 내려온 역사의 프로세스 전제 위에 유럽의 모든 국가가 이러한 박물학적 시선의 공간을 새로운 자본주의 이데올로기 장치로서 스스로 연출해 가려고 할 때 출현하였다. 박람회는 박물관과 식물원, 동물원 등에서 발전해 온 시각의 제도를 산업 테크놀로지를 기축으로 한 장대한 스펙터클 형식 속에 종합한 것이다. 이 장에서 자세히 다루겠지만, 이러한 방향으로 선도적인 역할을 한 것은 프랑스이다. 1798년 혁명제전의 흥분을 이어받아 파리에서 최초의 산업박람회가 개최된 이래 파리에서는 거듭 산업박람회가 열리는데, 그 움직임은 프랑스 국내는 물론 유럽 전 지역으로 퍼져갔다. 그리고 이런 움직임의 집대성으로 1851년 런던에서 사상 최초로 만국박람회가 개최된다. 런던 만박의 개최는 본격적인 박람회 시대의 개막을 알리는 사건이었다. 그 이후 1855년 파리 만박, 1862년 런던 만박, 1867년 파리 만박, 1873년 빈 만박, 1876년 필라델피아 만박, 1878년 파리 만박, 1889년 파리 만박, 1893년 시카고

[35] Etienne Geoffroy Saint -Hilaire, 1772~1884 -역자주

만박, 1900년 파리 만박, 1904년 세인트루이스 만박, 1915년
샌프란시스코 만박, 1933년 시카고 만박, 1937년 파리 만박,
1939년 뉴욕 만박 등 19세기에서 20세기에 걸쳐 구미에서는
바로 만국박람회가 국가적 제전의 가장 중요한 형식으로서 전
성기를 맞이한다. 그리고 이 움직임이 머지않아 일본에도 영향
을 미쳐, 19세기말 이후 수많은 박람회가 개최되었다는 사실은
앞으로 밝혀나갈 것이다.

〈표 1-1〉 주요 만국박람회

개최년	개최지	입장객수 (만명)	회장면적 (에커)	개최 기간(월)	부문수	정부 관수	기업 관수
1851	런던	600	26	4.8	4		
1855	파리	520	34	6.7	9		
1862	런던	620	25	5.7	4		
1867	파리	680	215	7.2	10	20	10
1873	빈	730	42	6.2	26	7	9
1876	필라델피아	990	285	5.3	7	8	6
1878	파리	1600	192	6.5	9	17	2
1889	파리	3240	237	5.7	10	31	2
1893	시카고	2750	685	6.1	13	17	3
1900	파리	4810	543	7.0	18	32	2
1904	세인트루이스	1970	1272	6.1	16	19	-
1915	샌프란시스코	1890	635	9.8	11	21	7
1933	시카고	4880	500	12.0	11	6	9
1937	파리	3400	424	6.0	14	38	6
1939	뉴욕	4490	1217	12.0	8	22	34
1958	브뤼셀	4150	500	6.0	8	39	15
1964	뉴욕	5160	646	12.0	-	34	37
1967	몬트리올	5090	1000	6.0	5	40	27
1970	오사카	6420	815	6.9	9	38	22

이전 세기에서 20세기에 걸쳐 이러한 박람회 시대의 전개에 대해서는 다음 장 이하에서 구체적으로 소개하겠지만, 이 서장에서는 일련의 박람회에 대해 이 책이 어떠한 시점에서 탐구를 진행할 것인지에 대해 간단히 밝혀두고자 한다. 박람회는 지금까지 일본에서도 여러 관점에서 연구되어왔다. 먼저, 박람회의 역사를 기술사적 입장에서 다루어온 요시다 미쓰쿠니[36] 씨를 중심으로 하는 연구가 있다. 그들 연구는 일본 박람회의 통사적 연구로서는 가장 본격적인 것이라고 할 수 있다.[37] 두 번째로 박람회를 건축사와 디자인사의 관점에서 다룬 시도도 1851년 런던 만박의 수정궁(水晶宮)과 1889년 파리 만박의 에펠탑, 혹은 1900년 파리 만박의 알 누보나 1925년 파리 장식박람회의 알 데코에서 볼 수 있는 것처럼 많은 사람들의 관심을 끌어모았다. 그 중에는 19세기말 만국박람회에서의 일본 전시와 구미에서의 재패니즘 유행을 연결시켜 다룬 시점도 포함된다. 나아가, 박람회의 의의와 효과를 산업발달사와 관련해서 다루려는 연구도 경제사를 중심으로 많이 이루어졌다. 이들 연구는 지금까지 박람회가 연구되었을 때 주요 흐름을 형성하여, 제각기 의의 있는 성과를 이루었다.

하지만 이 책의 시점은 이들 연구와도 다르다. 이렇게 말하는 것도 이들 연구의 접근은 어느 것이든 기술이나 디자인, 산업의 발전사 속에 박람회를 자리매김하려고 한다. 즉, 기술의 발달사이든 건축디자인과 공업디자인의 발달사이든, 산업경제의 발달사이든 어떤 기술적 · 경제적 · 양식적 발전 속에 박람회가 해낸 역할이 문제로 다루어졌던 것이다. 그렇기 때문에 여기서 초점을 맞춘 것은 새로운 기술을 사용한 전시품이나 파

36 吉田光邦; 문화인류학자, 교토대 교수-역자주

37 吉田光邦, 『改訂版 萬國博覽會』, NHKブックス, 1985. 그리고 吉田 편, 『萬國博覽會の研究』, 思文閣出版, 1986. 吉田 편, 『圖說萬國博覽會史』, 思文閣出版, 1985 등.

빌리언의 의장, 출품한 상공업자의 역할 등이다.

그에 비해, 이 책이 노리는 것은 박람회의 역사를 어떤 객관적 사실의 발전사로서가 아니라, 박람회에 모인 사람들이 겪는 사회적 경험의 역사로서 파악하는 일이다. 박람회의 공간에 어떻게 해서 사람들이 동원되어, 그들은 거기서 무엇을 보고, 뭘 느꼈던가. 또한, 그러한 경험의 구조는 박람회의 시대를 통해 어떻게 변화해 갔던가. 이러한 점을 묻지 않으면 안 된다. 따라서 이 책의 초점은 개별 출품물이나 파빌리언보다도 그것들이 짜낸 세계상과 그 수용되는 방식에 맞춰져 있다.

그런데 이제 이 책의 초점이 동시대의 사람들에 의해 수용된 사회적 경험으로서 박람회인 점을 밝혔는데, 이 사회적 경험은 결코 박람회를 찾은 사람들에 의해 자유롭게 결정되어지는 성질이 아니다. 지금까지 논의한 것에서도 알 수 있듯이, 박람회는 그 성립 초기부터 국가와 자본에 의해 연출되고, 사람들을 동원하는 방식과 수용하는 방식의 방향이 전부 결정되어진 제도로서 존재하였던 것이다. 따라서 박람회가 혹시 상연되는 문화적 텍스트라고 하자면, 사람들은 이 텍스트에 자유롭게 스스로의 의식을 투영하는 이야기의 작가로서 참가하고 있는 게 아니다. 이 텍스트는 이미 전혀 종류가 다른 손에 의해 구조화되고, 그 상연되는 방식까지도 조건이 붙어있다. 이때의 필자란 물론 먼저 근대국가 그 자체이지만, 동시에 다수의 기업가와 흥행사들, 매스 미디어와 여행대리점까지 포함한 복합적인 편성체이다. 그렇다고 해서, 박람회의 경험 구조는 이들 연출가들에 의해 일방적으로 결정지어지는 것도 아니다. 박람회라는 공간에 스스로 신체를 가지고 참가하는 사람들이 이 경험의 최종적인 연기자로서 역시 존재한다. 그렇기 때문에 박람회란 필자로서 국가와 자본, 흥행사 등 여러 연출의 프로세스와 직접적인 연기자로서 입장객의 다양한 행동이 복잡하게 얽히고, 짜여지면서 상연되는 다층적인 텍스트인 것이다.

이러한 다층적 텍스트로서 박람회를 읽어내는 데는 이를 새로운 산업기술의 전시장으로 다루는 것만으로는 충분하지 못하다. 이 책에서는 박람회와 산업기술의 연관을 당연한 전제로 삼으면서도, 특히 다음의 세 가지 관점을 축으로 박람회의 대중적 수용에 대해서 살펴보고자 한다. 먼저 첫 번째로 박람회는 '산업'의 디스플레이인 동시에, '제국'의 디스플레이였다. 박람회가 근대국가의 입장에서 볼 때 최대 축전으로서 매우 중요한 의미를 가졌던 1851년에서 1940년까지의 시간, 이 공간은 다양한 방식으로 반복되면서, 제국주의와 식민지주의가 교묘히 대규모로 전시되었다. 예를 들어, 1851년 런던 만박은 실제로는 '만국'의 제전 이상으로 '대영제국'의 제전이었다는 점은 나중에 소개할 내용 그대로이다. 또한, 제2장에서 밝히겠지만, 1870년대 이후 파리에서 열린 만국박람회는 더욱 대규모로 식민지주의적 전시를 실천한다. 이와 같은 경향은 1880년대에서 1910년대까지 열린 박람회에서 더욱 두드러져서, 수많은 식민지 파빌리언이 세워지고, 식민지 인간이 '전시'된다든지, 식민지 전쟁의 전리품이 당당하게 전시되기도 하였다. 그리고 이러한 경향과 똑같은 일이 러일전쟁 전후부터 일본의 박람회에서도 눈에 띄게 늘어나게 된다. 조선관, 대만관, 만몽관(滿蒙館), 남양관(南洋館)이 인기 파빌리언이 된 사실 외에도 아이누[38]와 류큐,[39] 대만 등의 사람들을 '전시'하기도 하였다. 이들 제국주

38 アイヌ; 홋카이도(北海道)의 원주민-역자주

39 琉球; 오키나와의 다른 이름-역자주

의와 박람회의 관련에 대해서는 제5장에서 자세히 논의하도록
하자.

그림 서장-2 제5회 내국권업박람회(1903, 오사카) 전경 (이태문 소장)

두 번째로 박람회는 무엇보다도 19세기 대중이 근대의 상품
세계와 처음으로 만난 장소였다. 또한, 시각정보 미디어가 압
도적인 힘을 가지지 못하고, 정보의 유통이 공간적인 장으로
부터 완전히 유리되지 못했던 이 시대, 사람들은 먼저 박람회
를 찾는 것으로 근대의 상품세계 면면을 알게 되었던 것이다.
박람회도 아직 발터 벤야민[40]이 날카롭게 지적한 것처럼, '상품
이라는 물신의 영장(靈場)'을 다양하게 연출시켰다. 그리고 이
러한 상품세계의 디스플레이 전략이 머지않아 백화점의 쇼윈
도 속으로도 확대되어 간 것이다. 이런 점은 구미의 박람회에
서도, 또한 일본의 국내박람회에 대해서도 지적할 수 있다. 제
2장과 제3장에서는 이런 점에 대해서도 언급하고자 한다. 그렇

40 Walter Benjamin;
1892~1940-역자주

다고 해서, 박람회의 상품세계 '선보이기'가 앞서 서술한 제국주의 측면을 훨씬 능가할 만큼 강조되었던 것은 1930년대 이후 만국박람회에서이다. 제6장에서 밝히듯이 1930년대 이후 만국박람회는 이른바 거대한 광고전시장으로 대기업의 이미지 전략의 일환이 되어간다. 일본의 경우 다이쇼에서 쇼와 시대를 거쳐 박람회는 다양한 소비생활의 모델을 제시해 가게끔 되었다. 예를 들어, 현재 주택전시장의 원형이 되는 모델 하우스 전시가 유행처럼 열렸으며, 신문사와 백화점, 전철회사와 같은 자본이 박람회 개최에 적극적으로 관련을 맺었다. 이러한 점에 관해서는 제4장에서 언급하기로 하자.

세 번째로 이 책의 또 다른 축으로 삼고 있는 것은 '흥행물'로서의 박람회라는 시점이다. 박람회는 그 발전사를 통해 근대 초입 도시에서 활약해 온 흥행꾼들을 스스로 연출기구의 일부분으로 끌어들였다. 그 예로, 1851년 런던 만박이 개최되기까지 1세기, 이 대영제국의 수도에는 참으로 많은 흥행물들이 모여들어, 사람들의 호기심을 부추겼다. 그런데 리처드 D. 알틱 (Altick, Richard D)이 묘사하는 것처럼 런던 만박의 개최는 이런 다양한 흥행물과 근대 도시의 관계를 크게 바꿔놓는다. 자본주의의 문화장치로서 박람회는 근세 초입 이래 흥행꾼들이 줄곧 상상력을 키워나가, 스스로의 상상력 일부분으로서 빨아들였던 것이다. 이러한 경향은 이미 1867년 파리 만박에서도 보이는데, 그것이 두드러지게 나타난 것은 1880년대 이후의 일이다. 1889년 파리 만박 이후 그때까지 박람회장에서 배제되었을 흥행물적 요소가 의도적으로 전시 안으로 도입되어진다. 그 중에서도 1893년 시카고 만박의 오락거리 '미드웨이'는 그 전형적인 예라 할 수 있다. 마찬가지로, 일본의 박람회에서도 메이지 말기 이후 한번 배제하려고 하였던 흥행성이 다시금 받아들여진다. 특히, 이 무렵부터 란카이야[41]로 불리는 박람회 전문 흥행사가 활약, 박람회를 동시대의 대중적 흥행물로서 멋지게 연출해 나간다. 이러한 박람회의 오락성 확대에 대해서도 제2장과 제4장 등에서 언급하고자 한다.

이상과 같이 이전 세기에서 20세기에 걸쳐 전성기를 구가하였던 박람회는 제국주의와 소비사회, 거기에 대중오락이라는 세 가지 요소를 융합시켜왔다. 박람회는 제국주의 프로파겐더(propaganda) 장치인 동시에 소비자를 끊임없이 유혹하는 상품 세계의 광고 장치이다. 그리고 그것은 또한 많은 부분을 근세 이래의 흥행물로부터 계승하기도 하였다. 이 책에서 우리들은 한편에서는, 이러한 세 가지 테마, 즉 '제국'의 디스플레이, '상품'의 디스플레이, '흥행물'로서 박람회라는 세 가지 테마를 씨줄로, 다른 한편으로는 구미의 만국박람회와 일본의 국내박람회의 참조 관계를 날줄로 삼아가면서 박람회가 근대 대중의 감각과 욕망을 어떻게 동원하고, 재편해 갔는지를 밝혀내고자 한다. 이 책에서 박람회에 대해 시도한 분석은 20세기 30년대 이후 박람회 대신 최대의 국가적 제전이 된 올림픽과 박람회에서 키워진 디스플레이 전략이 좀 더 전문화된 방식으로 활용되어 간 견본시(見本市)와 미술전, 혹은 이들이 더욱 일상화된 백화점과 유원지, 거기에 광고환경의 분석에서도 얼마 지나지 않아 적용되어갈 내용들이다. 이 책에서 이러한 점에 대해 구체적으로 살필 여유는 없지만, 마지막 장에 몇 가지 기본적인 견해만 언급해 두고자 한다.

41 ランカイ屋, 이들에 대한 자세한 언급은 제4장 5절을 참고하기 바람—역자주

이 서장을 마무리하면서, '만국박람회' 및 '박람회'의 용어에 대해서 약간 부언하기로 하자. '만국박람회'는 영국에서는 'Great Exhibition', 프랑스에서는 'Exposition Universelle', 미국에서는 'World's Fair'로 불린다. 현재는 1928년에 체결된 국제박람회 조약에 의해 공식적으로 '만국박람회'는 파리에 본부를 둔 국제박람회사무국(BIE)의 승인을 얻지 않으면 안돼, 종별도 테마가 일반적이고 규모도 큰 일반박람회와 특정의 테마를 다루면서 규모도 일반박람회 만큼 되지 않는 특별박람회로 나눠져 있다. 그렇다고 하더라도, 이들 규칙이 적용되는 것은 1935년 브뤼셀 만박 이후의 일이며, 1920년대 이전은 만국박람회에 관한 명확한 판정기준은 없었다. 1930년대 이후에도 실질적으로는 만국박람회와 다르지 않지만, 1964년 뉴욕 세계박람회는 국제박람회사무국의 승인을 얻지 않아 형식적으로는 '만국박람회'가 아닌 셈이 된다. 또한, 박람회 일반에 대해 살피더라도 이에 대응하는 것은 'Exposition'이나 'Fair'의 단어이겠지만, 이들 단어에는 일반적인 전람회라는 의미도 포함되어 있어 애매한 점이 없지 않다. 일본어의 '박람회'는 더더욱 애매한 점이 많은데, 나중에 살필 백화점의 박람회 등은 그 한 예이다. 이처럼 '만국박람회'이든 '박람회'이든 엄밀하게 말해 형식적인 기준으로 그 범위를 한정하는 일은 불가능하다. 따라서 이 책에서 '박람회'는 이 말로 불린 전시내용이 광범위한 범위에 걸친 커다란 전시 이벤트를 포함하며, '만국박람회'는 다수의 나라들이 참가하여 개최된 대규모 국제박람회를 포함해서 생각하기로 한다.

1

수정궁의 탄생

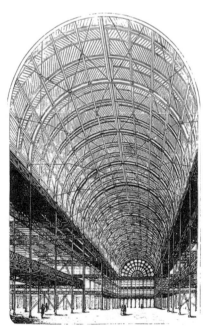

1851년 런던 만국박람회의 수정궁 내부
(Exhibition of the Works of All Nations 1851)

1. 혁명제전에서 박람회로

런던 만국박람회가 하이드 파크(Hyde Park)에서 성대하게 개최된 것은 1851년의 일이다. 그에 앞서 4년 전부터 예술협회가 매년 개최하였던 공업제품과 공예품의 전람회를 일거에 국제적 규모까지 확대시킨 행사였다. 발안자는 당시 런던 공문서관의 관장을 보좌하고 있던 헨리 콜.[1] 그는 1847년에 파리에서 개최된 산업박람회를 조사하고, 영국이 프랑스의 산업박람회를 뛰어넘는 길은 만국박람회를 여는 방법밖에 없다는 것을 빅토리아 여왕의 남편이자 예술협회 회장을 맡고 있던 앨버트 공에게 진언한 것이다. 콜의 진언에 따라, 1850년 1월 앨버트를 총재로 하는 왕립위원회가 조직되고, 이듬해 5월 런던 만국박람회는 철과 유리의 거대한 기념건조물, 크리스털 팰리스[2]로 화려한 개막을 알렸다. 이때 영국정부의 참가 권유에 응한 곳은 오스트리아 · 프랑스 · 독일 · 벨기에 · 네덜란드 · 스페인, 포르투갈 · 스웨덴 · 스위스 · 그리스 · 터키 · 이집트 · 러시아 · 미국 · 브라질 · 멕시코 등 34개국이었다. 5월부터 10월까지 141일간의 회기로 입장객은 약 604만 명에 달했다. 하루 평균 입장객은 453,000명으로 10월 7일에는 약 11만 명이 입장하여 최고 입장객수를 기록하였다. 이 장대한 규모와 국제성으로 런던 만국박람회는 당시 비슷한 종류의 행사들을 압도하였고, 만국박람회 시대의 출발점을 만들었던 것이다.

그렇다고 하더라도, 런던 만국박람회의 발상 그 자체가 보여주듯이 박람회는 1851년에 급작스레 탄생한 것은 아니다. 이 새로운 자본주의의 제전은 이미 18세기말부터 조금씩 모습을

[1] John Henry Cole, 1818~1874-역자주

[2] Crystal Palace; 팩스턴[Joseph Paxton; 1801~1865]이 설계-역자주

드러내고 있었다. 이러한 상품의 축제 형식을 국가 정책으로 꾸준하게 확립시켜 나간 곳은 프랑스이다. 프랑스는 1789년 혁명 후 무역과 공업을 진흥시킬 필요에 직면하여, 그때까지 미술 중심이었던 전시를 공업제품의 분야까지 확대한다. 그 출발은 혁명 전까지 왕립공장이었던 고브랑,[3] 세블,[4] 사보네리(카페트) 등 전통공예공장의 감독관들로부터 추천 임명을 받은 다베즈후(侯; Marquis d'Aveze)가 1797년 기획한 공업제품의 전시회이다. 그는 세 곳의 관할 공장 제품을 중심으로 각종 공업제품을 전시 · 판매하고, 이를 통해 프랑스 국민에게 자국의 산업에 아직 활력이 남아있음을 보여주려고 하였다. 이 전시회에서는 메종 돌세(maison dorsay)의 행사장을 열었는데, 회기는 비록 4일 뿐에 불과했지만 제품을 판매하였다는 점뿐만 아니라 행사장을 찾은 사람들을 매료시켰다는 점에서도 매우 성공적이었다. 사람들은 가령 구매가 목적이 아닌 경우라도 전시된 상품을 둘러보기를 절실히 바랐던 것이다. 그리고 이와 같은 성공에 주목한 내무장관 프랑수와 드 누샤트(Francois de Neuchateau)가 이를 단순히 재고품 전시회로 끝내지 말고, 국가 규모의 산업박람회로 확대시키는 안을 다베즈후와 구상해 간다.

　다베즈후의 협력을 얻어, 누샤트는 첫 산업박람회를 다음 해인 1898년 파리의 외곽에 위치한 혁명제전과 나폴레옹 개선의 무대가 되기도 하였던 샹드마르스(Champ de Mars)에서 개최하기로 입안한다. 이 회장의 장소성과 회장 건설을 위해 투입된 예산, 그리고 국가와의 긴밀한 연계가 이 행사를 전년도 전시회와는 전혀 다른 성격으로 만들었다. 전시품의 판매는 물론 실시되었지만, 그 이상으로 프랑스 국내의 공업자층에 대한 교화적

3 gobelins; 타페스트리 (tapestries)-역자주

4 陶器; sable-역자주

의도와 혁명제전을 이어받은 듯한 축제 기분을 전면에 내세웠다. '산업의 성당(聖堂)'이라고 불리던 전시회장에 출품된 제품은 110개를 헤아리며, 이 '성당'의 주위를 다비드(David)가 설계한 60개의 아치로 이루어진 회랑(回廊)이 두르고 있었다. 그리고 5일간의 회기 중 군대 퍼레이드와 대무도회, 불꽃놀이와 회장 주변의 각종 흥행물 등 여러 행사가 샹드마르스를 무대로 펼쳐졌다. 박람회가 단순한 상품 전시회가 아니라, 다양한 스펙터클로 상품을 환상화해 가는 자본주의의 문화장치라고 하자면, 그러한 박람회의 기본적 특질은 이 1898년 산업박람회에서 처음 나타난 것이다. 게다가 이때 발행된 카탈로그는 출품한 공업자들 입장에서는 광고의 역할까지 이미 맡고 있었는데, 몇 년 후 선보이게 되는 수많은 박람회의 모습을 앞서 예견한 것이었다.

그리고 이때, 이 산업박람회의 성공에 힘입어 비슷한 박람회를 정기적으로 개최해 가는 것이 결정된다. 이렇게 해서, 1849년까지 반 세기 동안 프랑스는 점차 그 규모를 확대해가면서 11회의 산업박람회를 파리에서 개최한다. 여기서는 그 전개를 아주 간단하게 되돌아보자. 먼저, 1798년을 뒤이어 1801년과 1802년의 박람회는 루브르궁 안에서 열려 앞의 행사에는 22만점, 뒤는 540점의 출품이 있었다. 특히, 1802년 산업장려협회가 설립되고 이 기관이 설치한 심사회가 출품물을 심사하고 메달을 수여하였다. 다음으로 1806년 박람회는 회장을 앙바리드[5]로 옮겨, 출품은 1,422점, 회기도 24일간으로 규모를 대폭 확대하였다. 이때에는 나폴레옹 자신이 전년도 연말 프레스부르그(Pressburg)에서 있었던 강화를 축하하는 의도에서 개최를 2개월로 설정하였다. 그 후 나폴레옹 실각에 따른 혼란이

5 Invalides; 세느강 남쪽에 있는 옛 병영터(廢兵院)로 파리 관광지 가운데 하나-역자주

이어졌지만, 1819년이 되자 루이 18세에 의해 제5회 박람회가 루브르궁에서 열린다. 회기는 35일간이었다. 이어서 1823년, 1827년에도 루브르궁과 콩코드광장을 무대로 개최되는데, 회기도 50일간 하고 62일간으로 연장된다. 출품 역시 1827년에는 1,695점에 달할 정도로 늘어난다. 나아가 1834년 이번에는 루이 필립의 지도 아래 제8회 박람회가 샹젤리제에서 개최된다. 이후 1839년, 1844년, 1849년 등 5년마다 정기적으로 개최된다. 그 중에서도 1849년 박람회는 회기도 6개월에 걸쳐서, 출품점수도 4,532점, 알제리를 비롯해 프랑스의 해외 식민지가 참가하는 등 준만국박람회라고 해도 손색없을 만큼 국제적 규모를 자랑하였다.

이처럼 파리의 산업박람회 성공에 영향을 받아, 프랑스 각지에서는 비슷한 행사가 유행처럼 열리게 된다. 예를 들어, 1827년 낭트(Nantes), 1835년 릴(Lille), 1835년과 1845년에 보르도(Bordeaux), 1836년에 툴루즈(Toulouse)와 디종(Dijon)에서 박람회가 개최되는데, 이 무렵의 박람회는 프랑스 상공업자들로서도 매우 친숙한 행사가 되었다. 게다가 프랑스에서 산업박람회의 발전이 유럽의 다른 나라를 자극하여, 이들 나라에서도 비슷한 박람회가 활발하게 개최된다. 그 예로 1808년 토리에스테 박람회, 1818년 뮌헨 박람회, 1823년 스톡홀름 박람회, 1824년 토르네 박람회, 1825년 하렘 박람회, 1826년 더블린 박람회, 1827년 마드리드 박람회, 1829년 모스크바(Moscow) 박람회와 페텔스부르그(Petersburg) 박람회, 1830년 브뤼셀(Bruxelles) 박람회, 그리고 1844년 베를린 박람회 등이 있다. 이들 가운데 1830년 브뤼셀 박람회에는 네덜란드도 참가하여 박람회가 국제화되기 시작하였으며, 1844년 베를린 박람회는 '전독일 박람회'라는 명칭이 말해주듯이, 독일국가의 정치적 정체성을 선전하는 성격을 가지고 있었다. 즉, 이 무렵에는 박람회가 단순히 산업진흥이라는 목적만이 아니라, 근대국가로서 중요한 정치·문화적 역할을 해내는 행사로 인식된 것이다. 1849년 파리 산업박람회에서도 유럽의 중심 프랑스라는 이미지를 심으려는 정치적 의도가 분명히 제시되었다.[6]

　이상과 같이 살펴 볼 때, 19세기 중반까지는 프랑스는 물론 유럽 각국에서도 만국박람회의 개최가 가능한 상태였다고 볼 수 있다. 프랑스에서는 이미 1834년에 파리 산업박람회를 국제적 행사로 만들자는 제안이 나왔으며, 1849년에는 농상업장관인 뷰페(Buffet)가 만국박람회 개최를 계획한다. 하지만 이들 안은 모두 보호무역을 고집하는 상공업자 층과 지방행정부의 반대에 부딪혀 물거품이 되고 말았다. 과거 최대 규모를 자랑하였던 1849년 박람회는 사실 영국에서 온 헨리 콜에 의한 만국박람회로 확대 개최하자는 안이 결의되었으면서도 행사 자체는 국내에 국한된 수준에 머물고 말았다. 이와 같은 만국박람회에 대한 거부 반응의 배후에는 아직 공업력 면에서 독주하고 있던 영국에 대한 두려움이 있었다. 이렇게 말하는 이면에는 본디 대륙에서 일고 있던 박람회의 활성화는 영국의 공업품이 자국에 침투하는 것을 막으면서, 국내 산업을 육성하고 그 힘을 홍보해가자는 각국의 정치적 사려와 깊은 관련이 있었기 때문이다. 그들 입장에서는 만국박람회의 개최는 곧 영국의 전면적 참가를 의미하였다. 그것은 아직 공업력에서 영국에 대항할 수 없는 대륙의 나라들로서는 너무나 위험한 일이었던 것이다. 뒤집어 말

6 Greenhalgh, P., *Ephemeral Vistas*, Manchester U.P., 1988, pp.3-16. 그리고 Allwood, J., The Great Exhibitions, Studio Vista, 1977, 9-12쪽 등을 참조.

하면, 이러한 공포심을 품지 않은 유일한 나라는 영국이었다. 영국만이 다른 나라의 공업품을 국내에 전시하여도 곤란할 것이 없는 유리한 입장을 지니고 있었던 것이다. 따라서 초기 박람회는 프랑스와 대륙의 여러 나라에서 발전되었다고 하더라도, 최초의 만국박람회는 역시 공업력에서 압도적인 우위를 자랑하고 있던 영국에서 개최될 수밖에 없었던 것이다.

이렇게 이야기한다고 해서 박람회적 전시의 전통이 1851년 이전의 영국에는 전혀 없었던 것이 아니다. 프랑스에서 산업박람회 개최가 활성화되기 이전부터 영국에서는 박람회의 선구가 되는 전시가 열렸었다. 윌리엄 싯푸리(William Shqipri)에 의해 1754년에 설립된 예술협회가 1760년부터 개최한 공예와 발명품의 전람회가 그것이다. 이 전람회는 프랑스처럼 국가적 목표를 가졌던 것이 아니고, 규모도 훨씬 작았으며, 엄밀한 의미에서 박람회라고 부를 만한 것은 못되었는데, 하지만 회화와 조각에서 펌프와 방직기까지 여러 물건들이 '발명품'이라는 카테고리 아래 전시되었다는 점에서 박람회와 비슷한 종합성을 지니고 있었다. 또한, 19세기 영국에서는 지방의 공업도시에서 노동자의 교화를 목적으로 기계제품의 전시회가 열렸다. 1837년 맨체스터에서 이 종류의 행사가 열린 이래 서덜랜드 · 뉴카슬 · 리즈 · 쉐필드 · 다비 · 버밍험 · 프레스턴 · 핼리팍스 · 노팅험 · 웨이크필드 · 리버풀 · 브래드포드 등등 수많은 도시에서 이와 비슷한 전시회가 개최된다.[7] 그 가운데 1839년 리즈의 '기술과 제조업전'에서는 18만 명 이상이 입장하였다고 하며, 1849년 버밍험 전시회는 1만 평방 피트나 되는 널찍한 건물을 이용한 매우 대규모적인 행사였다. 이렇게 해서 1847년 이후

[7] Altick, R., op.cit., 앞의 책(번역), III, 257-259쪽.

는 런던에서도 예술협회가 주최하는 공업제품과 공예품의 전람회가 매년 열리게끔 되었던 것이다.

2. 거대온실 '수정궁'

　런던 만국박람회의 회장이 된 것은 조원가(造園家) 조셉 팩스턴[8]이 설계한 거대한 철과 유리의 건축물 '크리스털 팰리스[9]'이다. 3,800톤의 주철과 700톤의 연철, 30만 장의 유리, 60만 입방피트의 목재를 사용, 프리패브(prefab) 공법으로 불과 6개월만에 완성된 이 건물은 영국의 엄청난 공업력을 과시하는 동시에 새로운 건축공간의 모습을 예언적으로 보여주는 건물이었다. 수정궁의 외관에 대해서는 이미 많은 판화와 해설이 알려져 있기에 여기서 자세히 설명할 필요는 없을 것이다. 직방체를 계단 모양으로 쌓아올린 듯한 동서방향의 신랑,[10] 거기에 교차하는 반원통형의 커다란 지방을 올린 남북방향의 수랑(袖廊)으로 이루어져 있었는데, 신랑은 1층이 높이 1,848피트, 폭 408피트로 바닥 면적이 약 77만 평방 피트, 중앙통로의 높이는 64피트, 그리고 수랑의 폭은 72피트, 높이는 408피트, 대형 지붕의 높이는 108피트였다.

　남측 중앙에 중심이 되는 출입문이, 그리고 동서에도 입구가 있어서 출구는 전부 15군데였다. 박람회가 끝나갈 무렵에는 하루 10만 명이 넘는 입장객들이 수정궁을 찾았다는 사실에서 얼마나 거대했는지 짐작할 수 있겠다. 참고로 수정궁에 올린 반원형 모양의 커다란 지붕은 부지 내에 자라고 있던 3그루의 느

8 Joseph Paxton; 1801~1865-역자주

9 Crystal Palace; 水晶宮-역자주

10 身廊; 건축용어로 중랑(中廊)이라고도 한다. 교회 건축에서 현관과 내진(內陣) 사이의 좁고 길다란 부분. 영어의 nave를 번역한 말로 배를 의미하는 라틴어 navis에서 유래. 좌우에 측랑(側廊:aisle)이 붙어 있는 건물에서는 아케이드에 의해 구획되어 있는 경우가 보통이며, 좌우의 측랑 사이에 끼인 중심부로서 가장 넓은 부분-역자주

그림 1-1 하이드 파크와 수정궁의 외관(Palace of Industry, 1851)

그림 1-2 수정궁 내부의 전시풍경(The Great Exhibition of 1851)

릅나무를 자르지 않기 위해서 당초 설계를 변경해 덧붙인 구조이다. 수정궁은 거대한 느릅나무까지도 전시품의 일부인 것처럼 집어넣을 만큼 엄청난 구조물이었던 것이다.

　수정궁의 탄생은 우연 속의 행운이라고 곧잘 강조된다. 1851

년 만국박람회 개최를 위해 기획에 나선 왕립위원회는 회장을 하이드 파크로 결정하고, 그 전시시설 안을 국내외에 공모하였다. 이에 해외로부터 응모 38개 안을 포함 총 245개 안이 모였는데, 선발을 담당하였던 건축위원회는 채택안 없음이라는 결론을 내리고, 그 대신 위원회 스스로 플랜을 발표해 버린다. 그것은 길이 2,200피트, 폭 450피트의 거대한 벽돌로 올린 건물로, 입구는 모두 아치형으로 한쪽을 거대한 돔으로 꾸미는 전통적 색채가 강한 건축물이었다. 1850년 6월 신문에도 발표된 위원회의 안에 대한 반응은 썩 매력적이지 못했다. 언뜻 보면 밸런스가 나쁘고, 너무 무거운 분위기가 날뿐만 아니라, 건설비용도 막대한 액수에 달할 게 분명한데다가, 공원에 세워질 가설 건축물로서는 너무 무리한 안이었다. 하지만 예정된 개회까지 이미 1년도 남지 않았다. 이렇게 해서 박람회 개최 자체마저 위협하는 위원회의 안에 주최측이 고민하고 있을 때, 팩스턴이 선뜻 저렴한 가격으로 스피디한 건설이 가능한 플랜을 가지고 등장한 것이다. 주최측이 이 안에 뛰어든 배경에는 디자인 이상으로 예산적으로도 시간적으로도 더 이상 선택의 여지가 거의 없었다는 사정이 깔려 있었던 것으로 보인다.

하지만 긴 역사 흐름 안에서 보자면 팩스턴의 등장에는 필연적이라고 할 만한 배경이 있었다. 그의 경력이 가리키듯이 수정궁의 원형은 식물원의 온실에 있다. 치스윅(Chiswick) 원예협회의 정원사로 근무하고 있던 팩스턴은 거기서 데봉시아공(公)(Devonshire)과 알게 되어, 채츠워스(Chatsworth)에 있는 공작의 정원 관리를 일임 받게 된다. 그는 거기서 1826년 이후 속속 유리를 두른 온실을 건설해 간다. 그 중에서도 1836년부터 4년의 세월을 들여 건설한 대온실은 높이 277피트, 폭 123피트, 중앙부에는 높이 67피트의 원형 지붕을 가진 거대한 구조였다. 그 크기는 1848년 빅토리아 여왕 일행이 방문하였을 때 온실 속을 마차를 탄 채 달릴 수 있었다는 사실에서도 쉽게 짐작할 수 있다. 이 채츠워스 대온실은 팩스턴의 조원가로서의 지위를 확고하게 만들어 준 동시에, 그는 이곳에서 머지않아 수정궁에서 결실을 맺게 되는 여러 시공법을 시도하였다. 실제로 기본구조가 목조인가 철골인가라는 차이를 별도로 두자면, 런던 만박의 수정궁은 이 대온실을 그대로 확대시킨 것으로도 볼 수 있다.

즉 수정궁은 그 공간의 본질에서 온실과 공통의 기반 위에 성립되었던 것이다. 이미 서장에서도 다루었듯이, 유럽에서 근대식물원과 온실의 기원은 16세기 대항해 시대와 함께 시작된다. 스페인과 포르투갈, 네덜란드와 영국의 식민지 지배는 유럽에 대량으로 새로운 이국의 식물과 종자, 구근, 과실을 가져왔다. 이들 식물은 새롭게 건설된 식물원과 귀족의 정원에 심어진다. 당초 새로운 과실의 주역은 오렌지였다. 17세기말까지는 '오린저리'(Orangerie)로 불리는 목조 온실이 각지에 발달하였다. 하지만 이 무렵부터 박물학적 관심의 확대와 병행하여 세계 각지에 파견된 탐험대로부터 진기한 식물이 대량으로 들여오게 되자, 18세기 중반 이후 오렌지는 온실의 주역 자리를 새롭게 등장한 열대식물, 특히 야자에게 넘겨주게끔 된 것이다. 린네에 의해 식물계의 '원'(源)으로 평가되던 야자는 유럽인들의 이국에 대한 환상을 강하게 자극하였다. 여기서 중요한 것은 야자로 대표되는 열대식물이 대량의 일조와 대규모 공간을 필요로 하는 점이다. 열대식물의 증대에 맞춰서 온실은 대형화되었고, 유리를 많이 사용하게끔 되었다. 유리를 두른 대온실과 그 속에서 재배되는 수많은 종류의 열대식물은 그곳을 찾는 사람들로서는 유럽의 세계지배를 상징하는 증표에 지나지 않았다.[11] 그리고 수정궁도 역시 본질적으로는 이들과 마찬가지로 세계를 식민지화해 가는 시선의 소산이었던 것이다.

열대식물로 넘쳐나는 대온실에서 세계 각국의 산물이 즐비한 수정궁으로의 전개를 기술적으로 가능하게 한 것은 산업혁명에 의한 철과 유리의 대량생산이었다. 잘 알다시피, 18세기 이후 용련법(溶鍊法)과 제철업의 발전은 철도와 건축물에 대량으로 철을 이용할 수 있는 길을 열었다. 이미 1779년 그때까지 기계에 국한되어 사용되었던 주철이 다리 건설에 이용된다. 그 후 철교는 서서히 그 숫자를 늘려, 1830년대 이후는 철도망의 발달에 맞춰 영국 전역으로 확대되어간다. 또한, 건축물에 철을 응용하는 방법도 1799년 볼턴와트 상회가 솔포드에 건설한 공장부터 시작하여, 19세기초에는 철골구조로 지은 교회까지 등장하였다. 철은 19세기 중반까지는 도시의 공공시설에 없어서는 안 될 재료가 되었던 것이다. 한편, 유리 역시 산업혁명 이후 본격적으로 건축물에 대량으로 사용하게 된 소재이다. 1816년에서 1829년 사이 영국의 유리 소비량은 약 6배로 증가하였다고 한다. 창문과 출입문에 유리를 사용하는 것은 널리 일반화되었고, 공공건축 가운데는 철과 유리를 이용한 지붕이 빈번하게 이용되었다. 수정궁의 거대하고 투명한 공간은 이러한 산업혁명에 따른 철과 유리의 대량생산이라는 조건과 대항해 시대 이후의 온실 사상이 만났을 때 때마침 등장하였던 것이다.

이렇게 등장한 수정궁은 동시대 수많은 온실과 마찬가지로

11 Koppelkamm, S., *Kunstliche Paradiese*, Wilhelm Ernst & Sohn, 1988. 堀内正昭 역, 『人工樂園』, 鹿島出版會, 1991, 8-58쪽.

그림자를 배제한 광명의 공간이었다. 볼프강 쉬벨부쉬(Wolfgang Schivelbussch)는 유리 건축의 본질이 그때까지 건축을 규정하였던 빛과 그림자의 콘트라스를 해소하는 점에 있음을 강조한다. 일찍이 건축은 빛과 그림자, 밝음과 어둠의 대립 속에서 사람들의 공간감각을 불러일으켰다. 그러나 수정궁을 뒤덮은 압도적인 유리면은 이러한 대립을 지워버린다. 거기에 출현한 것은 음영이 없는 찬연한 빛의 세계이다.[12] 이 빛의 공간에서는 지그프리트 기디온이 소개하듯이 너무나도 균질한 공간이 끝없이 이어지는 나머지 '벽 한쪽 끝에서 다른 한쪽으로 눈이 움직이는 것 대신에 눈은 지평선으로 사라져가는 무한의 경치 속으로 흘러간다'.[13] 전통적인 원근 감각과 내외의 구분은 거의 의미를 잃고 만다. 그리고 이러한 그림자를 잃어버린 균질 공간에 세계 각지로부터 떼어온 풍경과 산물이 놓여있었던 것이다. 유리로 만들어진 대형 지붕 아래의 거대한 느릅나무는 이런 변화를 상징적으로 보여주었다. 자연은 이제 그대로 전시품이 될 수 있었던 것이다. 게다가 이 공간은 철골과 유리를 죽 이어가기만 한다면, 무한히 연장 가능하였다. 머지않아 철근구조의 고층 빌딩이 뒤덮을 도시로 볼 때 이는 현실의 세계로 다가올 가능성 그 자체였다.

그런데 '크리스털 팰리스'라는 이름은 런던 만박의 주최자들에 의해 붙여진 것이 아니다. 당시, 발행부수를 늘려가고 있었던 풍자만화가 실린 잡지 「펀치」[14]가 만든 별명이다. 하지만 이 이름은 19세기 부르주아가 새롭게 등장한 눈부신 빛의 공간과 이에 어깨를 나란히 한 사물을 향한 욕망의 질을 날카롭게 포착하여, 런던 만국박람회의 대명사로 오랫동안 사용된다. 사람

12 Schirelbusch, W., *Geschichte der Eisenbanreise*, Hanser rerlag, 1977, 加藤二郎 역, 『鐵道旅行の歷史』, 法政大学出版局, 1982, 62-66쪽.

13 Giedion, S., *Space, Time and Architecture*, Harvard U.P., 1949. 太田實 역, 『時間・空間・建築』, 丸善, 1955, I, 268쪽.

14 Punch; 1841년 런던에서 창간, 1992년까지 이어졌다. 영국의 정치·사회·풍속 등을 정확하게 짚는 기사와 신랄한 풍자가 돋보이는 만화로 인기를 모았다. 1862년에는 이를 모방해 요코하마에서 「재팬 펀치」가 발간되기도 하였다. http://www.honco.net/japanese/01/caption/caption-2-04-j.html 참조-역자주

들은 가령 그 출처가 무엇이든 단순한 온실이건 역사이건 공장
이건 결정적으로 색다른 뭔가를 이 공간에서 느낀 것이다. 그
리고 곧이어 이렇게 받아들인 '크리스탈' 공간은 수많은 박람회
와 백화점, 그리고 쇼핑몰, 심지어는 잡지의 그라비어[15]와 텔레
비전의 브라운관을 통해 도시 구석구석으로 퍼져갔던 것이다.
하지만 여기서는 너무 앞서 논의를 서두를 필요가 없다. 우선
여기서는 빅토리아 시대 사람들이 이 '크리스털 팰리스'를 멀리
서 바라보기를 즐겼다는 사실을 지적하는 것만으로도 충분하
다. 멀리서 바라보면, 수정궁은 주위의 풍경을 반사하여 공중
에 떠있는 것 같았다. 그것은 동시대 영국인들에게는 정들은
소중한 물건을 장식해 두는 소형 유리 케이스와도 매우 흡사했
다. 상품은 유리 케이스로 장식함으로써 시각에 의한 신비화
작용을 얻는다. '크리스털 팰리스'란 거대한 규모로 확대한, 근
대의 상품세계 유리 케이스에 다름 아니었다.[16]

3. 상품세계를 관람한다

그럼, 이 크리스털 팰리스 내부에 들어가 보기로 하자. 동서
로 뻗어있는 수정궁 내부는 서쪽 반이 대영제국의 전시, 동쪽
반이 여러 외국의 전시로 할당되었다. 공식적으로 이들은 (1)
원재료, (2) 기계, (3) 공업제품, (4) 조각·조형미술 등 네 가지
부문으로 분류되어, 정연하게 전시된다. 하지만 실제로는 머
지않아 열리는 1867년 파리 만국박람회가 보여주는 질서 잡힌
분류와 전시 시스템이 이 시점에 확립되었던 것은 결코 아니

15 gravure; 인쇄의 사
진 요판(凹版)-역자주

16 Richards, T., *The
Commodity Culture
of Victorian England*,
Stanford U.P, 1990,
22-40쪽.

다. 오히려 런던 만박에서 사람들이 목격한 것은 다양한 상품의 화려하지만 혼란스럽게 넘치는 집합이다. 수정궁 내부 풍경은 외관의 명쾌함에 비해 훨씬 복잡하였다. 그 예로, 건물 서쪽 끝의 영국 국내 전시구획에서는 베르사이유 궁전을 생각케 하는 큰 거울과 거대한 오르간이, 은판사진(銀板寫眞; daguerreotype)과 시계, 그리고 총포류로 둘러싸여 있었다. 그 옆에는 궤도 위에 놓여 있는 기관차와 도시의 디오라마,[17] 교회 모형, 직물과 모피, 그리고 다양한 종류의 도구류가 뒤섞여 있었다. 대부분의 전시는 주최측이 취사선택을 포기한 채 전부 모아놓은 게 아닐까 싶었다. 수정궁은 그곳을 찾는 사람들에게 상품이 범람하는 풍요로운 세계를 느끼게 해주었지만, 그것은 18세기 이래 박물학이 보여준 것과 같은 질서 있는 분류의 공간과는 크게 다른 모습이었던 것이다.

　이와 비슷한 사정은 개별 출품물의 경우도 마찬가지이다. 분명 런던 만박에 관한 많은 논평기사가 주목하고, 각광을 쏟은 것은 시대의 첨단을 달리는 새로운 산업기계의 전시였다. 예를 들어, 나스미스 공장의 증기 해머와 화이트워스(Whiteworth)의 각종 공작기계, 구윈(Gwyn)과 아폴드(Apolde)가 발명한 원심펌프, 행사장 안에서 대량인쇄를 직접 실연해 보인 윤전기, 혹은 독일의 크루프(Krupp)사가 출품한 철강제품과 미국 맥코믹(McCormick)과 할리(Harley)의 예취기(刈取機; 곡식 수확기). 이들은 수정궁의 인기품이자 런던 만박이 새로운 기계 테크놀로지의 시대를 상징하는 제전임을 높이 선언하는 존재였다. 그리고 전체적으로 보자면, 수정궁은 장내 전시품을 기계의 경이적인 힘에 대한 신앙의 관념에 따라 통일했다. 하지만 동시에 이러한

17 diorama; 원근법을 이용해 큰 배경 앞에 소도구를 배치하고 조명을 설치 창 밖으로 내다보는 방식. 환시화(幻視畵)-역자주

통일이 어디까지나 빙산의 일각에 지나지 않는다는 점도 사실이다. 수정궁을 찾은 대중은 거기서 기계의 눈부신 미래 이상의 것을 보았다. 수정궁이 사람들에게 보여준 풍경은 산업진흥이라는 본래의 규범에서 넘쳐나는 뒤섞인 상품들의 향연으로 그들의 호기심을 자극했던 것이다.

그림 1-3 좌: 80개의 연장이 달린 스포츠맨 나이프(The Great Exhibition of 1851)
우: 마차 전시(19세기 모터쇼라고나 할까?) (같은 책)

그 예로 원재료 부문에서 중심적인 위치를 차지한 것은 증기기관과 불가결의 관계인 석탄이었는데, 사람들의 관심은 그 신기함 때문에 분화석(糞化石)에 집중되었다. 이 부문에서는 화학·약품류와 식품류의 전시도 포함되어 있었는데, 그 가운데에는 1820년대 북극을 탐험할 때 사용되어, 25년 뒤 원래의 상태대로 발견되었던 양고기 통조림 등도 보였다. 또한, 알콜류는 전시에서 배제되었지만, 특수한 재료로 제조된 것은 제외되었기 때문에 대황(大黃)의 줄기로 만든 '샴페인'을 출품한 이도 있었다. 기계부문으로 눈을 돌리면, 수십 대의 사륜 마차 전시실이 그 우아함으로 사람들을 매료시켰다. 또한, 이 부문에는 '철학, 음악, 시계 제조술, 외과의술의 장치'로 분류된 전시가 있었다. 이곳에서는 여러 비행기계의 모형과 전신인쇄기, 탁상 전기램프, 자명종 기능이 딸린 시계, 태양과 달의 움직임과 조석의 간만을 나타내는 시계, 인공 치아와 다리, 그리고 코와 같은 보조기구들, 게다가 탄력성 있는 유방 팽창장치와 '거머리 대용'인 방혈(防血) 장치까지 전시되었다. 제3부문인 공업제품부문도 큰 면적을 차지하고 있었는데, 여기서는 랭카셔 등의 숙련공들이 짠 가발과 구두, 손의 압력으로 문자를 튀어나오게 하는 휴대 문자판, 가스 요리기와 샤워 목욕탕, 탈수기 등이 전시되었다. 나아가 이 부문의 잡화류에는 비누도 물도 필요 없는 면도기, 21종류의 목재를 사용한 새장, 단검으로도 쓸 수 있는 우산, 거기에 80종류나 되는 각종 도구를 장착한 스포츠맨 나이프 등 진기한 물품까지 전시되어 사람들의 호기심 어린 대상으로 큰 주목을 모았다.[18]

이처럼 수정궁 내부에 전시된 세계는 결코 통일성이 있는 행사가 아니었으며, 그렇다고 산업적 실용성이 관철되었던 것도 아니었다. 구경하는 사람들 가운데는 여기에 너무나 많은 세간 물품이 범람하여서, 인쇄기와 방직기와 같은 실용기계조차 아직 시대에 걸맞지 않는 커다란 세간품 정도였다고 말하는 이들까지 있었을 정도였다. 하지만 설령 아무리 통일성이 없었다고 하더라도 수정궁의 풍경은 사람들에게 결정적인 인상을 심어주었다. 한마디로 런던 만박은 근대산업이 낳은 다양한 상품으로 가득한 세계의 모습을, 그 압도적인 양으로 보여준 것이다. 수정궁은 몇 천을 헤아리는 공업제품을 한 지붕 아래에 배

18 Howarth, P., *The Year is 1851*, Collins Clear-Type Press, 1951, pp.234-241.

열하고, 끝없는 상품의 우주를 창조해 갔다. 그것은 '일과 여가, 자연과 문화를 단일한 종합 공간 안에 합체시키고, 그 표면상의 무질서와는 달리 상업과 상호 작용하는 세련된 공간을 창조'하였던 것이다. 여기에서 공업제품은 근대를 찬양하는 기호로서 신화화되었으며, 쏟아지는 빛을 듬뿍 받으면서 사용가치를 뛰어넘은 세계를 만들어내었다. 이 미증유의 스펙터클은 비일상적인 것으로 인해 일상적인 것의, 커다란 것으로 작은 것의, 비현실적인 것으로 현실적인 것의 가치를 높였다. 런던 만박은 상품이 기능적인 가치를 훨씬 뛰어넘는 존재임을 넘치는 대중들에게 보여주었던 것이다.[19]

이러한 수정궁의 신화작용은 이 공간이 명백한 시각의 특권적 장이었다는 사실과 불가분의 관계에 있다. 박람회의 주최자들은 관람객들을 가능한 한 전시품 가까이 다가오게 하면서도, 동시에 그들이 보고 있는 물건에 절대 손대지 못하게끔 최대한의 주의를 기울였다. 울타리나 로프, 그리고 경관이 관람객과 전시품의 접촉을 주의 깊게 방해하였다. 하지만 이때는 박람회 출품이 판매목적에 있지 않았음을 강조하여, 전시품에는 일체 가격표가 붙어있지 않았기 때문에 사람들의 시선은 어디까지나 전시품을 비교, 선별하는 대상으로서 바라보는 데만 집중하였다. 볼프강 쉬벨부쉬는 수정궁의 시각경험과 철도여행의 시각경험이 지닌 동질성을 줄기차게 언급하면서 이들 경험의 새로움에 대해 다음과 같이 밝히고 있다.

대기의 질을 분명하게 바꾸지 않고, 유리가 수정궁의 내부공간을 자연의 외부공간과 분리하듯이 철도의 속도는 예전 나

19 Richards, T., 앞의 책, pp.3-5.

그네가 그 일부를 이루고 있었던 공간에서 나그네를 분리시킨다. 나그네가 빠져버린 공간은 나그네의 눈에는 인쇄사진이 된다. 러스킨[20]류의 전통적인 눈과는 다르게 파노라마적인 것을 보는 눈은 지각되는 대상과도 동일공간에 속해 있지 않다. 이 눈은 그것이 타고 이동하는 장치의 움직임에 따라 대상, 경치, 그리고 그 외의 것들을 본다. 이 장치, 즉 이 장치가 만들어내는 움직임이 이 눈에 작용하고, 그 위에 이 눈은 오로지 움직이면서 사물을 볼 수밖에 없었던 것이다. 러스킨과 같이 전통지향형의 감각 중추로서는 현실해소의 바람잡이였던 이 가능성이 파노라마적으로 사물을 보는 눈으로서는 새로운 상태(常態)의 기초가 되는 셈이다. 소실체험은 새로운 이 눈에는 존재하지 않는다. 그렇게 이야기하는 것도 소실을 초래한 현실이 이 눈의 새로운 정상적인 현실이 되기 때문이며, 바꿔 말하자면 소실이 가장 명료하게 드러나는 공간, 즉 전경(前景)이 파노라마적으로 사물을 보는 눈에는 이미 존재하지 않기 때문이다.[21]

철도여행과 마찬가지로 수정궁도 바로 보는 이를 외재화 하는 거대한 '표상'의 공간에 지나지 않았다. 이 대중화된 '표상'의 공간에서는 모든 사물이 사람들의 호기심과 눈썰미가 뒤섞인 시선에 의해 비교되었다. 이러한 시선의 애용은 머지않아 백화점과 쇼핑몰에서 수많은 상품에 쏟아지는 시선과 같은 성질이다. 원래 수정궁의 경우, 관람객들이 전시품을 주시하고 있었던 것은 눈 깜짝할 사이였다. 너무나 많은 입장객이 있었기 때문에 군집은 끊임없이 계속 이동하기를 강요받았다. 사람들은 전시품의 사이사이를 이동하면서, 무엇이 자기 취향의 물건인지, 무엇이 주목받는 물건인지를 재빨리 선별해 간 것이다.

20 John Ruskin; 1819~1900, 영국의 평론가. 고딕미를 논한 미술평론으로 유명. 사회개량의 제창과 실천운동을 전개-역자주

21 Schivelbusch, W., 앞의 번역서, 80-81쪽.

4. 스펙터클을 소비하는 대중

이미 언급한 것처럼 1851년 런던 만국박람회는 약 600만 명이라는 일찍이 예가 없던 대규모 대중을 하이드 파크에 집합시켰다. 이 수는 당시 런던 인구의 약 3배, 영국 총인구의 약 1/3이다. 원래 600만 명이라고 한 것은 연인원으로 실질 입장객 수는 400만 명을 넘어섰을 것으로 보인다. 그렇더라도 런던 인구의 2배 이상이 수정궁을 방문한 셈이다. 이 해 만국박람회가 개막하는 등 영국 각지에서 몇 백만 명의 사람들이 수정궁을 향해 공전의 대순례 운동을 시작하였던 것이다. 교구의 목사가 선도한 농부들은 소박한 의복을 두르고 런던에 도착하였다. 먼 도시에서 단체여행의 일원으로 찾은 노동자도 있었다. 바다를 넘어, 가족이나 일꾼들을 데리고 온 부자도 있었다. 이러한 사람들로 런던은 혼잡했으며, 숙박시설 부족으로 숙박료가 급등하였다. 어느 여행객은 런던 변두리의 싸구려 여관에 1주일 머문 것만으로도 7기니[22]나 지불하였는데, 그것도 방이란 것이 득실거리는 남경충[23]으로 줄곧 괴로웠다고 불만을 털어놓는다.[24] 또한, 『런던의 노동과 런던의 빈곤』으로 유명한 헨리 메이휴(Henley Mayhew)도 『1851년 －위안과 대박람회 구경으로 런던에 온 샌드보이즈 부부와 그 가족의 모험』이라고 제목을 붙인 저술에서 수정궁을 목표로 모여든 사람들의 런던 체험을 생생하게 그려내었다.[25]

당시까지 박람회의 전통이 전혀 없었음에도 불구하고, 런던 만박이 그 정도로 대중을 동원할 수 있었던 배경에는 몇 가지 요인이 복합적으로 작용하였다. 먼저 꼽지 않을 수 없는 건 계

22 guinea; 기니아산 금으로 제조된 것에서 연유, 17세기 후반에서 19세기초 영국에서 사용된 금화, 1기니는 21실링에 해당-역자주

23 南京蟲-역자주

24 Howarth, P., 앞의 책, p.227.

25 Mayhew, H. and G. Cruikshank, 1851 or, *the adventures of Mr. and Mrs. Sandboys, their son and daughter, who came up to London to enjoy themselves and see the Great Exhibition*, Stringer and Townsend, 1851.

급별로 구분되어 있던 입장료 시스템이다. 주최측은 개회에 즈음하여, 전체 기간을 통해 몇 번이고 입장할 수 있으며, 개회식에도 출석이 가능한 정기패스를, 남성용 3기니, 여성용 2기니로 판매하였다. 이 가격은 당시 노동자의 월급에 해당하는 고액이었는데, 개회 이틀 전까지 25,000장이 판매되었다. 그리고 개회일로부터 2일간 일반입장료는 1파운드, 그로부터 약 2개월은 5실링, 그 후는 매주 월요일부터 목요일까지는 1실링, 금요일과 토요일은 2실링 6펜스로 단계적인 입장요금을 설정하였다. 이들 가운데 대중의 인기가 집중한 것은 물론 1실링의 입장일이다. 실제로 전체 입장객의 약 3/4이 이 1실링의 날에 입장한 사람들이었다고 한다. 더더구나 가이드가 딸리면 추가로 2펜스를, 카탈로그 요약판은 1실링이 더 들었으니, 충분히 구경하기 위한 필요 비용은 결코 싼 게 아니었다. 하지만 일단 회장의 분위기만을 맛보는 것이라면, 1실링으로도 충분했기에 이는 중산계급은 물론 노동자계급에게도 결코 불가능한 가격만은 아니었다.

그렇지만 입장요금 이상으로 결정적인 역할을 한 것은 이미 영국 전국에 그물처럼 퍼져 있었던 철도망이다. 1830년에 개통한 리버풀 맨체스터 철도를 시작으로 영국의 본격적인 철도 건설은 시작되었다. 이후 20년 간 철도 주식에 투자하는 붐이 일어, 1850년까지는 주요 도시들이 조밀조밀한 철도 네크워크로 이어진다. 논의를 런던으로 한정시키면, 1837년에 런던과 버밍험 철도의 런던 유스턴역, 1837년 런던 앤드 그리니치 철도의 런던 브리지역, 1841년 그레이트 웨스턴 철도의 패딩턴역, 1852년 그레이트 로잔 철도의 킹스크로스역, 그리고 1860

그림 1-4 수정궁에 밀려드는 군중 (The Commodity Culture of Victorian England)

그림 1-5 박람회장을 걷는 런던 서민 (Palace of Industry, 1851)

년대에는 빅토리아역과 차링크로스역, 세인트판크라스역 등이 건설된다. 이로써 런던과 잉글랜드, 웨일즈 등 여러 도시와의 거리는 역마차나 증기선의 시대와는 비교할 수 없을 정도로 단축된다. 나아가 1844년 제정된 그래스턴 철도통제법 이래 각

철도회사는 저가의 대량생산이라는 방침을 굳혀나가는데, 그 덕분에 1840년부터 1870년까지 철도승객수가 20배로 늘어날 만큼 철도여행의 대중화는 급속하게 이루어진다. 결국, 런던 만국박람회는 바로 이러한 철도여행의 대중화라는 시대적 흐름과 더불어 개최되었던 것이다.

런던 만박 즈음에 많은 철도회사는 아직 경합 상대였던 선박회사에 대항하여 박람회 관람을 위한 철도요금을 큰 폭으로 인하하였다. 예를 들어, 통상 편도 15실링 이상이 드는 맨체스터-런던 간의 요금이 이때만큼은 왕복 5실링으로 가능하였다고 한다. 그리고 이러한 철도요금의 인하를 이용하여, 만국박람회 구경에 대량의 단체여행객을 태워보낸 것이 토마스 쿡이다. 바프티스트파의 빈곤한 순회설교사이며, 열렬한 금주운동가였던 그는 1840년대 노동자에게 술집과 알코올을 대신해 '건전'한 오락을 제공하려고, '싼 티켓'으로 철도여행을 조직화하는데 앞장선다. 1841년 금주대회에 특별열차운행으로 시작한 이 사업은 1845년 웨일즈에, 1846년에는 스코틀랜드에 각각 관광단을 조직하여 착착 발판을 다져갔다. 그리고 런던 만박으로 떠나는 관광단의 조직은 쿡의 개인적 사업을 일거에 산업화시켰다. 그는 잉글랜드 각지를 돌면서 '박람회 클럽'에 가입하기를 설득, 적립금 제도로 노동자의 박람회 견학을 장려하였다. 또한, 고객 취향에 맞춘 여행지를 발행하여 견학을 위한 기초지식을 넓혀갔다. 이런 식으로 해서 만박 기간 중 숙박비를 절약하기 위해 야간열차를 탄 여행객들이 대량으로 쿡 부자(夫子)에 이끌려 수정궁을 찾게 되었던 것이다.[26]

또 한 가지, 수정궁의 대량동원 배경으로 잊어서는 안 될 것

26 荒井政治, 『レジャーの社會經濟史』, 東洋經濟新聞社, 1989, 93-113쪽.

이 이 시대의 매스 미디어의 급속한 발달이다. 새로운 제지법과 인쇄기술의 발달에 따라, 그때까지 없었던 저렴한 가격으로 대량의 인쇄물 발행이 가능해졌다. 또한, 1836년에는 인쇄세가 4펜스에서 1페니로 낮춰지다가, 1855년에는 그 1페니의 인쇄세조차 임의로 납부하게 되어 당시까지 신문의 대중적 보급을 방해하던 최대 장애가 없어졌다. 이런 상태라 1921년에는 대영제국 전체에 367개였던 신문총수가 1862년에는 1,102개로 약 3배 늘어난 것이다. 발행부수 역시 1831년 월평균 324만부, 인구 1,000명당 137부에서 1882년에는 월평균 1억 3,500만부, 인구 1,000명당 3,700부로 급증한다.[27] 이들 신문류가 박람회 회기 동안 매일 수정궁에서 일어난 일들을 기사로 만들어, 중요인물의 방문과 전시품에 대한 논평, 노동자에 대한 교육효과를 보도하였다. 여기에 1840년대 창간된 『펀치』와 『런던화보(畵報)』와 같은 오락주간지도 거의 매호 수정궁의 화제를 다루어 사람들의 관심을 시각적으로 높여주었다.

이상과 같이 교통과 커뮤니케이션의 발전 속에서 이 나라에 살고 있는 대중의 일상의식에 어떤 결정적인 변화가 싹터갔다. 만박 개최의 계획이 공포되었을 때, 영국의 지배층과 저널리즘이 지레 겁먹었던 것은 이 행사로 인해 여전히 반항적인 노동자와 불량배들이 대거로 들이닥쳐 손도 쓸 수 없는 혼란과 폭동의 위기가 런던을 덮치지는 않을까라는 우려였다. 박람회는 대중을 계몽하는 기회가 된다기보다는 수많은 소매치기와 사기꾼, 살인, 매춘부, 혁명가와 스파이, 불량배와 부랑자가 모이는 절호의 장을 제공하게 될 것이라고 생각하였던 것이다. 하이드 파크의 녹지는 더렵혀지고, 여기에 질서 파괴자들의 소굴

27 Smith, A., The Newspaper, Thames and Hudson, 1979. 仙名紀 譯, 『ザ・ニュースペーパー』, 新潮社, 1988, 190쪽. 그리고 長島伸一, 『世紀末までの大英帝國』, 法政大學出版局, 1987, 202쪽 등을 참조.

이 출현하게 될 것이다라는 것이 영국 지배층을 괴롭힌 악몽의 이미지였다. 실제로 대륙을 석권하였던 파리의 2월혁명, 베를린과 빈의 3월혁명으로부터, 그리고 영국 전역으로 확산된 차티스트 운동의 돌풍에서 아직 3년밖에 지나지 않았기 때문에 이 '악몽'이 근거 없는 이야기는 아니었다. 하지만 박람회가 막상 개최되자, 예견되었던 불량배 무리들은 찾아들지 않았으며, 박람회장 군중들의 움직임은 놀랄 만큼 질서정연했다. 수정궁 안에서 일어난 범죄로 기록된 것은 소매치기가 9건, 소매치기 미수가 6건, 매점에서의 좀도둑이 10건 등 합쳐야 겨우 25건에 지나지 않았다.[28]

혁명은 먼 옛날 일이 되었다. 수정궁의 전시품 사이를 걸어 다니는 600만 명의 군집은 이제 그 1848년 반란하는 혁명적 군집이 아니었다. 분명한 것은 런던 만국박람회를 찾은 관람객 가운데 가장 많은 비율을 차지한 게 하층 중산계급으로 노동자 계급은 아니었다는 점이다. 수정궁은 아직도 검약과 노동의 미덕을 굳게 믿고 있었던 이들 중산계급의 사람들을 상품을 욕망하고 소비하는 대중으로 변화시켰던 것이다. 그런 한편, 분명히 아직 이러한 부르주아 사회의 권외(圈外) 즉 주변부, 예를 들자면 런던 이스트 엔드에는 초과밀 빈민가가 확산되어가고 있었으며, 거리 모퉁이 여기저기에 메이휴가 『런던의 노동과 런던의 빈민』에서 묘사한 것처럼 가두의 날품팔이와 예인, 항만 노동자와 철도인부, 방랑자와 거지들, 매춘부, 도둑 등의 세계가 가쁘게 헐떡이고 있었다. 그리고 런던 만박으로부터 15년 후, 이 도시에 콜레라가 크게 유행한 것에서도 알 수 있듯이, 런던의 위생 상태는 충분하게 개선되었다고 하기에는 아직 일

28 Howarth, P., 앞의 책, 228쪽.

렀다. 그렇지만 가령 아직 부분적인 현상이라고 하더라도 수정
궁에는 상류층계급과 중산층계급만이 아닌 분명히 상당수의
노동자들도 찾았다는 점에서 그들은 머지않아 계급의 경계선
을 넘어선 소비자로서의 의식을 비록 맹아적이지만 이미 몸에
익히기 시작하였던 것이다.

　말할 필요도 없이 이러한 사태의 배경에는 19세기를 통한 영
국 국민의 생활수준 향상이 있었다. 1850년대를 전환점으로
공장의 기계생산과 해외식민지 수탈이 낳은 대영제국의 '풍요
로움'은 공장 노동자를 포함한 영국 국민의 가계에 뚜렷한 변
화를 가져다주기 시작하였다. 1850년대는 영국 도시생활자들
이 처음으로 여유 있는 생활이 가능하게 된 시대이다. 경제는
호황으로 가격도 등귀하였지만 그 이상으로 임금이 계속 상승
하였으며, 노동자들이 주로 먹는 식사는 이전의 호밀 흑빵에서
소맥분(小麥粉)으로 만든 빵으로 변하였다. 커피와 홍차, 사탕을
노동자 가정의 식탁에서도 볼 수 있다는 게 그리 신기한 일이
되지 못하였다. 노동시간도 전체적으로는 단축되는 경향이었
다. 이윽고, 1870년대 이후 해외로부터 싼 고기와 밀가루, 과
일과 설탕 등이 대량으로 수입되어, 영국 노동자의 생활수준은
더욱 높아진다.[29] 혁명하는 군중은 이와 같은 경제조건의 변화
속에서 소비하는 대중으로 변모되어 간다. 런던 만박과 상징적
기념물인 수정궁은 바로 이러한 국민생활의 전환기에 등장하
여, '풍요로움'을 어슴푸레 느끼기 시작한 사람들의 신체를, 새
로운 욕망의 메커니즘 속으로 접속시켰던 것이다.

29 角産榮・川北稔 편,
『路地裏の大英帝國』,
平凡社, 1982, 36-40쪽.

5. '선보이기' 도시의 변모

수정궁은 회장을 찾은 군집을 유민(遊民)으로 바꿨다. 하지만 그것은 파리 길거리를 배회하는 보들레르[30]식 유민이라기보다도 새로운 산업시스템이 제공해 준 수많은 상품을 차례차례 욕망해 가는 관리된 유민이었다. 물론, 이 변화는 박람회만의 효과가 아니라, 런던이라는 도시문화 그 자체, 즉 거기에서 퍼져간 흥행(볼거리, 구경거리)적, 오락적, 축제적 세계와 이를 주도하였던 주체들의 구조적인 변모 속에서 일어났던 것이다.

이러한 변화를 상징하듯이 런던 만박으로부터 4년 후인 1855년, 과거 수세기 동안 런던 최대의 민중적 축제공간을 만들어내었던 바솔로뮤 페어(Bartholomew Fair)가 마지막 날을 맞이한다. 8월 24일부터 2주간에 걸쳐 런던시 서쪽의 스미스 필드(Smith Field)에서 개최된 것이 상례였던 이 페어에는 이전부터 수만을 헤아리는 런던의 어린이들이 연일 쇄도하여, 익살꾼(피에로), 나팔불기, 음악연주, 천막극장, 밀랍인형, 마술, 외줄 타기 및 공중곡예, 유령의 집, 꼭두각시 줄 인형, 관람차, 회전목마 등도 있어서 모든 종류의 흥행물이 집합하였다. 동시에 이들 흥행거리와 섞여 수많은 매춘부, 호객꾼, 발라드 가수,[31] 소매치기, 야바위꾼, 노름꾼 등도 배회하였다. 사람들은 여기서 먹고, 마시고, 도박하고, 싸우면서 입을 떡 벌리고 구경하였다. 페어란 그런 장소였다. 그리고 19세기초까지는 이런 종류의 페어가 런던 내외에 20에서 30개나 헤아릴 정도로 많았다.

적어도 18세기까지는 박물관도 동물원도 아닌, 이들 페어야말로 런던 서민들의 마음을 가장 사로잡는 환락의 장소였다.

30 Charles Pierre Baudelaire; 1821~1867, 프랑스 시인. 시집『악의 꽃』으로 상징파의 길을 열었다. 감각의 조응, 악에 잠재해 있는 아름다움, 자의식의 고뇌를 그린 근대시의 아버지. 산문시로 '파리의 우울'이 유명-역자주

31 중세 프랑스와 영국에서 시작된 담시(譚詩), 혹은 소박한 언어로 전설 · 민담을 노래하는 이야기시. 담가(譚歌)라고도 함-역자주

하지만 이미 변화는 18세기 중반부터 일기 시작한다. 가와시마 아키오가 지적하듯이, 바솔로뮤 페어의 경우 1750년경부터 '페어 기간 중에는 기존의 상설 극장을 폐지, 페어 가설무대에서 간판 배우를 내건 연극을 상연하였던 런던 극단이 페어로부터 완전히 철수한다. 이후 이 페어에서 무대에 오른 연극은 전율(戰慄)만 내세운 대중연극으로 점령당하고 말았다'.[32] 이런 흥행물의 변화는 분명 관객층의 변화와 호응관계를 이루었다. 18세기 전반까지는 상류계층까지도 즐겨 찾았던 페어는 이 무렵부터 차츰 하층 민중들만 모이는, 도시의 지배층이 보자면 '위험한' 장소가 되어간 것이다. 이렇게 해서 18세기 후반부터 시당국의 단속이 강화되자, 이에 대항하는 민중의 반발이 격화되고, 난폭해지는 현상이 두드러졌다. 여기서 가와시마[川島]가 작성한 바솔로뮤 페어에 대한 연표를 참조하면, 1756년에는 군중이 브라이드 웰 감옥을 습격, 교도관을 구타하였으며, 1782년에는 시당국이 페어의 위법적인 연장을 방지하기 위해 정규 수료에 맞춰 경관을 파견하는 것을 결정하기도, 또한 1776년에는 다시 군중이 폭도로 변하는 등 불상사가 꼬리를 물고 이어졌다. 그리고 1839년 시당국은 페어 개최권을 켄진턴 경(卿)으로부터 매수하여, 천막을 치고 손님을 끌던 모든 흥행물을 배제, 오락기구류의 설치 금지, 도로에서 영업 금지, 시설에 대한 청소 의무 등 꽤나 엄격한 제약을 붙여갔다.

이렇게 약 한 세기에 걸친 공방 끝에, 마지막으로 승리한 것은 페어장에 남아있던 민중측이 아니라, 이를 규제하였던 당국이었다. 바솔로뮤 페어만이 아니라, 19세기 전반에는 런던의 페어 대부분이 하나 둘 그 생명을 마감한다. 1819년에는 페어

32 川島昭夫, 「十九世紀ロンドンのフェア」, 中村賢二郎 編, 『歴史のなかの都市』, ミネルヴァ書房, 1986, 261-283쪽.

의 흥분이 도시 소요까지 발전하였던 함스테드 페어(Hampstead Fair)가 폐지되고, 1823년에는 런던 서쪽의 브룩 그린(Brook Green), 도틸 필즈(Dothill Fields), 동쪽의 스테프니(Stepney), 보우(Bow)의 페어 등이 속속 폐지되었다. 그리고 1850년대에는 바솔로뮤, 캠버웰(Camberwell), 그리니치(Greenwich) 등 그 권리가 명백히 보증된 페어조차 폐지에 몰리게끔 된다. 19세기의 이와 같은 페어의 현저한 쇠퇴에 수도경찰법을 시작으로 당국의 단속이 해낸 역할은 크다. 하지만 민중적 축제공간으로서 페어가 쇠퇴한 것이 단지 당국에 의한 규제와 단속에 의한 것이라고 보는 것은 위험한 발상이다. 이미 18세기 후반, 런던의 흥행세계에 커다란 지각변동이 시작되었으며, 전성기를 누리던 페어는 이 지각변동에 휩쓸려 막을 내릴 때를 맞이하였던 것이다. 그렇다면 그 지각변동이란 무엇인가? 이 물음에 대한 한 가지 해답은 넓은 의미로 박물학적이라고 부를 수 있는 새로운 시각 장치의 증식이다.

이미 서장에서도 밝혔듯이, 18세기 이후 영국과 프랑스의 경제적 패권이 확대되는 가운데 이들 제국의 수도에는 세계 각지로부터 엄청난 양의 동식물과 인간, 정보가 모여들었으며, 그 전시를 흥행으로 삼는 시설도 크게 늘어나고 있었다. 런던에는 18세기 중엽부터 박물학적 콜렉션의 대중판이 시내 각지에 등장하기 시작하였다. 그 가운데에서도 커피 하우스는 그런 수집품이 손님을 끄는 도구로서 즐겨 전시되었던 장소였는데, 18세기 후반에는 전문적인 사설박물관도 선보인다. 그 효시는 리버(River) 박물관으로 여기서는 1770년대까지 60종류의 네발 동물과 260종의 조류 표본, 1,100개의 화석 등이 몇 실링의 입장료로 공개되었다고 한다.[33] 이들 표본 속에는 극락조, 벌새, 펠리컨, 플라밍고(홍학), 공작, 하마, 코끼리, 표범, 카멜레온, 악어 등이 포함되어 있었다. 이 박물관은 경영 악화 끝에 19세기초에 컬렉션이 매각되어 막을 내렸는데, 이와 비슷한 사설박물관이 이 무렵부터 런던 각지에 탄생한다. 박물학적 관심은 이제 이 도시에 사는 부르주아들 사이에 널리 공유되어, 이를 상업적인 장사거리로 삼는 것도 불가능하지 않게 되었던 것이다.

이와 같은 흥행거리로서 박물전시에서 당시 런던에서 가장 성공한 것은 윌리엄 블럭(William Block)의 이집트 홀(Egyptian Hall)이라 할 수 있다. 1809년 블럭은 본거지를 리버풀에서 런던으로 옮겨, 3년 후 그 이름대로 파서드에 스핑크스하고 이시즈와 오리시즈를 본 뜬 이집트풍의 박물관을 개관한다. 이 건물의 외관이 동양에 대한 런던 어린이들의 흥미를 자극한 것은 말할 필요도 없는데, 내부 또한 아이들의 해외를 향한 관심에 구색을 맞추었다. 그 예로, 어느 열대 우림을 모방한 한 전시실에서는 전경으로 인도풍의 작은 집들이 들어섰고, 그 뒤 배경은 형형색색의 파노라마 풍경이 펼쳐졌으며, 우거진 열대식물 모형 사이로 기린과 코뿔소, 코끼리 박제가 전시되었다. 사자와 표범은 보금자리 속 아니면 종이 상자에 색칠한 바위 위에서 배를 깔고 엎드려 있고, 개미핥기는 흰개미 둥지 근처를 어슬렁어슬렁 거리며, 여우원숭이는 나뭇가지에 쪼그리고 앉아 있었다. 그리고 다른 전시실에는 독수리에서 벌새까지 3,000마리에 이르는 새들 표본이 그 특징을 한 눈에 파악할 수 있게끔 전시되었다. 맹수와 조류에서 아프리카 대륙과 아메리카 대륙에서 수집한 공예품에 이르기까지 박물학자 블럭의 손에 의

[33] Altick, R., 앞의 번역서, II, 187-228쪽.

해 분류되고, 절묘하게 전시되었던 것이다. 1819년 블럭은 컬렉션 모두를 팔아치우고 마는데, 그 이후에도 이 이집트 홀은 모든 종류의 흥행물을 위한 대여회장으로서 호기심으로 가득한 런던의 어린이들을 계속 끌어모았다.

이 홀에서 열린 흥행물 가운데 가장 인기가 많았던 것은 해외로 향한 런던 어린이들의 호기심을 충족시킨 몇몇 전람회였다. 예를 들어, 1821년 이집트에서 람세스 2세의 거대한 얼굴상과 왕묘의 보물을 발굴해 가져온 조반니 배티스타 베르처니(Giovanni Battista Belsoni)는 이 이집트 홀에서 이집트 미술과 공예품으로 화제가 된 전람회를 연다. 3년 후 이번에는 블럭 자신이 멕시코에서 수집해 온 아스테카 제국황제 모크테스마(Montezuma)의 역석(曆石)하고 사본, 조각품과 공예품, 조류와 광물 컬렉션을 전시해 갈채를 받았다. 또한, 이 홀에서는 랩랜드(Lapland)[34] 사람과 북미 인디언, 부시맨[35] 등 '이색인종' 전시도 이루어진다. 이와 비슷한 경향은 다른 구경거리도 볼 수 있었는데, 기아나(Guiana) 탐험과 남아프리카 탐험 전람회, 혹은 버마(현재의 미얀마)와 중국 전람회가 열렸을 뿐만 아니라, 훗텐토트,[36] 브라질의 인디오, 아프리카의 카필(Kafir)족, 아스테카의 선주민(先住民), 오스트레일리아의 아보리진(Aborigine) 등이 이곳저곳에서 관람용으로 선보였다. 대항해 시대의 발단이 된 외부 세계를 향한 시선은 19세기 전반 민족학의 대두와 연결되면서, 이처럼 도시의 대중오락의 기저 부분을 맡게 된 것이다.

34 북극권, 북위 66도 32분35초 이북에 위치한 지역으로 겨울에 오로라를 볼 수 있는 곳-역자주

35 Bushman; 키가 작은 상(San)족의 속칭-역자주

36 Hottentot; 코이(Khoi)족의 속칭-역자주

그림 1-6 제5회 내국권업박람회(1903, 오사카) 학술인류관에 전시된 자바인 (이태문 소장)

아울러, 이처럼 런던 어린이들 사이에 번져가던 세계를 향해 확산되는 시선을 실물이 아니라 화상(畵像)으로 강렬하게 자극하고, 신시대의 쾌락장치로서 일세를 풍미하였던 것은 파노라마이다. 파노라마는 에딘버그 출신의 초상화가 로버트 파커의 발명품이었다. 그는 원통의 표면에 사실적인 풍경화를 그리는 방법을 고안하여, 이를 흥행물로 응용하고자 거대한 원통형 돔 안에 관객들에게 전망대에서 주위의 파노라마 그림을 바라보게끔 하여, 마치 현실 풍경을 보는 듯한 기분이 드는 새로운 시각의 스펙터클을 발명한 것이다. 1794년 레스터 스퀘어(Leicester Square)에 파커의 파노라마관이 개업하여 대인기를 끌자, 곧이어 이를 모방해 스트랜드 길(Strand Street)과 리젠트 파크(Regent's Park)에도 같은 파노라마관이 차례차례 개업하였다. 그 당시 이들 파노라마에서 주로 다루었던 것이 한쪽은 세인트 폴 대성당(St. Paul's Cathedral)과 알프스 정상에서 도시와 자연을 조망한 풍경이었으며, 다른 한쪽은 나폴레옹 전쟁을 비롯해 유럽 열강의 대외전쟁의 싸움터를 높은 곳에서 내려다보는 것처럼 묘사한 풍경이다. 이들 모두 밖으로 확장해 가는 영국 대중의 시각적 욕망을 체현해갔음은 명백하다. 올틱은 이렇게 적고 있다.

> 1840년대에는 그림이 들어있는 저널리즘이 경합자로 나타나, 그 어떤 솜씨가 좋은 화가보다도 훨씬 신속하게 시국의 사건을 판화에 인쇄하여 유포시켰음에도 불구하고, 여전히 파노라마가 번창하였음은 지금 현재 화제가 되고 있는 외국 각지에 대한 관심이 변함없이 강했기 때문이었다. 1770년대 제임스 쿡의 항해로부터 또 한 명의 쿡, 토마스 쿡이 1850년대 중엽부터 시작한 가이드가 딸린 대륙여행까지, 이 시기를 통해 줄곧 영국인은 특히 지리학에 흥미를 지녔는데, 특히 이 흥미는 최종적으로 '관광안내'에, 그리고 민중화 되어가던 여행광들에게 뚜렷하게 나타났다. 이는 일부분 영국의 현재와 미래의 정치지리학적, 경제적 지위를 받쳐주는 것이 바다 저

편에 있다고 여기는 인식의 소산이었다. 영국은 그 중에서도 특히 세계의 공장이며, 제국주의의 무역자이며, 항해대의 방위자이다. 그것들은 모두 영국의 '명백한 천명'인 것이다. 그렇기 때문에 파포드(로버트 파커가 죽은 후, 그의 파노라마 업을 이어갔다)가 한 것과 같은 흥행물의 인기는 영국의 힘이 뚜렷하게 느껴지는, 거기에 영국의 번영이 대부분 얽혀있는, 작지만 잘 챙겨진 작은 섬 저 너머로 펼쳐지는 모든 영역에 대한 강한 호기심을 반영한 것이었다고 할 수 있겠다.[37]

파노라마는 박물관, 동물관과 함께 넓어지는 세계를 부감해 가려는 19세기 대중적 욕망에 대응하고 있었다. 이 장치가 얼마나 동시대 사람들의 기분에 어필하였는지는 이윽고 등장하는 디오라마[38]와 사이클로라마,[39] 코즈모라마, 움직이는 파노라마 등 여러 파생형태가 생긴 것에서도 알 수 있다. 그리고 이러한 19세기 전반의 파노라마적 시계의 발전을 총괄한 것이 1851년에 개업하여, 그 해 수정궁에 이어 화제가 되었던 와일드의 대형 지구의(地球儀)였다는 점은 상징적이라고 하겠다. 직경 85피트짜리 구형 구조체를 원통형 외벽이 둘러싸고 있는 이 건물 내부에는 벽 안쪽 벽화에 지구가 뒤집어져서 표현되어 있었다. 6,000장의 석고판으로 지형의 기복이 만들어졌으며, 화산의 분화와 적설까지도 소도구로 표현되었다. 4층으로 올린 전망대에서 관객이 이 지구를 순서대로 전부 돌아보는 시계(視界)로 구성되었다. 그것은 같은 해 런던 만박이 표명한 이데올로기의 파노라마판이었다. 참고로 와일드는 이 지구의를 수정궁 안에 설치하려고 생각하였지만 승인을 받지 못한 채 레스터 스퀘어에서 개업하였다. 만박 회장에 지구의를 두려고 한

37 같은 번역서, II, 49-50쪽.

38 diorama; 배경 위에 모형을 설치하여 하나의 장면을 만든 것, 또는 그러한 배치-역자주

39 cyclorama; 무대 배경장치의 둥글게 둘러쳐진 배경-역자주

발상은 머지않아 20세기 두 번의 뉴욕 박람회에서 현실로 옮겨진다.

19세기 전반 런던에서 일찍이 페어로 응축되었던 축제 분위기에 균열이 생기고, 이를 쇠퇴의 방향으로 이끌었던 이유 중의 하나로 이러한 확산되는 세계를 한 눈으로 훑어보려는 시선이 일부의 상류계급만이 아니라 하층 중산계급과 노동자계급까지도 포함한 광범위한 도시민중들에게 침투하기 시작한 점을 들 수 있다. 예전 페어에 익살꾼(피에로), 나팔불기, 외줄 타기 및 공중곡예나 거리 곡마단, 발라드 가수와 노름꾼, 거지와 매춘부들이 거기에 모여든 수많은 민중들과 함께 하나가 되는 축제세계를 만들 수 있었던 것은 일상을 뛰어넘은 신성한 것, 이상한 것, 무서운 것에 대한 놀라움과 외경(畏敬), 공포로 가득한 감각이 널리 공유되었기 때문이다. 해마다 한 번 페어가 열려 그 축제 때에는 애매하고 혼돈스럽고 시끌법적한 가운데, 세계는 반전하여 그 '역(逆) 시간'이 출현될 수도 있었다. 그러한 것을 몽롱한 상태일지라도 많은 민중이 충분히 예감할 수 있는 의식이 두텁게 공유되었다. 그런데 17세기 중엽부터 지식인과 지배층 속에서 싹이 트기 시작, 18세기말까지는 도시의 대중오락으로도 확대되어 가는 새로운 능동적이고 특권적인 시선은 그런 애매하고 혼돈스러운 소란과 기적의 감각과는 전혀 관계없는 것이다. 이 시선 아래 세계는 그 자체 안에 뭔가 초월적인 힘을 지니고 있는 것이 아니라, 일방적으로 부가되고, 분류되고, 서열화가 매겨지는 객체의 질서로 나타났다.

물론 이 시기, 페어의 들뜬 잔치 분위기와 박물관 및 동물원, 그리고 파노라마 등의 시각장치 사이에는 어떤 상호작용이 존재하였다. 아직 19세기 전반까지는 박물관이라고 하지만 완전히 박물학적 분류의 공간이 아니었으며, 오히려 사람들이 지닌 색다른 물건에 대한 경이의 감각에 호소하고 있었으며, 페어의 경우도 새로운 시각적 오락장치를 여러가지로 끌어들였다. 그러나 바로 이러한 각종 상호작용 속에서 18세기부터 19세기에 걸쳐 이 대영제국의 수도에는 민중적 흥행 세계의, 더 나아가서는 도시 문화 그 자체의, 커다란 지각변동이 일어났던 것이다. 이 변동은 머지않아 주요한 박물관과 동물원, 식물원이 공공적인 기관에 의해 운영되고, 교육을 위한 시설로서 널리 공개되는 가운데 국가 차원에서 밀고 나가게끔 된다. 런던 만국박람회는 사태가 이와 같은 단계까지 진행되었음을 알리는 기념비적 일이었다. 그리고 곧이어 기본적으로는 이와 똑같은 발상의 일들이 파리에서도 일어났으며, 머지않아 유럽의 여러 나라에서도, 미국에서도, 심지어 일본에서도 일어나게 된다. 런던 만국박람회는 1851년이라는 시기에서도 대영제국의 수도라는 장소에 있어서도, 17세기 이래 발달해 온 근대의 부르주아적 시선이 모든 계급을 감싸 안으면서, 이제 자본주의의 정치적 · 경제적 기구와 한 몸이 된 우리들의 일상을 포착하기 시작했음을 강력하게 표현하였던 것이다.

2

박람회 도시의 형성

1889년 파리 만박의 에펠탑과 도로카데로
(L' Exposition de Paris 1889)

1. 제2제정과 만국박람회

1851년 런던 만박의 성공은 곧바로 세계 각지로 그 영향을 미쳤다. 특히, 직접적인 영향으로 들 수 있는 건 2년 뒤인 1853년 더블린과 뉴욕에서 개최된 국제박람회이다. 이들은 모두 개최형식이 런던 만박을 답습한 것뿐만 아니라, 회장도 수정궁을 그대로 소형화한 것 같은 건물을 이용, 한마디로 런던 만박의 직접적인 후계자라고도 할 말한 것이었다. 한편, 더블린 박람회는 지금까지 더블린 왕위협회가 개최해 온 박람회를 국제 규모로 확대시킨 행사로 회장이 된 곳은 수정궁과 마찬가지로 철골구조에 유리를 넣은 신랑(身廊)과 측랑(側廊)으로 이루어진 건물이었다. 내부에는 동인도회사의 인도제품 전시와 각종 산업기계, 직물류, 미술공예품 외에 일설에 따르면, 일본 물품도 이때 처음으로 전시되어 화제를 모았다고 한다.[1] 한편, 뉴욕 박람회에서는 중앙에 돔을 올린 수정궁을 빼어 박은 전시장이 건설되었다. 내부 전시품 가운데 주목을 끈 물품은 오티스[2]가 세계 최초로 만든 안전 엘리베이터였다. 그는 자신이 탄 승강대를 높이 끌어올리게 한 뒤, 이를 고정하느라 묶은 줄을 끊게 하였다. 엘리베이터는 원하는 높이에서 즉시 정지하였으며, 그 안정성을 증명한 셈이다. 이들 박람회는 그렇지만 내용적으로도 규모 면에서도 도저히 런던 만박을 뛰어넘을 만한 것이 못되었다. 분명한 것은 뉴욕 박람회의 계획 중에는 중앙에 탑을 가진 거대한 철과 유리의 원형 전시장을 제안한 제임스 보거더스(James Bogardus) 안과 같이 독창적인 것도 있었다. 하지만 실제로 세워진 것은 너무나도 평범한 건물이었으며, 입장객 면에서

[1] Allwood, J., 앞의 책, 25쪽.

[2] Otis, Elisha Graves, 1811~1861; 그는 자기가 발명한 엘리베이터가 안전하다는 것을 보여 주기 위해 1853년 뉴욕 만국박람회의 수정궁에서, "안전합니다. 정말 안전합니다." 하면서 직접 엘리베이터에 올라탔고, 인부에게 엘리베이터의 줄을 끊게 한 일화는 유명하다-역자주

도 더블린 박람회는 116만 명, 뉴욕 박람회는 125만 명으로 그 수가 적어 흥행적으로는 실패였다.

엄밀한 의미에서 런던 만국박람회의 후계자는 1855년 파리에서 나타났다. 이미 1851년 12월 쿠데타로 권력을 쟁취하였고, 그 다음 해에는 프랑스 초대 대통령에서 황제 직위까지 올라갔던 루이 나폴레옹 보나파르트(Charles Louis Napolon Bonaparte), 즉 나폴레옹 3세는 부르주아적 욕망을 상품의 스펙터클 속으로 회수하는 것만이 아니라, 동시에 파리라는 도시 전체를 자기 자신의 제정(帝政)을 장엄하게 장식, 거대한 무대장치로 변용시키는 조작으로서 상제리제에 만국박람회를 개최한다.

이 이후 파리에서는 1867년, 1878년, 1889년, 1900년, 1937년 등 만국박람회만으로도 전부 6번, 거기에 1925년 국제장식박람회와 1931년 식민지박람회를 더하면 제1차 세계대전 기간을 제외하면 거의 10년마다 대규모 국제박람회가 개최된 셈이다. 많았던 것은 개최횟수만이 아니다. 이들 파리 만국박람회는 모두 동시대 다른 만국박람회를 압도하는 장대함을 가지고 있었다. 예를 들어, 동원 수만 보더라도 1855년은 520만 명, 1867년은 680만 명, 1878년은 1,600만 명, 1889년은 3,240만 명, 1900년에는 무려 4,810만 명의 입장객을 끌어들인다. 확실히 제1차 세계대전 이후 시카고와 뉴욕 만국박람회가 파리 만박을 능가한 것 같지만, 19세기 만국박람회의 주무대는 뭐니 뭐니 해도 파리였다. 게다가, 에펠탑을 비롯하여 샤요궁,[3] 그랑팔레,[4] 프티 팔레(Petit Palais), 알렉산드르 2세 다리(Pont Alexandre II), 오르세 미술관(Musee d'Orsay), 파리시 근대미술관(Musee d'art moderne de la ville de Paris) 등 현재 알려진 파리의 명소 대부분은

[3] Palce de Chaillot; 센강 북쪽 강변에 에펠탑을 바라보며 서 있으며, 1878년 박람회를 위해 다뷔와 부르데가 세운 도로카데로궁 부지에 카를뤼 부알로 아제마가 설계한 것인데, 동서로 크고 웅장한 날개집(翼舍; wing house)이 있는데 이 내부에 원래의 건물이 있다. 조상(彫像)이 늘어서 있는 중앙광장 아래에는 약 3,000명을 수용할 수 있는 샤요 극장이 있다-역자주

[4] Le Grand Palais; 콩코드 광장 옆에 만들어진 전시회 광장-역자주

원래 만국박람회의 시설로 건설된 것들이다. 19세기 수도 파리는 한마디로 박람회 도시라고 해도 과언이 아니었다.

이들 일련의 파리 만국박람회 중에서도 나폴레옹 3세 치하에 열렸던 1855년과 1867년 행사의 경우는 특별한 정치적 의미를 가지고 있었다. 먼저, 1855년 만국박람회는 런던 만박의 성공을 지켜본 나폴레옹 3세가 이를 능가하는 행사를 자기 위신을 걸고서 연 경우이다. 산업전시와 나란히 미술전시가 중요한 독립부문으로서 설치되어 앵그르[5]와 들라크루아[6] 등 아카데미에 소속된 화가 작품이 회장을 장식하였다. 중심 회장은 기둥 사이가 48미터의 철과 둥근 유리 지붕을 가진 산업궁(産業宮)이었다. 하지만 이 둥근 지붕은 고딕사원처럼 양측의 두꺼운 석벽이 떠받치고 있었으며, 수정궁이 실현하였던 밝고 경쾌한 맛을 잃고 말았다. 게다가 이 박람회에는 모든 전시품을 산업궁 안에 수용할 수 없어서 보석류와 비싼 융단, 벽걸이 장식 등은 인접하는 원형 건물에, 기계류는 세느강변을 따라 지은 전장 1,200미터의 길고 가느다란 기계관에, 미술품은 몽테뉴길을 접하고 있는 미술관에서 전시되었다. 이처럼 전시회장이 분산되었기 때문에 박람회 전체 인상은 1851년 수정궁에 비해 훨씬 약해져 버렸다. 이때 처음으로 본격적인 미술전시가 이루어진 점, 식민지 전시가 대규모화된 점 등은 분명 주목되지만, 입장객도 520만 명에 그쳐 결국 런던 만박을 능가하지 못한 꼴이 되었다.

이렇게 보자면 1851년 런던 만박은 차례차례 추종자를 낳아갔지만, 그 후로도 오랫동안 만국박람회의 정점으로서 그 지위를 확고히 지켜간다. 1862년에는 런던에서 두 번째 만국박람

5 David, Jacques Louis 와 함께 이 시대를 이끈 대표적인 프랑스 화가-역자주)

6 Eugene Delacroix; 1798~1863, 순간을 살아가는 사람들의 모습과 그 시대의 감동을 그린 화가로 〈민중을 이끄는 자유의 여신〉은 그의 대표작. "나에게는 아직 400년 뒤까지 할 일이 남아있다"는 그의 말은 유명하다-역자주

회가 개최되는데, 이 역시 1851년을 답습한 것에 지나지 않았다. 그러던 끝에 드디어 1867년 제2제정이 출범한 뒤 절정기를 구가하는 가운데 열렸던 두 번째의 파리 만박이 질과 양 모든 면에서 처음으로 1851년 런던 만박을 능가한다.

이 1867년 파리 만박의 주무대는 일찍이 파리 산업박람회가 최초로 열렸던 곳과 같은 샹드마르스이다. 이곳 중앙 온실정원을 둘러싸고 7개의 회랑(回廊)이 동심원 모양으로 퍼져나가는 커다란 타원형 전시회장이 건설되었다. 각각의 회랑은 어떤 특정의 전시부문에 대응하였다. 예를 들어, 첫 번째 안쪽에 있던 회랑은 이 당시 처음으로 채용된 테마전시로 '노동의 역사와 미술부문의 작품이 전시되었다. 그 바깥쪽 회랑에는 인쇄술과 사진, 악기와 의료기기까지 학술부문의 전시가 들어섰다. 그 가운데에서도 야전용 의료기구와 인공 팔다리가 화제가 되었던 것 같다. 세 번째 회랑을 차지하고 있던 것은 기둥이나 조각상에서 책상과 의자, 그릇장에 이르는 가구 전시였다. 그 다음은 섬유제품. 각국의 온갖 전통 직물에서 정성껏 공을 들여 레이스를 뜬 작품과 가두리 장식까지 전시되었다. 나아가 바깥쪽 회랑에는 각국이 산출한 원재료가 전시되었는데, 특히 석유와 알루미늄 등 신소재가 화제를 일으켰다. 여섯 번째로 폭 35미터, 높이 25미터로 가장 큰 회랑에는 중심적인 전시부문인 기계류가 놓여 있었다. 여기에는 옥상까지 올라갈 수 있는 수압식 엘리베이터도 설치되어, 회장 전체의 풍경을 즐길 수 있었다. 마지막으로, 이 타원형 건물 주변에는 식료품 전시와 레스토랑을 위한 장소였다. 러시아와 그리스에서 인도, 중국까지 각국의 민족의상을 곁들인 여종업원들이 레스토랑을 찾은 손님을 안내하였다.

1855년 박람회를 뒤이어 1867년에도 전시를 총괄한 것은 제 2제정에 강력한 사상적 영향력을 끼쳤던 생시몽주의[7]자의 한 사람 프레드릭 르 프레[8]이다. 그는 박람회의 전시부문을 (1) 미술, (2) 학술, (3) 가구, (4) 섬유품, (5) 기계, (6) 원재료, (7) 농업, (8) 연예, (9) 축산, (10) 특별전시 등 10부문으로 단번에 확대하였다. 앞서 소개한 각 회랑은 대부분 이 구분에 따른 것이다. 하지만 프레는 모든 전시를 부분별로 동심원상에 배열하는 것만이 아니라, 출품국별로 방사상으로 분할하였다. 박람회에 전시된 출품물은 그 기능적, 지리적인 귀속에 준해 글자 그대로 백과사전적인 방법으로 배치되었던 것이다. 사람들은 만약 어느 부문의 제품을 나라별로 비교하고 싶으면, 이 동심원상의 회랑을 따라 걷기만 하면 되었으며, 또한 어느 나라의 산물을 모두 일람하고자 한다면 방사상의 통로를 따라가면 되었다. 실제로 이 회장의 평면도를 보면, 타원은 갤러리 I에서 VII까지 7개로 뚜렷하게 구분되어 있으며, 그리고 중앙에서 거의 같은 간격으로 예를 들어 알자스길,[9] 벨기에길, 스위스길, 아프리카길 등의 이름을 붙인 16개의 방사상의 통로가 뻗어있음을 알 수 있다. 물론, 참가국 모두가 같은 산업화의 수준이 아닌 이상, 나라에 따라 출품물의 구성은 크게 달랐다. 그렇기 때문에 실제로는 반드시 모든 전시품이 확연하게 구분되었던 것은 아닐지 싶다. 하지만 중요한 것은 부분적으로는 일탈을 인정하면서도 전세계를 이러한 방식으로 틀을 잡아가려고 한 의지가 만국박람회의 입장에서 볼 때 매우 본질적인 것이었다는 점이다. 사실, 1867년 파리만박과 같은 전시방식은 1888년 바르셀로나 박람회에서도, 나중에 서술할 일본의 내국권업박람회에서도 채용되었으며, 그

7 Saint-Simonisme; 치장과 사치에 빠졌던 중세 교회의 몰락 원인 중의 하나였던 시몬주의가 나폴레옹 3세 때 고도 경제성장의 힘을 입어 새로운 모습으로 나타난다. 생시몽주의는 귀족, 지주, 군인, 승려 등 비생산계급이 아닌 농민, 수공업자, 상인, 은행가 등을 찬미하였다-역자주

8 Frederik Le Pre; 1806~1882, 기독교사회주의를 사회경제의 중요한 구상으로 삼은 당시 프랑스의 대표적인 개혁주의자-역자주

9 프랑스 북동에 위치, 인접한 독일과는 풍부한 철광석과 석탄을 둘러싸고 역사적으로 분쟁을 끊임없이 반복해 현재 프랑스 땅이지만 독일문화의 요소를 많이 볼 수 있는 독특한 지역-역자주

리고 1873년 빈 만국박람회에도 영향을 미친다.

1867년 파리 만국박람회에서는 또 한 가지 강조해 둘 필요가 있는 특징이 있었다. 이때 프랑스 정부는 참가국에게 중심 회장에 출품하는 것 외에 독자적으로 파빌리언을 건설하기를 권한 것이다. 그 결과 장방형을 한 샹드마르스 부지의 네 귀퉁이, 즉 타원형의 중심 회장에 의해 나눠진 주위에는 100채가 넘는 이국정취가 물씬 풍기는 수많은 전원풍의 파빌리언들이 가득 들어섰다. 예를 들자면, 오스트리아 마을, 러시아 통나무집, 네덜란드 농가, 잉글랜드의 시골집, 이슬람 모스크(사원), 튀니지 궁전, 포르투갈관, 루마니아 교회, 이집트 신전, 멕시코 신전, 중국 매점, 수족관, 사진관 등이 세워졌다. 에도 상인인 시미즈 우사부로[清水卯三郎]가 출품한 찻집도 아마 이러한 파빌리언의 하나로 세워졌던 것이 아닐까 싶다. 이 일본풍 찻집이 세 명의 게이샤[藝者]가 접대를 하여 큰 인기를 얻었던 것처럼, 이들 파빌리언들에서는 중심 회장의 진지한 면모와는 전혀 다른 흥행 요소가 가득 들어있었다. 나중에 언급할 박람회의 오락화 경향이 이미 나타나기 시작한 것이다. 샹드마르스에서 세느 강을 따라 내려가자면 유람선을 타고 갈 수 있었는데, 그 옆에는 사진술로 유명한 나달[10]이 줄로 연결한 2층짜리 열기구로 파리 시내 전체를 조감하는 시계를 제공하고 있었다. 그리고 이밖에도 박람회장 주변에는 서커스와 유령의 집, 에로틱한 춤을 보여주는 가설극장 등이 박람회를 찾는 손님을 노리고 북적거렸다.

한편에서는 지구상의 모든 산물을 부류와 국적에 따라 구분하면서 전시해 가는 투명한 디스플레이의 공간. 다른 한편에서는 파리 주위의 세계에 대해 이국동경(異國憧憬)을 오락적인 방식

10 Nadar; 1820~1910, 1867년 제2회 파리 만박을 찾은 일본 일행을 사진으로 담은 인물. 열기구를 이용한 항공사진, 지하 동굴 사진 등 모험심이 넘치는 인물이었다. 재능이 많아 소설가, 기자, 미술평론가, 만화가로도 활약·역자주

을 자극하는 어뮤즈먼트(Amusement)의 공간. 1867년 파리 만국 박람회를 구성하였던 두 가지 공간은 그 후로도 수많은 만국박 람회에 반복해서 등장하는 성격이다. 파리 만국박람회는 1855 년에서 1867년을 향하는 가운데 일찍이 수정궁이 일부밖에 실 현하지 못했던 박람회의 기본적인 스타일을 좀 더 효과적인 전 시와 오락 시스템으로서 확립하였던 것이다. 그리고 그것은 제 2제정의 붕괴 후에도 거의 11년마다 개최되던 파리 만국박람회 에서 점차 오락적 경향을 강화시켜가면서 거듭 등장해 갔다.

2. 에펠탑과 세계관광

1867년 파리 만국박람회로부터 11년 뒤인 1878년 프랑스 정부는 제3공화제를 세계 널리 선양하기 위해, 다시 샹드마 르스를 주회장으로 만국박람회를 개최한다. 중심회장은 길이 760미터, 폭 350미터의 장방형 건물이었다. 세느 강변에서 볼 때 우측은 프랑스 국내전시로, 좌측은 외국전시로 할당하였으 며, 양끝으로 기계관이 배치되었다. 여기서는 1867년 당시처 럼 주위에 수많은 파빌리언이 들어선 것은 아니었지만, 그럼에 도 건물 벽면은 각국의 이국적인 의장으로 잔뜩 치장되어 있었 다. 주최측이 각 나라에 자기 나라의 양식으로 벽면을 꾸며달 라고 요청했던 것이다. 그리고 건물 정면에는 중앙과 양끝으로 돔을 가진 대현관 홀은 에펠이 세웠다. 한편, 이 박람회의 경 우 회장은 세느 강 너머 건너편 부지의 언덕까지 넓어졌다. 거 기에는 다뷔와 부르데가 설계를 맡아 양끝에 뾰족한 탑을 올린 원형의 중앙 홀로부터 좌우로 원호(圓弧)를 그리면서 길게 행랑으로 뻗어 가는 도로카데로(Trocadero)궁을 건설하였다. 맞은편 우측 행랑에는 서양미술이, 왼쪽 행랑에는 동양미술이 각각 전시되었다고 한다. 게다가 이 도로카데로궁 앞의 경사면에는 유럽이 지배하는 식민지 파빌리언이 들어섰다. 부지의 반은 프랑스 식민지에, 나머지 반은 다른 나라의 식민지에 할당되어, 식민지 속에서도 큰 나라는 독립 파빌리언을 건설하였고, 다른 나라는 공동전시관 안에 수용되었다. 만국박람회에서 이 정도로 커다란 공간이 식민지 전시를 위해 꾸며진 것은 처음이다.

1878년 파리 만국박람회는 샹드마르스와 도로카데로 회장만으로도 약 70만 평방미터의 부지를 차지, 입장객도 1,600만 명으로 과거 최고였는데, 그럼에도 불구하고 정부는 많은 적자를 떠안게 되었다. 이 때문에 이후의 파리 만박은 모든 것을 공적 자금으로 꾸려 가는 게 아닌, 복권이 달린 예매권을 발행하거나 민간전시로부터 대여료를 받는 등의 방식을 취해간다. 원래 만국박람회의 자금조달 방식은 정부예산과 복권 이외에도 박람회 협회가 세운 주최단체를 내세워, 민간기업과 개인들로부터 기부를 모집하는 방식이 있었다. 프랑스에서는 정부예산이 자금조달의 중심을 차지하였는데, 미국의 박람회에서는 오히려 민간의 기부와 투자에 의존하는 방식이 일반적이었던 것 같다.

어느 쪽이든 이렇게 해서 1889년 샹드마르스와 도로카데로, 거기에 앙바리드와 세느 강 왼쪽 강변에 있는 오르세 하안(河岸)까지 추가로 덧보탠 커다란 회장이 준비되고, 그 곳에 막대한 자본을 투입하여 지난 번 규모를 크게 능가하는 만국박람회가 개최된다. 샹드마르스에는 산업과 미술이 전시의 중심을 이룬 기둥 간의 거리가 115미터나 되는 거대한 기계관이 세워졌으며, 그 옆에 치솟은 에펠탑 아래로는 수많은 외국 파빌리언이 즐비하였다. 도로카데로에는 이 당시에는 원예부분의 전시가 이루어졌으며, 오르세 하안에는 농업부문의 전시관과 약간의 외국 파빌리언이 세워졌다. 그리고 앙바리드에는 프랑스 식민지와 자치령의 파빌리언이 한 곳에 모여있었다.

수많은 이들 회장 시설 가운데, 이 박람회의 최대 기념물은 말할 필요도 없이 에펠탑이다. 이미 1867년 파리 만박 때부터 박람회에 관여하여, 1878년에는 주회장의 대현관 홀과 파리 시 전시관을 담당하였던 에펠인데, 1889년 파리만국박람회에서는 높이 300미터 짜리 철탑을 건설함으로써 만국박람회의 스타적 존재가 되었다. 이에 대해 듀마와 모파상 등이 건설반대의 진정서를 파리시에 제출한 일은 유명한 일화이다. 이르길 "에펠탑은 상업주의 우선의 미국조차 원치 않던 일이며, 의심할 여지도 없는 파리의 수치이다." 그럼에도 완성 후 에펠탑은 지식인 사이에 찬비양론을 불러일으키면서도 대중적인 레벨에서는 대인기를 얻어 이윽고 파리의 심벌로도 자리잡게 된 것이다.

에펠탑은 결코 에펠 개인의 발명으로 돌연 출현한 게 아니었다. 이 박람회에서 기념안을 에펠과 경합하였던 쥘 베론느(Jules Verne)는 '태양의 탑'으로 불리는 높이 366미터 짜리 돌탑을 세우고, 정상에는 반사경을 붙여 밑에서 올라온 빛을 반사시켜 파리시를 대낮처럼 비추는 계획을 세웠다. 그리고 영국에서는 이미 1830년대 트레비틱(Trevithick)이라는 기사가 실현되지 않았지만 높이 300미터 짜리 세공(細工)식 철탑을 건설하는 계획을 세웠었으며, 미국에서는 19세기 중반 워싱턴에 높이 183미

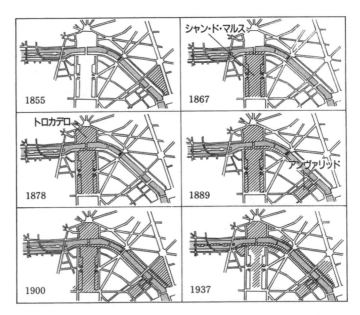

그림 2-1 파리 만국박람회 회장의 변천(요시다 미쓰쿠니[吉田光邦] 편, 『도설만
국박람회사(圖說萬國博覽會史)』를 참조해 작성)

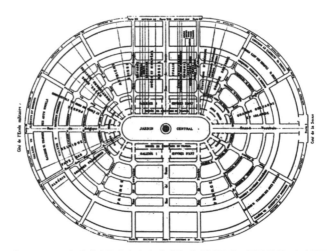

그림 2-2 1867년 파리만국박람회의 전시품 배치(부류별로 동심원상, 나라별로
방사상에 배치하였다) (L'Exposition Universelle de 1867)

터 피라미드를 건설하려고 하였다. 이들 탑은 한편으로는 고대 탑에서 이미지를 따오면서도 결코 종교시설이나 왕후의 기념비가 아닌 점에서, 매우 현대적인 성격을 가지고 있었다. 이 당시 사람들은 앞다투어 더 높은 세속의 탑을 건설하려고 했으며, 에펠탑은 그런 욕망을 현실로 옮긴 존재였던 것이다. 사람들이 이들 탑에 기대한 것은 높은 곳에서 도시를, 나아가 전세계를 부감하는 시계였다. 롤랑 바르트[11]는 에펠탑을 창공에 걸쳐진 다리라고 말해, 이 다리가 가능하게 만들어 준 시계에 대해, "에펠탑을 찾은 사람들 누구나가 일순 자기 손에 들어오는 하늘을 나는 새의 시계는 볼 만한 것만으로서가 아니라, 읽어야 할 것으로 세계가 눈 아래에 펼쳐졌던 것이다. 여기서부터 창공을 나는 새의 시계(視界)가 시각(視覺)의 새로운 능력으로 나아가는 길을 열어주게 된다"고 언급하였다.[12] 에펠탑은 만국박람회와 마찬가지로 19세기를 통해 도시 속에서 증식해 가는 부감장치의 일익을 담당하였던 것이다.

1889년 파리 만국박람회를 특징짓는 또 하나의 요소는 전기였다. 실제로 에펠탑은 그냥 높기만 한 탑이 아니었다. 지상에서 제3테라스까지 5대의 엘리베이터가 승객을 날랐으며, 각층에는 전화가 설치되어 있었다. 그리고 밤이 되면 가스등, 아크등, 백열등으로 탑 전체가 선명히 비춰져 파리의 밤하늘을 수놓았던 것이다. 여기에는 당시 최신 전기 테크놀로지가 집결되어 있었으며, 이러한 테크놀로지가 어떠한 생활을 가능하게 만드는지를 전시하여, 사람들의 미래에 대한 이미지를 환기시켰는데, 이는 1889년 파리 만국박람회 그 자체이기도 하다. 조명만이 아니다. 기계관에서는 에디슨의 축음기가 주목을 받았

11 Roland Barthes; 1915~1980, 기호구조주의와 신화론의 대가. 유행과 분위기를 읽는 탁월한 능력을 통해 문화 해석의 독보적인 영역을 개척-역자주

12 Barthes, R., *La Tour Eiffel*, Edition Delpire, 1964. 宗左近 · 諸田和治 역, 『エッフェル塔』, 審美社, 1984, 17-26쪽. 에펠탑에 관해서는 Loyrette, H., Eiffel: *Un ingenieur et son oeuvre*, Office du Livre S. A., 1985. 飯田喜四郎 · 丹羽和彦 역, 『ギュスターヴ · エッフェル』, 西村書店, 1989. 그리고 倉田保雄, 『エッフェル塔ものがたり』, 岩波新書, 1983. 등을 참조.

그림 2-3 1867년 파리 만국박람회의
전시장 (L'Exposition Universelle de 1889)

그림 2-4 1867년 파리 만국박람회의 전시장 바깥의 야경 (같은 책)

으며, 전화와 전동모터 전시도 인기를 끌었다. 원래 박람회에
서 전기가 중심적인 위치를 차지하게 된 것은 이보다 8년 앞선
1881년에 열린 국제전기박람회부터이다. 이때에는 전화와 전

차가 새로운 시대를 상징하는 발명으로서 인기를 모았다. 캐롤라인 마빈(Caroline Marvin)은 1881년 전기박람회의 전화 전시를 흥미롭게 소개하였는데, 그 글에 따르면 '테아트로폰'이라고 불린 이 장치는 회장 안 두 군데의 방에 10대씩 두었다. 각각의 수화기에는 오페라좌(座)와 프랑세즈에서 올려지는 연극을 직접 실황 중계하는 소리가 흘렀다. 실연 중일 때는 방 앞에 긴 줄이 생겼으며, 수화기를 귀에 대면 가수와 배우의 목소리에서 오케스트라의 악기 소리와 관객의 박수, 웃음소리까지 또렷하게 들을 수 있었다고 한다.[13]

1889년 파리 만국박람회에는 더욱 흥미로운 관람을 위한 장치가 마련되었다. 즉, 앙바리드에 있었던 박람회 정문에서 오르세 하안을 지나, 샹드마르스 회장을 왼쪽으로 돌아 기계관 남쪽에 이르는 소형 철도가 깔려 있었던 것이다. 사람들은 철도를 타고, 세계를 아주 짧은 시간에 관광하면서 둘러볼 수 있었다. 앙바리드의 식민지 전시에 대해서는 나중에 설명하기로 하고, 여기서는 오르세 하안에서부터 이 세계관광의 코스를 따라가 보기로 하자. 이 세느 강의 왼쪽 언덕에는 식료와 농업에 관한 전시관이 단속적으로 이어져 있었는데, 그 사이에는 오스트리아, 벨기에, 스페인, 포르투갈 등 중남 유럽의 파빌리언이 들어섰다. 그리고 샹드마르스까지 이동하면 세느 강변에는 샬루가르니에의 '인간거주의 역사' 파빌리언이, 반대편에는 즉 에펠탑 주변에는 동쪽은 전화관과 가스관, 그리고 스웨덴, 노르웨이, 핀란드 등 북유럽의 파빌리언이, 서쪽은 아동관, 수에즈 운하관과 더불어 멕시코, 브라질, 아르헨티나, 칠레 등 중남미의 파빌리언이 모여 있었다. 나아가, 샹드마르스의 북서쪽에서 좌

13 Marvin, C., When Old Technologies Were New, Oxford U.P., 1988, pp. 209-321.

그림 2–5 위: 에펠탑에서 파리 시내를 보는 사람들 (L'Exposition Universelle de 1889)
아래: 1889년 파리만국박람회에서 축음기를 전시한 에디슨 (같은 책)

회전하여 스프랑길을 내려가면 거기에는 영국령 인도, 중국, 타이 등 아시아의 파빌리언군과 카이로가(街)로 불린 중동풍의 모습이 나타나며, 이어 종점의 기계관까지 도착하는 코스였다.[14]

이처럼 앙바리드와 샹드마르스를 잇는 철도는 유럽에서 중남미, 아시아의 여러 나라까지 포함한 다양한 파빌리언군을 한눈에 관람할 수 있게 하였다. 이들 독립국과 영국령 식민지 파빌리언에 앙바리드에 세워진 프랑스령 식민지 파빌리언까지 보태자면, 이 박람회장 안을 달리는 철도여행은 박람회를 찾은 몇 천만을 헤아리는 사람들에게 글자 그대로 세계를 일주하는 듯한 관광을 제공한 셈이 된다. 실제로 샹드마르스의 에펠탑 주변에는 이들 외국관 이외에도 세계의 요리를 맛볼 수 있는 레스토랑과 카페가 있었으며, 사람들은 역시 세계의 음악에 귀를 기울이면서 이를 즐길 수 있었다. 이러한 세계관광의 경험은 에펠탑이 제공한 부감적 시계와 같은 성질을 가지고 있다. 즉, 두 곳의 박람회장을 잇는 철도가 수평적으로 가능하게 만든 시계를, 에펠탑은 수직 방향으로 펼쳐간 것이다. 1889년 파리 만박은 철의 탑(철탑)과 철의 길(철도)이라는 두 가지 테크놀로지를 경험의 미디어로서 박람회 사상을 장대한 스펙터클로 멋지게 정리하였던 것이다.

그렇다면 1889년 파리 만박으로부터 11년 뒤인, 1900년 개최되어 4,800만 명의 입장객을 동원한 파리 만국박람회는 관객 동원과 전시규모의 면에서 박람회 시대의 절정기를 보여주는 행사였다. 회장은 파리 도심부에 샹드마르스와 도로카데로, 앙바리드와 세느 강변, 거기에 1855년 만박 회장이었던 산업궁을 부수고 세운 그랑 팔레와 프티 팔레를 더하면 267 에이커[15]의

14 Mathieu, C., "Invitation au Voyage", Musee d'Orsay, ed., 1889: la Tour Eiffel et l'Exposition Universelle, Edition de la Reunion des Musees Nationaux, 1989, pp.102-129.

15 1에이커는 약 4,047 평방미터 또는 약 1,224평, 따라서 약 33만평 규모-역자주)

주회장을, 그리고 교외 뱅센[16]이라는 곳에 276에이커의 부속회장까지 두었다. 도심회장에는 앙바리드와 그랑 팔레, 프티 팔레가 알렉산드르 2세교(二世橋)에서 직선으로 연결되어, 이 선 부분이 샹드마르스와 도로카데로를 잇는 선과 V자를 이루었는데, 이들 두 선을 세느 강이 가로지르고 있어서 회장 전체가 마치 뒤집어 놓은 A자 모양을 하였다. 샹드마르스에는 산업전시가, 도로카데로에는 식민지 전시가 배치된 점은 이전의 파리 만국박람회와 거의 같았다. 한편, 프티 팔레에서는 과거 프랑스 미술이, 그랑 팔레에서는 당시의 각국 미술이 전시되었다. 그리고 앙바리드에서는 보석과 패션, 도자기, 가구, 융단 등 장식미술 전시가 열렸다. 르네 랄릭[17] 보석장식품과 에밀 갈레[18]의 유리공예, 거기에 사무엘 빙(Samuel Bing; 1838~1905)의 알 누보관, 참고로 알 누보 양식의 공예품이 주목을 받았던 것도 이 전시장이다. 그리고 세느 강가에는 이탈리아, 미국, 오스트리아, 영국 등 각국의 건축양식을 딴 파빌리언군이 즐비하게 늘어섰다.

하지만 1900년 파리 만국박람회에는 1889년 박람회 때의 에펠탑과 같은 중핵의 역할을 하는 기념물은 없었다. 만국박람회 회장의 정문에 해당하는 콩코드(Concorde)문이 지정표적 역할을 하였지만, 이는 부분적인 것에 지나지 않다. 오히려 이때에도 역시 에펠탑이 박람회도시 파리를 상징짓는 역할을 담당하였다고 보는 편이 좋을듯 싶다. 또한, 이 파리 만국박람회에서는 X선과 무선전신이 새로운 기술로서 전시되는데, 새로운 과학적 발견이 주는 충격은 이전의 만박에 비해 적었다. 그보다 이때 만국박람회가 사람들에게 보여준 것은 19세기를 통해 발견되었던 테크놀로지가 지금은 세계로 확산, 사회생활의 존재방

16 Vincennes; 파리에는 동서로 커다란 숲이 형성되어 있는데, 서쪽의 불로뉴(Boulogne) 숲과 동쪽의 뱅센 숲이다. 이곳은 현재 프랑스 최대의 동물원이 들어서 명소이다-역자주

17 1860~1945, 19세기 말부터 20세기초에 걸쳐 알 누보, 알 데코의 두 양식에 걸쳐 크게 활약한 장식미술가로 특히 유리공예의 제왕, 혹은 마술사로 알려졌다-역자주

18 1861~1947, 유리공예를 예술의 차원으로 끌어올린 대표적인 작가, 특히 일본에서 온 유학생과의 교류를 통해 일본문화의 미를 동경한 것으로 알려져 일본에서 인기가 높다-역자주

식을 크게 변화시키려고 하는 현실이었다. 그 예로 전구는 훨씬 이전부터 알려져 있었지만, 이 박람회에서는 대량으로 사용되어, 야간에 회장 전체를 환하게 밝혔다. 또한, 전차와 전동식으로 움직이는 보행로도 회장교통으로 이용되었다. 그리고 이전 같았으면 영국, 프랑스, 독일, 거기에 미국이 거의 점령하다시피 하던 산업기술을, 이젠 남유럽과 북유럽의 나라들, 그리고 일본까지도 전시하기에 이르렀다. 이렇게 보자면, 1900년 파리 만박은 박람회에 새로운 방향을 전시하였다기보다도 글자 그대로 19세기 최후, 그리고 최대의 만국박람회로서 그때까지 파리를 중심으로 전개되어온 유럽의 만국박람회를 집대성한 행사였다고 생각한다.

실제로 1900년 파리 만국박람회는 그 개별 내용보다도 규모 면에서 회장을 찾은 관객들을 압도하였다. 마침 유럽에 건너가 만국박람회를 방문하였던 나쓰메 소세키[19]는 이렇게 적고 있다. "오늘은 박람회를 구경삼아 갔는데, 커다란 시설과 장치로 뭐가 뭔지 방향조차 알기 어려웠다. 유명한 '에펠' 탑 위에 올라 사방을 둘러보는데, 이는 300미터 높이에 인간을 상자에 넣어 쇠줄로 끌어올리고 내리는 방식이다. 박람회는 10일하고 15일에도 보았는데 사람들 인파가 거대한 산과 같았다."[20] 그 유명한 소세키도 광대한 회장에 차례차례 나타나는 파빌리언군 앞에 그저 넋을 잃을 수밖에 없었던 듯하다. 특히, 내장객들을 압도한 것은 전기조명으로 환하게 밝혀진 야간의 박람회장이었다. 마찬가지로 이 만국박람회를 찾았던 오하시 마타타로[大橋又太郎]는 야간 박람회장 구석구석이 전광(電光)으로 환히 밝혀져 빛나는 모습에 감탄하면서, 밤의 "박람회 입장객은 엄청나

19 夏目漱石; 1867~1916, 소설가·영문학자. 모리 오가이 (森鷗外 , 1862~1922)와 함께 일본 근대문학을 개척한 거장-역자주

20 夏目漱石,『漱石全集』第24卷(書簡集上), 岩波書店, 1950, 120쪽.

21 大橋又太郎, 『歐山米水』, 博文館, 1900, 146쪽. 1900년 파리 만국박람회에 관해서는 Mandell, R. D., *Paris 1900*, U. of Toronto Press, 1967. 등을 참조.

22 Jacques Offenbach; 1819~1880, 파리음악원에서 첼로를 배운 뒤 연주자로 활동하다가, 1839년부터 무대예술에 눈을 뜨고서 그 이후 작곡가, 극단주재자, 오케스트라 지휘자 등 다방면으로 활동-역자주

23 Siegfried Kracauer; 1889~1966, 영화연구자. 베를린과 뮌헨 대학에서 철학과 사회학을 전공, 1920~1933년까지 프랑크푸르크신문에 영화평을 담당. 나치정권이 들어서자 프랑스로 망명, 1941년 미국으로 건너가 1943년부터 뉴욕근대미술관에서 영화연구에 몰두-역자주

24 유태계 폴란드 안과의사인 L. L. 자멘호프에 의해 1887년부터 공포·사용하게 된 국제보조어로 실용적인 면을 강조한 인공어-역자주

게 많아? 거의 평생에 걸쳐 만날 사람 수만큼이라고 할까. 남녀노소가 서로 어깨를 부딪히며 지나치며, 서로 다리를 밟고 밀고 밀려도 괜찮았으니, 어디를 가도 사람들이 이룬 거대한 산. 전등의 빛을 받아 꿈틀꿈틀거리는 벌레들, 이것이 인간인가라고 보고 있자니 웃음이 절로 나온다"라고 적고 있다.[21] 벌써 1889년 파리 만국박람회 때 부르데는 '태양의 탑' 안에서 탑으로부터 전광으로 야간 박람회장을 대낮처럼 비추려는 계획을 세웠었는데, 11년 후의 만국박람회에서 이 계획은 사실상 실현되었던 것이다. 1900년 파리 만박은 모든 산업, 국가, 민족, 기능을 밤낮 없이 비추어내는 장치로서 박람회의 사상 그 자체도 상징적으로 체현하였던 것이다.

3. 산업의 궁전, 소비의 궁전

한편, 지금까지 논의를 통해 분명해진 것처럼 19세기 후반에 열린 일련의 파리 만박은 결코 박람회장 안에서만 완결되었던 것이 아니라 주변 도시공간과도, 그리고 이들 기반인 파리라는 도시 전체와도 밀접하게 관련을 맺는다. 예를 들어, 1855년 만국회장의 바로 옆에는 오펜바흐[22]가 가설극장이 딸린 부프 파리쟁(Bouffe Parisien)을 개장하여 갈채를 받았다. 지그프리트 크라카우어[23]가 밝히듯이, 오펜바흐가 성공하는 데 결정적이었던 것은 그가 이 해 파리에 몰려든 외국인과 시골 사람들 누구라도 금방 이해할 수 있는 음악을 제공한 점이다. 그의 "음악언어는 일종의 에스페란토[24]였다. 그 편안한 정감과 밝음은 삼투하기 어

려운 지역성을 일체 지니지 않아, 그곳이 아무리 먼 곳일지라도 관계없이 모든 지구 사람이 각자 소속되어 있는 자신들의 고향으로부터 울려나왔다."[25] 마침 박람회 전시물이 이런 것들로부터 산출, 토지로부터 분리되어 기호화된 것처럼 오펜바흐의 음악도 기호로서 소비 가능한 상품으로 다듬어졌다. 사람들은 '산업궁에서 기계의 발전성과에 감탄하고, 현미경으로 들여다보듯 작은 곤충의 거대한 사진에 입을 다물지 못하였고, 인도, 이집트, 지나(支那), 터키 등 각 관에 경의를 표하였다'는 것처럼 오펜바흐를 즐겼던 것이다. 아마도 이와 같은 사정은 1900년 파리만박에서 파리 어린이들의 재패니즘 취향을 자극하여 인기를 불렀던 가와카미 오토지로[26]·야츠코의 연극에도 적용할 수 있을 것이다. 파리는 이제 세계로부터 모여들고, 기호화된 수많은 기호가 연주하는 달콤한 도취상태에 뒤덮여 있었던 것이다.

그림 2-6 제5회 내국권업박람회(1903, 오사카) 근대적 건축과 낮처럼 환한 전등 조명을 관람하는 일본인들 (이태문 소장)

[25] Kracauer, S., *Pariser Leben Jacques Offenbach und seine Zeit*, Paul List Verlag, 1962. 平井正 역, 『天國と地獄』, せりか書房, 1978, 138-139쪽.

[26] 川上音二郎; 1864~1911, 1891년 신연극의 기초를 만든 배우. 아내 사다 야츠코[貞奴]와 함께 구미에서 연극수업. 그 뒤 도쿄에 가와카미좌[川上座], 오사카에 데고쿠좌[帝國座]를 건설-역자주

오펜바흐 이상으로 당시 파리에서 박람회적 시선 공간으로서 중요한 것은, 급속하게 발전하면서 사람들의 소비생활을 변화시켜갔던 그랑 마가쟁(Grand Magasin), 즉 백화점이다. 오늘날의 백화점을 발명한 사람이라고 할 수 있는 아리스티드 부쉬코(Aristide Boucicaut)가 봉 마르세[27]의 경영권을 손에 넣어 사업을 확대하기 시작한 것은 제2제정의 개시를 알린 1852년부터였다. 그 후 봉 마르세 백화점의 매출은 1852년 45만 프랑에서 1863년 700만 프랑, 1869년 2,100만 프랑으로 급증하여, 1869년 이 해에는 거대한 신점포 건설에도 착수한다. 그리고 당시 봉 마르세와 쌍벽을 이루었던 루브르 백화점도 1855년 이 해에 열린 만국박람회 관광객을 수용하기 위해 세운 8,000실 규모의 큰 호텔 한 쪽에 개점한다. 루브르는 자금난을 극복하면서 사업을 확장, 1874년에는 호텔 전체를 점포로 소유하기에 이른다. 이외에 1864년 쥴 자리조(Jules Jaluzot)가 브랭땅(Printemps) 백화점을, 1869년에는 코냑(Cognac) 부부가 사마리탄(Samaritaine) 백화점을 연다. 파리에서 현대적 백화점의 기본 형태는 1860년대부터 1870년대에 걸쳐서 확립되었다. 특히, 방금 소개한 코냑 부인은 봉 마르세 백화점에서 매장 주임으로 경험을 쌓은 인물로, 1860년대까지는 봉 마르세의 경영전략이 다른 백화점까지 널리 확산되었음을 알 수 있다.

다만 이런 변화는 사실 1830년경부터 이미 시작되었다. 1860년대에 와서 발흥하는 백화점의 원형은 1830년대부터 파리 각지에 번성하였던 마가쟁 드 누보테(Magasin de Neuveautes)로 불리는 의류품점에서 이루어졌다. 이들 마가쟁 드 누보테의 대부분은 그 기원이 19세기초까지 거슬러 올라가는데, 실

27 Bon Marche; 프랑스어로 '즐거운 쇼핑', '만족스러운 쇼핑'이라는 뜻-역자주

제로 백화점의 선구가 될 만한 상업형태를 취하기 시작한 것은 1830년대부터이다. 이 무렵부터 이들 의료품점은 그 이전의 점포가 숄이라면 숄, 장갑은 장갑이라는 식으로 특정의 의료품밖에 판매하지 않았던 것과 달리 다종의 의료품을 널리 취급하게 된다. 그뿐만이 아니다. 예를 들어, 1840년대 가장 큰 마가장 드 누보테였던 빌 드 파리(Ville de Paris)에서는 이미 자본의 회전율을 높여 저가화, 철저한 정가 판매, 고객이 자유롭게 점포를 찾을 수 있게끔 배려하고, 판매한 상품이 마음에 들지 않을 경우 환불할 수 있는 반품제 등 다양한 방안이 실시되었다고 한다. 이와 더불어, 광고와 통신판매까지도 판매촉진을 위한 수단으로 실시되었으며, 1840년대 말쯤에는 영향력 있는 마가장 드 누보테인 프티 상 토마(Le Petit Saint Thomas)에서 매년 특별 세일까지 열리게 된다.

이렇게 보면, 1850년대 이후 봉 마르세에서 실현되어 가는 부쉬코의 발명 상당 부분이 이미 1940년대까지 마가장 드 누보테 안에서 준비되고 있었음을 뜻한다. 실제로 부쉬코 자신도 그 수업시대를 프티 상 토마에서 보냈으며, 백화점 경영의 기본 방침은 당시 몸에 익혔던 것이다. 19세기 파리 백화점과 부르주아 문화에 대한 정밀한 분석을 하였던 마이클 밀러가 지적하듯이 1830년대부터 1870년대까지 파리의 상업공간에서 일어난 되돌릴 수 없는 변화는 이 나라의 사회·경제시스템이 경험해왔던 변동의 한 부분을 이루었으며, 분명한 것은 설령 부쉬코가 나타나지 않았다고 하더라도 루브르와 브랭땅이 걸어온 길로 백화점은 이 시대 프랑스에 여전히 탄생하였을 것이 분명하다.[28] 그렇지만 그런데도 부쉬코가 봉 마르세에 도입하

28 Miller, M.B., *The Bon Marche: Bourgeois Culture and the Department Store, 1869-1920*, Princeton U.P, 1981, pp.19-47.

였던 여러 새로운 틀은 참으로 충격적인 것이었다. 그 가운데에서도 주목해 두고 싶은 것은 백화점의 스펙터클 공간화이다. 이 점은 밀러 이외에도 기타야마 세이치[29]와 다카야마 히로시,[30] 가시마 시게루[31] 등도 언급하였는데, 여기서도 이 점을 강조해 두고자 한다.

실제로 자본의 회전을 빠르게 함으로써 저렴한 가격과 상품의 다양화, 서비스의 충실, 그를 위한 조직개혁이라는 것은 19세기 파리 백화점 문화의 성립으로 볼 때 필요조건에 지나지 않았다. 백화점이 동시대의 부르주아 문화에 대해 강렬한 영향력을 미치기 위해서는 가격과 서비스 이상으로 가공의 욕망을 자극하고, 저항할 수 없는 충동을 끌어 일으켜 새로운 정신상태를 창조할 수 있을 것 같은 마술(魔術)'이 필요하였다. 소비의 창조란 요컨대 유혹술과 쇼맨십의 문제였으며, 바로 이 점에서 부쉬코는 천재적인 능력을 발휘하여, 점포를 찾는 사람들을 도취적인 아우라로 사로잡은 것이다.[32] 이러한 부쉬코의 마술적 전략이 유감없이 발휘된 것은 1869년부터 추진된 봉 마르세의 신점포 건설에서였다. 부쉬코는 신점포 건설을 신진 건축가 L. A. 보와르(Louis-Auguste Boileau, 1812~1896)와 일찍이 에펠탑 건설자로 역사에 이름을 남기게 되는 젊은 귀스타브 에펠(Gustave Eiffel, 1832~1923)에게 의뢰한다. 그들은 거기서 기존의 마가장 드 누보테 어느 것과도 전혀 다른 오히려 팩스턴이 런던 만국박람회에서 출현시킨 수정궁에 훨씬 가까운 철과 유리의 거대 공간을 출현시킨다.

새로운 봉 마르세 건물 기둥으로 가는 철골을 많이 이용하였다. 아래층에는 상품을 돋보이게 하기 위해 장식은 자제하였는

29 北山晴一; 닛쿄대학 교수, 비교문명학 전공-역자주.

30 高山宏; 도쿄도립대학 교수, 17세기 이후의 시각문화를 통한 동서문화를 비교-역자주

31 鹿島茂; 공립여자대학 교수, 프랑스문학 전공-역자주

32 앞의 책, pp.166-178. 이 점에 관해서는 Zola, E., Au Bonheur des Dames, 1883. 三上於菟吉 역, 『貴女の樂園』, 天佑社, 1922. 참조.

데, 위층으로 갈수록 철골에 섬세한 조각이 가미되었다. 계단은 우아한 곡선을 이뤄 시원스러운 공간을 자랑하는 현관 홀로 흘러내리듯 이어졌는데, 위쪽에는 철제 발코니가 튀어나왔으며, 거기서 밑에 펼쳐지는 사람들의 흐름과 매장 풍경을 내다보게끔 되어 있었다. 매장 사이에는 레이스 모양의 세공 장식을 가미한 철교가 몇 층이고 이어졌으며, 그리고 천장은 대부분 유리 지붕으로 덮여 있었다. 당시의 대부분 상점은 그렇게 많은 빛이 밝게 넘친 적이 없었다. 찬연하게 쏟아 들어오는 햇빛이 전시된 수많은 상품을 눈부시게 비추고, 손님들은 무엇보다도 이 빛의 홍수에 압도되었던 것이다. 이 빛의 홍수와 다양한 상품의 만남으로 '봉 마르세는 언제나 축제, 하나의 제도, 환상의 세계, 장대한 규모의 스펙터클이 되었다'고 하겠다. 이러한 철과 유리, 그리고 빛으로 이루어진 시선의 스펙터클 공간은 본질적으로 런던 만박에서 사람들이 경험한 것과 동질의 것이었다. 레이첼 보울비는 다음과 같이 적고 있다.

> 수정궁 박람회 이후 2, 3년마다 유럽, 미합중국의 각 도시에서 개최된 만국박람회에 들어선 거대건축은 본디 항상적 '소비의 전당'으로, 건축 구조적으로 너무 흡사하지는 않은지. 거의 똑같은 시기에 함께 발전 중이었던 디파트먼트 스토어, 즉 백화점을 떠올리면 좋을 것이다. 박람회의 전당과 마찬가지로 이들 백화점은 유리 기술의 신발명을 차례차례 받아들임으로써 투명한 디스플레이·윈도 면적을 비약적으로 확대시켰다. 한편으로는 이러한 윈도 부분의 확대가 있으며, 다른 한편으로는 1880년대 이후 이를 뒤이어 주역으로 떠오른 전기와 그에 따른 인공조명의 개량을 들 수 있는데, 이 덕분에 내부 진열이 훨씬 보기 쉽게 되었다. 유리와 조명의 결탁은 또한 스펙

그림 2-7 봉 마르세 백화점 내부(1880년경) (Just Looking)

그림 2-8 워너메이커 백화점 내부(1887년) (Consuming Visions)

터클의 효과까지 만들어내었다. 당장 사고 싶은 상품이 바로 거기에 있다는 것 이상으로 뭔가 극장 같은 과잉의 감각이 거기에서 빚어졌다는 점은 빼놓을 수 없다. 상품은 사람을 매료시키도록 꾸며진 곳에 진열되었으며, 그것이 일상적 환경을 유지하기 위해 실제로 사서, 집에 가져갈 수 있다는 의미에서는 어디까지나 현실의 것, 즉 이중성을 띠고 있었다."[33]

우리들은 이미 런던 만박을 분석하는 가운데 수정궁의 공간 경험이 이 시대 보급된 철도여행과 본질적으로 겹쳐진다는 점을 지적하였다. 이와 똑같은 점을 백화점과 철도여행의 관계에도 적용할 수 있겠다. 사실, 제1장에서도 참고하였던 볼프강 쉬벨부쉬는 철도여행과 백화점이 함께 파노라마적 지각을 재촉한 점을 다루었다. 쉬벨부쉬에 의하면, "철도가 여행 중의 즐거운 대화에 종지부를 찍었듯이, 백화점은 물건을 사고 팔 때의 이야기를 끝마치게 하였다"는 것이며, "옛날 방식의 소매점에서 백화점으로 바뀌는 과정에서 상점에 대한 손님의 지각도 마차에서 철도로 옮겨질 무렵의 여행자가 지녔던 지각과 마찬가지로, 또한 파리의 오스만화[34]에 따른 파리 주민들의 지각과 마찬가지로" 변화하였던 것이다. 이 변화는 이미 언급한 것처럼 전경의 소멸, 속도에 의해 신변 가까이에 있는 공간으로부터 몸이 빠져버리는 일, 즉 "속도가 객체와 주체 사이에 '거의 실체가 없는 장벽'이 되어 끼어 드는 것"에 의해 비롯된다.[35] 철도여행에서도, 만국박람회에서도, 백화점에서도 이제 풍경은 장소적, 예배적이 아니라, 파노라마적, 전시적 방식으로 경험되는 상태가 되었다. 실제로 봉 마르세에서는 1872년경 이 백화점을 파리 명소의 하나로 만들어가려는 생각에 점포 내를 둘러보는 관광프로그램을 개최한다. 매일 오후 3시가 되면, 희망자는 독서실 앞으로 모이도록 안내방송을 내보내고, 이때부터 일행들은 가이드의 안내로 점내 구석구석을 관람하였던 것이다.

[33] Bowlby, R., *Just Looking*, Methuen, 1985. 高山宏 역, 『ちょっと見るだけ』, ありな書房, 1989, 10쪽.

[34] 당시 세느현 지사를 맡았던 오스만이 실시한 파리개조사업, 일종의 도시구획사업-역자주

[35] Schivelbusch, W., 앞의 번역서, 234-242쪽.

봉 마르세에 대해서는 아직도 언급할 것이 많다. 특히, 가시마 시게루가 지적한 봉 마르세의 대매출 행사와 만국박람회가 겹쳐진다는 점은 중요하다. 가시마에 따르면, 부쉬코는 대매출 행사를 '엑스포지시옹'이라고 불렀는데, 이는 만국박람회 즉 '엑스포지시옹 유니베르셀'과 마찬가지로, 봉 마르세에 진열된 상품은 단지 팔기 위한 것이 아니라 '다른 것은 어떻든 간에 그 뛰어난 품질을 직접 보고 그 존재를 알리기 위해' 거기에 있음을 보여주었다.[36] 실제로 대매출행사는 백화점 입장에서 점내 어디엔가 먼 나라와 꿈의 세계를 그린 풍경을 연출하여, 진열된 상품이 빚어내는 스펙터클적 효과를 최대한 높일 수 있는 절호의 기회였다. 다른 한편, 박람회측으로서도 런던 만박과는 달리 파리 만박에서는 진열품에 가격표가 붙어 있어서 박람회와 백화점 사이에는 명백한 동형성(同型性)이 존재하였다. 게다가 봉 마르세는 국내외의 주요 만국박람회에 적극적으로 출품하여, 박람회와 어떤 의미에서 친척관계를 맺었던 것이다. 이런 점을 토대로 로자린드 윌리엄스(Rosalind H. Williams)는 1900년 파리 만박이 뚜렷하게 소비적인 논리를 체현해 갔음을 강조하여, 이 "만국박람회에서는 소비의 감각적 쾌락이 지식의 진보에 대한 추상적이고 지적인 관심을 압도하였다 … 기계류는 회장의 여기저기에 제품과 함께 놓여 있었다. 이제 생산용구는 제품과 같이 있지 않으면 아주 별 볼일 없는 걸로 여겨지게 된 것이다"라고 적고 있다.[37] 박람회가 상설화된 공간인 백화점과 거기서 열린 '엑스포지시옹'과 만국박람회 출품. 앞으로 우리는 이와 똑같은 관계를 일본의 박람회와 백화점 사이에서도 확인하게 된다.

36 鹿島茂, 『デパートを發明した夫婦』, 講談社, 1991, 70-72쪽.

37 Williams, R. H., *Dream Worlds*, U. of California Press, 1982, pp. 58-66.

4. 박람회 도시 '파리'

한편에서는 만국박람회의 스펙터클적 산업전시, 다른 한편에서는 백화점의 스펙터클적 상품전시, 이들 양자는 제2제정을 전환점으로 하는 19세기 수도 파리의 변모과정 속에서 동전의 양면과 같이 겉과 속을 이루고 있었다. 그리고 이들을 잇는 토대를 만든 것은 세느현 지사(知事)인 오스만이 실시한 파리 개조사업이다. 만국박람회와 백화점, 거기에 오스만의 파리개조는 어떤 동일한 사회적 우주의 재편과정의 또 다른 측면이었다. 바꿔 말하면, 나폴레옹 3세와 오스만은 만국박람회의 축제분위기 속에서 부르주아들의 욕망을 회수하여, 이를 기폭제로 삼아 거대한 자본을 수도에 투하시켜, 파리라는 도시를 만국박람회와 같은 호화스러운 극장으로 만들어가면서, 그러한 운동에 기동력을 부여하였던 것이다. 실제로, 1855년 파리 만국박람회의 회장이 되었던 샹제리제는 오스만 계획의 중심지구 가운데 하나였으며, 이때 건설된 산업궁은 19세기말에 이르기까지 상공업의 주요 전시장으로서 이용된다. 또한, 1867년 이후 만국박람회가 모두 샹드마르스를 회장으로 삼았듯이, 파리는 박람회장을 도시의 무대장치로서 끌어들임으로써 근대국가의 수도로서 그 위용을 갖추었던 것이다. 따라서 우리들 역시 여기서 이 도시개조사업의 의미에 대해 잠깐 살필 필요가 있겠다.

지크프리트 기디온[38]에 따르면, 오스만의 파리 개조사업은 네 가지 목적을 가지고 있었다고 한다. 첫 번째는 도로의 폭을 확대하고, 그 가로변에 잘 정리된 건물을 세움으로써 파리를 시원스럽고 아름다움이 넘치는 도시로 바꿔나가는 일. 두 번째는

[38] Siegfried Giedion; 1888~1968, 건축사상가. 고대에서 근대 건축에 이르기까지 건축을 시간과 공간의 개념 등을 통해 접근한 업적으로 높이 평가받음-역자주

전염병과 악취가 만연하는 도시 하수도를 정비하여 그 위생상태를 개선해 나가는 일. 세 번째는 군대의 이동을 용이하게 하고, 폭동을 즉각 진압할 수 있는 도시를 만들어 가는 일. 네 번째는 여행자가 철도역과 도심부 사이를 막히지 않고 왕래할 수 있는 도로교통망을 정비해 가는 일.[39] 이들 가운데 처음부터 가장 강조되었던 것은 세 번째의 폭동진압이다. 하지만 이 이유는 개조사업이 초래하는 엄청난 경제적 지출과 파괴를 정당화기 위해, 특별히 내세워 강조된 감이 있다. 오히려 역사의 거대한 흐름으로 말하자면, 오스만의 도시개조는 19세기말부터 서서히 진행되어가던 도시를 외부로 열어 가는 운동을 그 당시까지와는 비교할 수 없는 속도로 철저하게 진행하였던 계획이었다.

이 운동의 첫 움직임은 1670년 이후 루이 14세의 칙령으로 파리를 두르고 있던 성벽을 철거하던 때로 거슬러 올라간다. 철거된 성벽 자리에는 17세기말부터 18세기에 걸쳐, 서쪽 끝의 마들렌느(Madeleine) 성당으로부터 동쪽의 원만한 곡선을 그리고 있는 바스티유 광장에 이르기까지 폭이 넓은 가로수길이 건설되었다. 이 그랑 불바르(Grands Boulevards; 대로)에는 19세기까지 서쪽 일대에는 귀족과 상층 부르주아 저택이 들어섰고, 동쪽 '범죄 대로' 부근은 영화 〈지붕 밑의 사람들(Les Enfants du Paradis)〉[40]로 알려진 왁자지껄 늘 소란스러운 장소로 발전해 갔다. 또 다른 하나로 오스만 개조 이전의 움직임으로 중요한 것은 나폴레옹 1세가 건설한 개선문과 리보리 거리이다. 한편에서는 콩코드 광장에서 에트와르 광장에 이르는 샹제리제 가로수 길은 이미 루이 14세가 착수하였지만, 에트와르 광장에 개선문이 건설되자 사람들의 발걸음은 이 가로수길 서쪽 끝까지

39 Giedion, S., 앞의 번역서, II, 830-868쪽.

40 마르세 카르네 감독의 1945년 작품-역자주

연장되었다. 한편, 계속해서 오스만에 의해 동쪽으로 확장된 리보리 거리는 벌써 19세기초에 루브르궁과 콩코드 광장을 잇는 파리의 기간도로가 되었다.

그랑 불바르이든 리보리 거리이든 샹제리제든 파리는 이들 환상, 방사상의 도로에 의해 외부를 향해 조금씩 열려갔다. 오스만의 도시개조는 지금까지 2세기 동안 진행해 온 도시를 더욱 넓은 시계와 더욱 개방적인 교통의 장으로 넓혀가겠다는 운동을 단숨에 최대치까지 밀어붙였다. 세느현 지사에 취임하자, 오스만은 곧이어 리보리 거리를 동쪽 방면으로 확장시키는 한편, 스트라스부르 거리를 남쪽으로 확장해 이렇게 해서 파리를 동서, 남북 방향으로 꿰뚫는 주요 도로를 개통시켰다. 이와 함께 수많은 도로 건설, 하수도 정비, 도심부의 재개발, 공원 건설 등을 서둘러 진행시켰다. 이때 주목되는 것은 이런 대규모 가로 건설과 재개발이 개선문, 오페라좌, 콩코드 광장 등 기념물적인 광장과 교차점에서 이루어지는 부감적 시계를 가능하게 만든 점이다. 예를 들어, 에트와르 광장의 경우 8개의 도로가 덧보태져 방사상으로 12개의 도로가 뻗어나가는 형태가 되었다. 중앙의 개선문에 우뚝 서면, 이념적으로는 주위의 도시가 360도 펼쳐지는 셈이다. 오스만 도시계획의 본질은 '길게 연속되는 도로로 인해 원근법적 시야를 획득하는 일'에 있었다.[41] 이런 식으로 탁 트인 시계는 오스만 이전의 파리로서는 도저히 경험할 수 없었던 것이다.

시계의 개방은 그 직접적인 효과로 도시에 광명을 선물하였다. 어둡고, 닫힌 파리에서 밝고, 열린 파리로의 전환이다. 개조전 파리의 거리는 대체로 좁고, 꾸불꾸불 휘어져 그렇기 때

41 Benjamin, W., *Charles Baudelaire*, Rolf Tiedemann, 1974. 川村二郎他 역, 『ボードレール』(ヴァルター・ベンヤミン著作集6), 晶文社, 1975, 27-29쪽.

문에 어두웠다. 좁은 도로를 끼고 마주보는 건물들이 위로 뻗어 올라간 탓에 햇볕이 지면까지 다다른 적이 없었다. 이 어둠은 광학적인 어둠인 동시에 사회적인 어둠이기도 하였다. 19세기 전반 파리에 수많은 소요가 일어난 것에서도 알 수 있듯이, 이 도시에는 혁명가, 범죄자, 창부, 거기에 부랑자들이 몸을 숨길 수 있는 사회적인 '어둠'이 여기저기 존재하고 있었다. 도모나가 시게키[42]가 지적한 것처럼, 오스만이 실시한 것은 이러한 파리의 '어둠'을 '외과 수술'로 밝게 비춰낸 일이었다.[43] 에밀 졸라는 『목로주점』 마지막 부분에서 변화 중인 밝고 널찍널찍한 파리의 거리를 주인공 제르베즈의 전락해 가는 운명과 대조시키면서 다음과 같이 그리고 있다.

> 그 해는 거리 전체가 엉망진창 어수선했다. 옛날 포와소니엘 문을 없애고서 외곽으로 빠지는 마젠타 큰길과 올타노 큰길을 개통한 것이다. 거기에는 이제 옛날 모습은 없었다. 포와소니엘 거리 한쪽은 전부 부셔내고 지금은 구토 돌 거리에서부터 널찍널찍하게 뚫린 시원한 공간이 펼쳐져서, 햇빛이 비추고 공기가 자유롭게 지나다닐 수 있게 되었다. 이쪽 방향의 시계를 가로막고 있던 지저분한 집 대신에 올타노 길에 훌륭한 집이 들어섰다. 그것은 교회처럼 조각이 곁들여진 6층 짜리 건물로, 그 밝은 창은 수를 놓은 커튼을 둘러 호화로운 느낌을 주었다. 이 상아빛 건물은 바로 큰길가를 정면으로 바라보고 서 있어서, 빛의 반사로 사람들의 발끝을 밝혀주는 듯했다.[44]

졸라의 이 서술은 그의 다른 작품 『사모님의 파라다이스』첫 부분을 연상시킨다. 봉 마르세를 모델로 삼았다는 이 소설에서 작가는 시골에서 막 올라온 주인공의 눈을 통해 파리 거리에

[42] 富永茂樹; 교토대 사회학 교수-역자주

[43] 富永茂樹, 「オスマンとパリ改造事業」, 河野健二 편, 『フランス・ブルジョア社會の成立』, 岩波書店, 1977, 205-228쪽.

[44] Zola, E., L' Assommoir, 1877. 古賀照一 역, 『居酒屋』, 新潮文庫, 1970, 516쪽.

갑자기 나타난 부인용 백화점 보뇌르(Au Bonheur des Dames)의 밝음과 그 옆에 주인공의 숙부가 근근히 경영하는 나사(羅紗)가게[45]의 어두움을, 또한 전자의 쇼윈도에 놓여 있는 의상의 화려함과 주인공 복장의 침침함을 교묘하게 대조시켰다. 이미 보았듯이, 이 무렵 파리에 출현하기 시작한 백화점 역시 빛과 밝음의 공간이었던 것이다. 어두운 거리에서 밝은 거리로의 이행과 침침한 상점에서 환한 상점으로의 이행, 이러한 여러 변화 속에서 파리는 그 자체가 저 수정궁이 구현하였듯이 원근의 감각과 내외의 구별을 무의미하게 만들면서 무한대로 퍼져 가는 찬연한 밝은 도시로 변모하려고 했던 것이다.

오스만의 파리 개조는 이러한 도시의 변모과정으로 보자면, 어느 의미에서 아직 과도적이었다. 와카바야시 미키오[46]는 뛰어난 그의 도시론적 탐구 속에서 오스만의 '바로크적' 도시개조의 '과도성'을 정확하게 지적하였다. 그의 말을 빌리자면, 오스만의 파리를 포함해서 '바로크적' 공간은 "기념비적 건조물이 차지하고 있는 몇 개의 중심을 도시공간의 내부에 만들어낸 점에서 근대를 선도하는 시대정신을 표상하였지만, 그들 중심의 주위로 퍼져가는 공간의 균질성과 기하학적 추상성에서 균질화하면서 탈장소화하는 근대의 공간을 선점하였다".[47] 즉, 여기서는 한편으로 여러 기념비적 건조물로 '나폴레옹' 안에서 표상되는 '왕'의 환영(幻影)을 균질화하고, 다른 한편에서는 그러한 초월적 시선 아래 도시의 탈장소화를 진행시켜 간다라는 이중의 운동이 내포되어 있었던 것이다. 이 가운데 주도적이었던 것은 후자이다. 도시는 이제 무한대로 연장 가능한 공간으로서, 모든 것을 가시화하고, 모든 것이 가시화된 교통의 장으로서 열

45 raxa; 두꺼운 바탕에 보풀을 세운 모직물-역자주

46 若林幹夫; 쓰쿠바대학 사회학 교수-역자주

47 若林幹夫, 『熱い都市 冷たい都市』, 弘文堂, 1992, 211-218쪽.

려갔다. 이 자리에는 무수한 사람·물건·말이 기호로서 유통되고, 이들을 둘러싸고서 역시 무수한 시선이 교착(交錯)하고 있었는데, 이들 모두는 질서정연하지 않으면 안 되었다. 파리의 경우, 오스만이 집어넣으려고 했던 도로망은 동서로 관통하는 리보리 거리를 가로축으로 삼아, 스트라스부르 거리에서 상미셸 거리에 이르는 남북의 선을 세로 축으로 하는 격자 좌표와 방사상으로 도로가 뻗어나가는 극좌표를 짜 맞춰서 구성되어 있었다. 이러한 기하학적 좌표계는 도시의 경계를 무효화하였으며, 무한대로 확장해 가는 교통의 장에 형식적인 질서를 부여하였던 것이다.

지금까지 살핀 것은 오스만의 도시개조와 만국박람회, 거기에 백화점이 거의 동시에 출현하였던 제2제정기라는 시대가 프랑스 자본주의의 미증유의 발전기이며, 명백한 부르주아 시

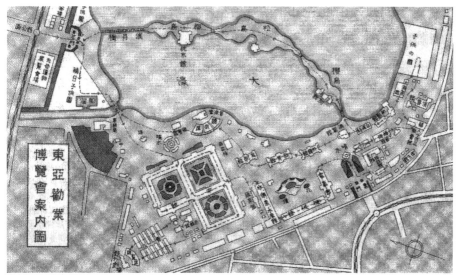

그림 2-9 동아권업박람회(1927, 후쿠오카) 안내도 (이태문 소장)

대였다는 사실과 관계가 있다. 따라서 여기서 일제히 모습을 드러낸 사회공간의 변모는 결코 제2제정의 붕괴와 함께 중지된 것은 아니다. 봉 마르세의 새로운 점포건설이 완료된 것은 1887년의 일이며, 백화점이 프랑스인의 소비생활에 본격적으로 영향을 끼치게 된 것이 1870년대 이후라는 사실에서 알 수 있듯이, 혹은 제3공화제가 제2제정의 정책을 대부분 폐기하면서도, 오스만의 파리 개조사업은 거의 변경 없이 계승하였다는 사실이 보여주듯이, 제2제정 중에서 강력하게 밀어붙였던 도시를 둘러싼 일련의 변모는 나폴레옹 3세와 오스만의 실각 후에도 끊이지 않았던 것이다. 당연히 이런 특징은 박람회에도 해당된다. 이미 살폈듯이, 1878년, 1889년, 1900년과 제3공화제 아래에서 파리는 1855년과 1867년 만국박람회를 더욱 장엄한 규모로 확대하듯 몇 차례에 걸쳐서 만국박람회가 개최된다. 파리는 박람회 도시로서 일관되게 계속 발전해 나갔으며, 또한 그런 성격을 유지하면서 19세기라는 '박람회시대'를 가장 완전하게 체현한 도시였던 것이다.

5. 증식하는 박람회 도시

19세기 후반에는 지금까지 살핀 도시 이외에도 모스크바 (1872년), 빈(1873년), 필라델피아(1876년), 시드니(1879년), 멜버른 (1880년, 1888년), 암스테르담(1883년), 뉴올리언스(1884년), 앤트워프(1885년, 1894년), 글래스고(1888년), 바르셀로나(1888년), 브뤼셀(1888년, 1897년), 시카고(1993년), 샌프란시스코(1894년) 등 많은 도시에서 국제적 규모의 박람회가 열린다. 하지만 이들 가운데 1851년과 1862년의 런던 만국박람회를 별개로 하고, 일련의 파리 만박에 견줄 만한 내용과 규모를 지녔던 것은 1873년 빈 만박과 1876년 필라델피아 만박, 거기에 1893년 시카고 만박 등 세 개뿐이다. 그리고 이 세 개의 만국박람회에 대해서 살필 때, 지금까지 살핀 파리 만박과 비슷하지만 어떤 새로운 면들도 지적할 수 있겠다.

예를 들어, 1873년 빈 만박은 오스트리아 황제 프란츠 요셉 1세[48] 치세 25주년을 기념하여 열린 행사였는데, 다른 한편으로 급속하게 발전하고 있었던 유럽 제3의 도시인 빈을 개조하는 사업의 일환으로도 의미를 가지고 있었다. 빈에서는 1857년에 구시가를 둘러싸고 있던 성벽의 철거가 결정되었으며, 그 자리에 바로 파리의 그랑 불바르와 비슷한 산보로를 따라 공공 건축이 즐비하게 들어서는 환상가로(環狀街路)가 건설되었다. 당시, 이 환상가로를 중심으로 교외 지역을 시내로 끌어들이면서, 빈은 근대도시의 양상을 일거에 갖추려고 했던 것이다. 배경에는 이제 중앙유럽의 경제 거점으로서 지위를 확립한 이 도시에 자본의 집적과 인구 증가라는 이유가 있었다. 런던과 파리에 비하면 꽤 늦어졌지만, 이러한 일련의 도시개조를 거치면서 처음으로 현재 우리가 알고 있는 국제도시 빈이 탄생한 것이다. 빈 만박은 행사장인 도나우 호반(湖畔) 주변에 있는 프라다 공원에 대규모 공공투자를 실시, 환상가로의 외곽부 정비를 진행하는 동시에 이처럼 변모해 가는 빈의 모습을 널리 세계에 알려가겠다는 의도도 깔려 있었다. 1873년경까지는 오페라좌, 산업박물관, 에프스타인궁 등이 이미 완성되었으며, 미술관,

48 Franz Josef I; 1830~1916, 오스트리아 황제(재위기간 1848~1916), 헝가리 국왕(재위기간 1867~1916). 헝가리 독립운동을 탄압하고 신절대주의를 표방하였지만, 1861년 헌법을 통해 자유주의를 추진, 1867년 헝가리와 화해를 실현시킨다-역자주

자연사박물관, 대학, 궁정극장, 시청사, 증권거래소, 의사당 등은 막 건설이 시작되던 무렵이었다. 방문객들은 프라다 공원에서 열린 만국박람회를 구경하고서, 환상가로로 돌아와 이 합스부르크의 제도(帝都)가 바로 지금 다시 태어나려고 하는 모습을 눈으로 목격하였던 것이다.

한편, 프라다 공원에서 열린 만국박람회이지만, 주회장은 중앙에 높이 90미터, 직경 100미터의 커다란 돔이 솟아올라, 그 동서로 가늘고 긴 빗줄 모양의 익랑(翼廊)이 뻗어있는 산업궁이었다. 중앙 돔은 합스부르크 왕관을 상징하였고, 양쪽의 회랑에서 이루어진 전시는 오스트리아보다 서쪽에 있는 나라들은 서쪽 공간에, 동에 있는 나라들은 동쪽 공간에 각각 그 위치에 맞춰서 배치되었다. 따라서 최서단은 미국과 브라질, 최동단은 중국과 일본, 타이의 전시였다. 당시, 조약개정을 위해 구미 여러 나라를 두루 둘러보고 있었던 이와쿠라(岩倉) 사절단은 이 빈 만박에도 들러서 "마치 지구상을 줄여놓은 듯, 이 동산 안으로 들어가고 싶다는 생각이 든다"고 감상을 펴고 있다.[49] 이 산업궁 주위에는 185채에 이르는 파빌리언군이 산재해 있었다. 그 중에는 산업궁의 부속시설에 해당하는 것에서 중근동, 아시아, 아프리카의 파빌리언까지 포함되어 있었다. 이들 가운데에서도 인기를 모은 것은 일본정원에 찻집, 토리이와 신사로 이루어진 일본의 파빌리언이었는데, 재패니즘 유행의 계기가 되었다고 한다. 어쨌든 중심에 세계의 축소판이라고 할 만한 전시장을 세우고, 그 주위에 다수의 파빌리언이 산재하였던 회장 구성은 1867년 파리 만박과 동일하였다. 빈 만박은 회장의 존재방식에서도, 도시개조의 관계에서도, 1867년 파리 만박으로

49 久米邦武 편, 『米歐回覽實記』, 岩波文庫, 1982, 제5권, 26쪽. 빈 만국박람회에 관해서는 Pemsel, J., *Die Wiener Weltausstellung von 1873*, Bohlau Verlag, 1989. 참조.

부터 많은 영향을 받았던 것이다.

빈 만박이 국가적 도시개조사업과의 관계에서 일련의 파리 만박과 공통점을 가졌다고 하면, 필라델피아 만박과 시카고 만박에서 볼 수 있는 것은 오히려 박람회와 백화점의 동시발생적 관계이다. 먼저, 1876년 필라델피아 만국박람회는 미국 독립 100주년을 기념하여 미국으로서는 처음 연 본격적인 만국박람회이다. 1853년 뉴욕박람회가 지방적인 행사에 그친 것과는 달리 이때에는 합중국 정부의 승인을 얻어, 285에이커의 부지에 폭 142미터, 길이 572미터인 길고 가느다란 주회장과 미술관, 기계관, 농업관, 원예관, 거기에 다수의 파빌리언이 세워져, 1,000만 명에 가까운 입장객을 끌어 모았다. 전시분류 시스템은 1867년 파리 만박을 본떴다고 하는데, 회장의 구성을 보면 1873년 빈 만박하고 매우 흡사하다. 회장에서 특히 주목을 끈 것은 코리스(Coris)의 거대증기기관과 모리스(Morris)사의 대형 송풍기, 재봉미싱과 타이프라이터, 이번이 첫 공개인 그래햄 벨의 전화기, 그리고 '자유의 여신상'의 횃불 조각 등이었다. 여기서 주목되는 것은 이 만국박람회가 바로 파리 만박이 파리의 백화점 발달을 촉진시켰던 것과 마찬가지로 미국의 백화점으로서는 중요한 발전의 계기가 되었다는 점이다.

예를 들어, 박람회가 열린 다음 해 미국 백화점의 한 원형을 만드는 워너메이커 백화점이 필라델피아의 체스닛(Chestnut) 길에 개점한다. 이 점포에서는 거대한 창고 같은 공간 안에 온갖 종류의 의료품이 바로 1867년 파리 만박과 유사하게 동심원상으로부터 밖으로 멀리 퍼져나가듯이 길게 배열된다. 입구는 우아한 장식으로 치장하였고, 내부는 대리석 타일을 깔았다. 낮에는 스테인드글라스로부터 햇빛이 쏟아져 들어왔으며, 밤에는 천장에 달린 샹들리에가 빛을 뿜냈다. 일부 고객에게 특정 장르의 상품만을 판매하였던 전문점과 교체하면서, 이해에 파리의 봉 마르세와도 견줄 만한 백화점이 출현한 배경에는 전년도 만국박람회에서 전람된 상품의 스펙터클이 이 도시의 사람들에게 끼친 충격과 동경이 강하게 작용하였을 것으로 보인다. 필라델피아 신문은 다음과 같이 전하였다.

> 체스닛 길로 들어가는 서쪽편 골동품 갤러리에서 바라본 메인 플로어의 경치는 마치 작년 독립백주년기념의 만국박람회를 연상시킨다. 진열장은 그 당시와 똑같이 시선이 닿는 데까지 끊임 없이 펼쳐져 있으며, 온갖 지역에서 한 곳에 모여진 예술과 산업의 모든 분야를 대표하는 풍부한 세계가, 흥미를 돋구게끔 배열되었고, 유익한 방법으로 전시되어 있다. 여기서는 그 당시와 마찬가지로 웅대함의 감각과 특히 두드러진 특징으로 넘치고도 남을 만큼의 빛을 들 수 있다. 이 공간 전체가 밝게 비추어서, 너무 기분이 상쾌하다.[50]

워너메이커는 필라델피아의 많은 소매점들로부터 맹렬한 반발을 받는데, 신문과 잡지에 대량으로 광고를 실어 이에 대항하였다. 이와 같은 전략 역시 아직 전년도 이 도시에 쇄도하였던 군중들이 토산물을 신문이나 잡지에서 찾은 까닭에 이들 간행물의 발행부수와 영향력이 비약적으로 늘어났다는 사실을 전제로 한다.

다른 한편, 1893년 시카고 만박은 어땠을까? 콜럼버스의 신대륙 발견 400년을 기념하여, 미시건 호반의 685에이커 부지에 2,750만 명이나 되는 입장객을 모은 이 만국박람회는 그 규

50 Bronner, S.J., "Reading Consumer Culture", Bronner, ed., *Consuming Visions*, W.W. Norton & Company, 1989, p.26.

모는 물론, 전시 내용 면에서도 제1차 세계대전까지 미국의 만국박람회 존재방식을 방향 짓는 중요한 박람회였다. 이 시카고 만박의 내용에 대해서는 제5장에서 자세히 살피기로 하고, 지금은 동시대 시카고의 백화점과 어떤 관계가 있었는지, 이를 중심으로 살펴보고자 한다.

필라델피아 만박의 시점에서 미국의 백화점은 아직 여명의 시대였다. 사실 시카고에서도 이미 1852년 포터 팔머(Potter Palmer)가 파리의 마가장 드 누보테에 해당할 만한 고객 서비스와 저가 판매를 내걸고 의료품 가게를 개점하였는데, 1870년 대까지 미국에서는 상업의 중심은 도매업에 있었지 소매업은 아니었다. 하지만 1880년대 이후 시카고 도심부 환경정비와 더불어 마샬 필드(Marshall Field), 페어 스토아(Fair Store), 더 리더(The Leader), 카슨 피리 스코트(Carson Pirie Scott), 시겔 쿠퍼(Siegel Cooper) 등 많은 백화점이 눈에 잘 띄는 스테이트 스트리트(State Street)를 중심으로 크게 발전해 간다. 마샬 필드의 경우, 1879년 건립된 점포는 천장에서는 압도할 만한 태양 광선이 들어와서, 하얀색의 실내를 더욱 눈부시게 만들었으며, 게다가 전기 조명이 점내 분위기를 한층 환상적으로 만들었다고 한다. 나아가 파리의 경우처럼 이들 백화점은 독서실과 공중화장실, 미술 갤러리, 카페 등을 갖추어 다양한 고객 서비스를 꾀하기도 하였다. 이처럼 시카고 만박 시점까지는 미국 대도시에서도 백화점의 문화가 일제히 꽃을 피우기 시작하였던 것이다.

그리고 1893년 시카고 만박이 개막하자 이들 백화점은 만국박람회의 보완물로서 그 역할을 적극적으로 해 내간다. 그 예로, 개회에 즈음하여 '박람회에 입고 가기에 안성맞춤인 옷'과

'박람회장을 걷기에 최적의 구두'가 판매되었으며, 개회 후에는 지방과 해외로부터 온 박람회 관람객을 위한 특별휴게실을 설치하고, 시카고 관광에 대한 정보제공을 무료로 실시하였다. 러셀 루이스(Russell Lewis)는 이러한 시카고 만박과 백화점의 관계를 분석하면서, 이 도시의 백화점이 단순히 백화점의 보완물만이 아니라, 그 자체가 만국박람회와 동등한 존재임을 주장하기도 하였다.[51] 예를 들어, 어느 백화점에서는 만박 회장의 전시를 훨씬 뛰어넘는 최고의 의상들을 막대한 비용과 시간을 들여 갖추었음을 선전하였다. 그리고 다른 백화점에서는 시카고 만박을 '대백화점 시카고의 일대 대매출'로 견주기도 하였다. 일본에서는 1807년(메이지 40) 도쿄권업박람회 때 미쓰코시가 '도쿄에 와서 박람회를 보지 않는 사람이 있을까, 박람회를 보고 미쓰코시를 보지 않는 사람이 있을까'라는 유명한 문구를 세상에 선보이는데, 이와 같은 발상이 세기말 시카고의 백화점에서도 찾아볼 수 있었던 것이다.

시카고 만박이 제시한 상품 유토피아는 만국박람회가 끝난 후에도 미국 백화점에 커다란 영향을 미쳐갔다. 특히, 인상적인 것은 박람회로부터 3년 후인 1896년 시카고에 본거를 둔 시겔 쿠퍼 앤드 컴퍼니 백화점이 뉴욕에 출점할 때의 건물이다. 이 신점포는 7층 짜리 건물로 옥상에는 전망탑이 딸려 있었다. 면적은 17에이커나 되어 당시로서는 세계 최대 규모였다. 이 광대한 점포 안에는 의료실, 약국, 은행, 안내소, 전신국, 이발소, 사진관, 온실, 육아실, 우체국, 거기에 전망탑 등이 갖추어져, 쾌적하고 아름다운 편리한 도시공간이 실현되었다. 이 백화점의 정신을 가장 잘 표현한 것은 건물 1층의 정면에 세워진

[51] Lewis, R., "Everything Under One Roof: World's Fairs and Department Stores in Paris and Chicago", *Chicago History*, Vol. 12, No. 3, 1983, pp. 28-47.

그림 2-10 위: 1893년 시카고 만국박람회 회장 중앙부 (The Chicago World's Fair of 1893)
아래: 1896년 뉴욕 시겔 쿠퍼 앤드 컴퍼니 백화점의 중앙홀 (Chicago History)

입상(立像)이다. 이것은 시카고 만박에서 콜럼버스 분수와 마주 보면서 회장 중앙의 인공연못에 서 있으면서 박람회 전체의 '이념'을 상징하였던 '공화국의 상(像)'을 그대로 모방한 복사품이었다. 시카고 만박에서는 이 '공화국의 상' 주위에 인공연못이 둘러싸고, 배경에는 장엄하고 화려한 기둥들이 배열되어 있었던 것과 마찬가지로, 이 뉴욕 백화점에서도 '공화국의 상' 주위는 분수가 빙 둘러 있었으며, 바깥쪽에는 대리석 기둥들이 즐비하게 늘어서 있었다. 이처럼 미국에서도 만국박람회가 엄청난 규모로 출현시킨 상품 유토피아는 도시의 풍경을 끌어안고서, 사람들을 소비의 쾌락으로 유혹하였던 것이다.

3

문명개화와 박람회

유시마성당(湯島聖堂)박람회(1872년) 전시품을 보고
놀라는 관객 (자료제공: 텐추(電通) 광고자료수집 사무국)

1. 일본인, 만국박람회를 보다

일본인이 처음으로 유럽 만국박람회와 만난 것은 언제일까? 이미 밝힌 것처럼 일본 제품이 박람회에 전시된 것으로 하자면, 1853년 더블린 박람회라고 하겠다. 그렇지만 이 경우엔 어떤 경로로 이미 영국까지 넘어갔던 수집품들이 전시되었던 것으로 일본인이 회장을 찾았다고 할지라도 전시에 관여한 것은 아니었다. 일본인이 만국박람회와 직접 접촉한 것은 1862년 개최된 2번째 런던 만국박람회부터이다. 1851년 첫 번째 박람회의 수입으로 구입한 부지 사우스 켄싱턴[1]에서 621만 명이나 되는 입장객을 동원한 이 박람회는 면적도 23에이커, 출품자수도 무려 28,600명으로 숫자상으로는 이전 박람회를 훨씬 웃돌지만, 전시 내용이나 영향력으로 볼 때는 약간 뒤떨어지는 감이 없지 않았다. 이전에는 볼 수 없었던 좀 색다른 특징이라고 하면, 전시품의 분류가 좀 더 정밀하게 이루어진 점, 그리고 미술 부문을 따로 설정한 점인데, 사실 이런 특징들은 이미 1855년 파리 만국박람회가 모두 실현시켰던 내용이다. 이처럼 역사적 의의라는 점에서는 1862년 런던 만박은 1851년의 행사를 도저히 따라잡을 수 없지만, 그래도 일본인이 처음 만국박람회와 접촉하였다는 의미에서 그냥 지나칠 수 없는 문제를 포함하고 있다.

이 해 즉 분큐[文久] 2년 막부는 에도, 오사카, 효고, 니가타의 개시(開市)·개항(開港) 연기를 유럽 여러 나라로부터 동의를 얻기 위해, 시모쓰케노카미야스노리[竹內下野守保德]를 정사로 하는 총 38명 규모의 사절단을 유럽에 파견한다. 후쿠자와 유키치[福澤諭吉], 마쓰기 히로야스[宋木弘安], 후쿠치 겐이치로[福地源

[1] South Kensington; 현재 런던대학이 있고, 고급주택지로 변모한 런던의 외곽지역-역자주

一郞] 등을 포함한 이른바 다케우치 견구사절단(遣歐使節團)이 시나가와오키(品川沖)에 정박 중이었던 영국 군함 오딘(Odinn)호에 오른 것은 1862년 1월의 일. 배는 홍콩, 싱가포르, 홍해, 마루타섬을 경유해 4월초 경에는 마르세이유에 상륙한다. 그리고 잠시 파리에 머물다가 4월 30일 도버 해협을 건너 런던에 도착한다. 그런데 바로 그 다음날인 5월 1일부터 제2회 런던 만국박람회가 성대하게 개장하였던 것이다. 이에 일행은 일본인 특유의 가문(家紋) 모양이 찍힌 하오리[2] 차림으로 개회식에 참석하는데, 이것이 런던 시민들의 뜨거운 시선을 받게 된다. 5월 3일자 〈런던 화보〉는 개회식에 나타난 일본사절단 모양을 다음과 같이 전하였다.

> 서쪽 돔 밑 식장 모습으로, 이보다 낮은 직위의 짙은 관복, 그리고 시민들도 참으로 여러 가지 화려한 복장을 하고서 입장하였다. 이런 가운데 남다른 주목을 끈 것은 일본사절단이다. 식장에는 빨강이나 파랑, 보라, 금빛 등 빛깔이 선명한 의장의 양 단상에는 특별 참석자들이 나란히 서 있었다. 문이 열리자 양측에 있던 고위 관료들과 그 부인들이 긴 행렬을 지으면서 들어왔다. 먼저, 꽤 많은 귀족과 신사들이 정장이나 대례복 차림이나, 혹은 신학 박사의 가운이 가득 메우고 있었는데, 사실 이런 색들은 일본사절단보다도 더 기묘하게 보였을 사람들을 가끔 돋보이게 하였다. 하지만 정작 일본인들은 어땠는가 하면, 자신들에게 특별한 주위를 끌기 위해 그 동양적인 장엄함을 몸에 두르는 일은 전혀 하지 않았던 것이다.[3]

사절단은 파리에서 나폴레옹 3세를 알현한 때에는 카리기누[4]에 에보시[5]를 곁들인 전통적인 예복으로 임한다. 그런데도 이

2 羽織; 일본 남성들의 전통의상-역자주

3 "The Opening of International Exhibition," The Illustrated London News, May 3, 1862.

4 狩衣; 원래 사냥할 때 입던 옷이었는데, 헤이안[平安] 시대에는 관리들의 평상시 입는 간이복이었다가, 다시 카마쿠라[鎌倉] 시대 이후는 관리와 무사들의 정복(正服) 혹은 예복(禮服)으로 이용되었다-역자주

5 烏帽子; 옛날 성인 남자가 쓰던 건(巾)-역자주

당시 자리를 함께 하였던 프랑스인들 사이에서는 일행이 '금줄을 놓은 의복, 기괴한 용 모양을 짜 넣은' 중국 의상이 아니라, 간소한 옷차림으로 나타난 것에 대해 실망의 목소리가 높았다고 한다.[6] 당시, 일반 유럽인들에게 중국과 일본은 거의 구별되지 않았던 것이다. 이와 비슷한 놀람과 실망의 목소리가 런던 만박의 개회식에서도 새어나왔다. 그것도 이때 사절단의 복장은 당시 기록으로 판단할 때, 그들이 파리에서 입었던 것보다도 더 약식인 간단한 하오리와 바지 차림이다. 〈런던 화보〉역시 개회식에 나타난 그들 복장이 "솔직히 말해, 일반적으로는 '초라하다'고까지 말할 수 있을 정도의 것"이었다고 적고 있다.[7] 그럼에도 불구하고, 아니 그렇기 때문에 더욱이라고 할까 아무튼 일본사절단은 영국인들 사이에 큰 화제로 떠올랐다. 그들은 이 '극동에서 온 괴짜 사절단'의 모든 것을 호기심어린 눈으로 관찰하였던 것이다.

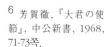

[6] 芳賀徹, 『大君の使節』, 中公新書, 1968, 71-73쪽.

[7] "Echoes of the Week and International Exhibition", The Illustrated London News, May 10, 1862.

그림 3-1 1862년 런던 만국박람회 회장을 견학하는 일본사절단
(The Illustrated London News)

그림 3-2 좌: 1867년 파리 만국박람회를 견학하는 일본인 (L'Exposition Universelle de 1867)
우: 1873년 빈 만국박람회의 일본 전시 (Die Wiener Weltausstellung von 1873)

그런데 이 런던 만박에서 '일본'이 화제가 된 또 다른 이유가
하나 있었다. 견구사절단 파견을 막부에게 권하고, 단원 인선
에서 유럽 여러 나라와의 교섭까지 모든 것을 챙겼던 것은 영
국공사 올콕크[8]였는데, 그는 이밖에도 일본에서 자신이 직접
공들여 수집한 칠기와 도자기, 철동기, 칠보, 서화 골동품, 갑
옷과 창검류에서 등롱(燈籠)과 제등(提燈), 삿갓(簑笠), 신발류,
옛날 시계, 요지경에 이르기까지 약 900점에 가까운 물품을
이 박람회에 출품하기도 하였다. 전시장 중앙통로 오른쪽 구
석에 있던 일본 코너에 중국 전시와 함께 전시된 이들 물품은
사절단 일원이었던 후치베 토쿠죠[淵辺德蔵]가 "완전히 골동품
과 같은 온갖 물건을 긁어모은 것에 지나지 않아 보러 가고 싶
지 않다"고 한탄할 정도였는데도, 런던의 어린이들이 품고 있

8 Rutherford Alcock;
1809~1897, 본직은 외
과 의사. 1858년 초대
주일총영사로 일본에
와서, 다음해에 초대 공
사가 된다-역자주

는 이국적 취향을 자극하기에는 충분했을까 싶다. 게다가 동기(銅器)·금세공류는 상을 획득할 만큼 평가를 받기도 하였다. 올콕크가 전하는 바에 따르면, 영국 화가 레이턴(Frederic Loed Leighton, 1830~1896)은 "감미로운 것, 부드럽고 아름다운 것의 효과가 그 기묘함으로 인해 더욱 상승하였으며, 게다가 모든 것이 조화를 이루고 있다"고, 이 일본 전시품을 절찬하였다고 한다.[9] 이처럼 일본 공예품에 쏟아진 찬사는 5년 뒤인 파리 만박과 11년 뒤인 빈 만박에서는 더욱 증폭되어, 유럽 각지에 재패니즘을 유행시켜간 사실은 잘 알려진 바이다.

때마침 방문한 일본사절단의 '괴팍한' 옷차림은 이렇게 일본 전시품에 대한 흥미를 높이는 데 크게 공헌하였던 것이다. 도검과 도기, 칠기와 같은 공예품에서 제등과 삿갓과 같은 일용품에 이르는 대량의 일본제품이 전시된 점, 그리고 최대한 색채를 자제한 간소한 차림의 일본사절단의 방문. 이 두 가지는 적어도 당시의 런던 시민의 의식 속에서 서로 뒤엉켜 인식되었다. 양자는 극동에 있는 미지의 나라에 대한 그들의 호기심을 사람과 물건이라는 양면에서 더욱더 자극하였던 것이다. 그런 의미에서는 다케우치 사절단이 영국으로 건너간 시기가 중요하다. 그들 일행의 도착이 하루라도 늦어졌더라면, 개회식 출석은 불가능하였을 것이다. 게다가 이들 일본사절단의 파견과 일본제품의 전시는 모두 영국공사 올콕크가 계획한 것임을 고려하면, 양자가 서로 관련을 맺고 있는 그 자체가 올콕크라는 사람에 의해 연출된 '일본'으로 대영제국을 향한 프레젠테이션이었지는 않았을까라는 의구심마저 든다. 당장 올콕크가 의도적으로 이들 양자를 동시에 런던에 보냈다라는 구체적인 증거

9 Alcock, R., The Capital of the tycoon, 山口光朔 역, 『大君の都』, 岩波文庫, 1962, 하권, 202쪽.

는 없다. 하지만 예를 들어 〈런던 화보〉가 박람회의 일본전시
는 "최근 나타난 사절단의 일부를 구성하고 있다는 식으로 막
연히 생각"하고 있는 사실에서도 이런 인식이 당시부터 전혀
근거 없는 이야기는 아니었음을 지적할 수 있겠다.[10]

　중요한 것은 올코크가 과연 의도적으로 양자를 관계지으려
고 했는지 어떤지가 아니다. 결과적으로 런던 만박에 모습을 나
타낸 일본 사절단이 많은 영국인들로서는 안성맞춤의 '전시품'
이 되었다는 점이다. 실제로 예를 들자면 〈런던 화보〉에서는 박
람회를 견학하는 다케우치 사절단을 절묘하게 스케치한 그림을
싣고 있는데, 그 배경에는 어쩐 일인지 이들 일행을 쳐다보는
듯한 영국인들의 모습이 희미하게 그려져 있다. 이 관계는 1867
년 파리 만박 회장의 일본인 묘사에서는 더욱 명료하게 나타나
는데, 일본 코너 앞에 서있는 두 명의 무사를 유럽 부인들이 멀
찍이 쳐다보는 모습을 뚜렷하게 찾아볼 수 있다.[11] 박람회란 그
투명한 분류학적 질서 안에서 지구상에서 '발견'되는 모든 것을
기호화하고 배열해 가는 시선의 공간이다. 이 공간 안에 놓여질
때, 물건이든 사람이든 똑같이 기호화될 수 있는 것이다. 분명
이때 박람회장을 찾은 일본인은 1889년 파리 만박의 '미개인'들
처럼 노골적으로 '전시품'으로서 취급당하였던 것은 아니다. 하
지만 이 당시 영국사회가 보여준 그들에 대한 시선 속에는 돌연
찾아온 이들 '내빈'을 유럽이 부감하는 세계의 어느 곳에 자리 매
겨야 할지 이미 생각하기 시작하였다는 사실은 틀림없다.

　아울러 여기서 더 중요한 사실은 이 시선이 이때 성립된 것
은 분명하지만 반드시 유럽이 일방적으로 '일본'을 쳐다보고,
위치를 부여해 가는 관계는 아니었다는 점이다. 유럽인의 눈에

10 "International
Exhibition", The Illustrated
London News, May 10,
1862.

11 같은 지적으로 園田
英弘, 「日本イメージ
の演出」, 吉田光邦 편,
『圖說萬國博覽會史』,
143-144쪽.

의해 관찰되던 일본 역시 착실하게, 그리고 열심히 '유럽'을 관찰하였다. 이런 사실을 가장 잘 보여주는 것은 사절단원들의 구행기록(歐行記錄)이다. 이들 기록에 의하면, 사절단이 런던에 체류하는 중 몇 번이고 박람회장을 찾아가, 꼼꼼히 관찰했다는 것을 알 수 있다. 예를 들어, 후치베 도쿠조는 앞서 살폈듯이 일본 전시가 잡다하게 긁어모은 것에 지나지 않음을 한탄한 후에 다음과 같이 자신의 생각을 편다.

> 원래 이 전람의 의도는 각국의 산물을 박람하는 것임을 내걸고 세계 상인들이 회장을 찾아, 자국의 자랑할 만한 산물과 제품, 기계 등을 많은 사람들에게 보여, 많은 국산의 수출을 얻어내고, 이익을 불러오기 위함이니, 이곳에 물품을 내는데도 아마 세금을 내고, 또한 원해운송의 비용도 족하지 않기에 오로지 국산을 각 나라의 사람들에게 알리는 것을 주로 한다. 이를 참고로 엄선한 물품을 제출하고, 혹 보던 물건을 그 자리에서 팔고자 하고 많은 이들이 사고자 한다면 판매하는 것을 달가워할 것이다 … 우리나라에서는 아직 그런 뜻을 알지 못한 까닭에, 산물을 다른 사람에게 속여 파는 것을 즐겨하니 이처럼 조잡한 물건만 잔뜩 선보인 것이다.[12]

이러한 관점으로 박람회를 열심히 관찰하였던 이는 후치베만이 아니다. 후쿠자와 유키치[13]도 런던 만박을 직접 찾아 이 문명화의 장치가 지닌 의미를 이해한 한 사람 중의 한 명이다. 그는 수년이 지난 뒤『서양사정(西洋事情)』에『박람회』항을 두고서, 이를 "천만 종류의 물품을 하나의 거대한 건물 안에 배열해, 5~6개월간 모든 사람이 관람하게끔 제공" 하는 행사로 소개하였다.[14]
다케우치 사절단의 사람들은 그 의지와는 무관하게 만국

12 淵邊德藏,「歐行日記」, 大塚武松 편,『遣外使節日記纂輯第三』, 日本史籍協會, 1930, 49-50쪽.

13 福澤諭吉 ; 1834~1901, 사상가·교육가. 게이오기주쿠[慶應義塾] 창립자·역자주.

14 福澤諭吉,「西洋事情」,『福澤諭吉全集』제1권, 岩波書店, 1958, 312쪽.

박람회에서 '전람'되는 존재가 되었던 한편, 스스로의 의지에서 이 새로운 시선의 공간을 섭취하려고 했다. 여기에는 일종의 이중(二重) 운동이 꼬인 상태로 존재한다고 하겠다. 그 한편에는 이제 지구 전체에 걸쳐서 구석구석까지 모두 인식의 항목 속으로 회수하고 있던 유럽이 세계를 부감하는 시선이 있었다. 이 시선은 1862년 런던 만박 회장에서는 수집된 물건과 파견된 사람의 양면에서, 아득히 먼 극동의 작은 나라 '일본'을 가시권 안으로 넣었다. 그렇지만 다른 한편에서는 이렇게 세계를 부감하는 시선 자체를 주변에서 욕망하고, 이를 열렬히 섭취해 가려고 하는 시선이 있었다. 그리고 이런 이중의 시선은 머지 않아 이제는 올콕크라는 매개항을 필요하지 않게 되자, 일본은 스스로 자기 자신을 유럽 앞에 관찰되는 객체로 제공하는 동시에 그 주위의 여러 나라를 객체로서 직접 관찰해 가는 식으로 이 뒤엉킨 시선의 이중 운동을 확대해 간다.

2. 메이지 일본과 박람회 사상

1862년 런던 만박에서 일본 전시는 올콕크가 자신의 수집품을 출품한 것으로, 막부 스스로 출품한 것이 아니다. 도쿠가와[德川] 막부가 만국박람회에 정식으로 참가한 것은 그로부터 5년 뒤인 1867년 파리 만국박람회 때가 최초이다. 이때 막부는 프랑스 공사 로슈[15]의 권유에 따라 도기, 칠기, 금세공, 동기, 갑옷과 창검, 명소의 지도와 그림에서 일본종이[和紙], 목재, 광물에 이르는 넓은 범위의 일본 특산품을 모아, 도쿠가와 아키타케[德川

15 Lon Roches; 1809~1901, 1864년 일본에 온 막부 말기의 프랑스 공사로 1868년 귀국-역자주.

昭武)를 대표로 하는 사절단을 파리에 파견한 것이다. 그런데 이 때에는 사가한[佐賀藩]과 사쓰마한[薩摩藩]도 독자적으로 출품을 한 까닭에 파리에서는 국가의 대표권을 둘러싸고, 특히 막부와 사쓰마한 사이에 긴박한 힘겨루기가 펼쳐졌다는 것은 잘 알려진 사실이다.[16] 더욱이 이 파리 만박에는 시미즈 우사부로[淸水卯三郎]라는 에도 상인이 회장에 일본풍 찻집을 열어, 게이샤에게 접대를 하게 하여 대단한 인기를 부른 점이나, 혼자 떠돌아다니며 재주를 팔던 마쓰이 겐스이[松井源水]를 비롯하여 많은 예인(藝人)과 곡예사가 바다를 건너, 그 솜씨를 선보였다는 이야기 등 흥미로운 에피소드가 끊이지 않았다. 하지만 이러한 점에 관해서는 다카하시 쿠니타로[高橋邦太郎]의 『꽃의 파리로 소년사절(少年使節)』과 야스오카 쇼타로[安岡章太郎]의 『대세기말(大世紀末) 서커스』가 자세히 다루고 있으니, 일단 여기서는 생략하기로 하자.

본 장의 기본적인 관심은 시선의 제도로서 박람회가 유럽 만국박람회에서 근대일본의 국내박람회에 어떻게 섭취되고, 전화되었는지가 중심이다. 이런 관점에서 메이지 일본에서 박람회 개최의 전제를 정리한다는 의미로 볼 때, 1867년 파리 만박 이상으로 중요한 것은 그로부터 6년 뒤인 1873년(메이지 6) 빈에서 개최된 만국박람회에 메이지 정부가 참가한 사실이다. 이 만국박람회에서 정부는 외국인 고트프리그 바그너[17]를 고용하여 그의 지도 아래 전국으로부터 수집한 도자기와 직물 등 미술공예품을 중심으로 나고야성의 금색 고래, 가마쿠라[鎌倉]의 대불(大佛)을 본 뜬 하리코[18] 대불, 오층탑 모형, 대형 북, 대형 제등(提燈) 등 여러 가지를 출품하는 동시에, 일본으로부터 대목(大木)을 불러 회장 안에 신사와 일본정원을 곁들인 파빌리언을 건설하

16 에도 시대 다이묘[大名]가 지배하는 영역 혹은 그 지배기구를 총칭하는 한[藩]은 1868년 (메이지 1) 유신정부가 옛 막부령에 부현(府縣)을 설치, 이윽고 1871년 폐지된다-역자주

17 Gottfried Wagner; 독일 공예가-역자주

18 張子; 나무나 대나무로 틀을 만든 뒤 그 위에 종이를 발라 말린 후, 틀을 빼서 만든 모양-역자주

였다. 즉, 일본의 문화적 전통을 전면에 내세우는 것으로 1862년 런던 만박과 1867년 파리 만박 때와 마찬가지로 유럽인들의 재패니즘 감각을 크게 자극하였던 셈이다. 그런데다가 이 빈 만박 참가는 일본 정부의 입장에서는 더욱 중요한 목적이 있었다.

1872년 5월, 박람회 사무의 실질적인 책임자였던 공부(工部) 대신 사노 쓰네타미[19]는 빈 만박 참가의 목적으로 (1) 정예의 양질 물품을 수집·전시하여, 일본 국토의 풍양(豊穣)과 사람들의 솜씨를 해외에 알릴 것, (2) 서양 각국의 물산과 학예의 정밀함과 뛰어남을 보고 배우고, 기계기술을 전수받을 것, (3) 일본에서도 박물관을 창건하고, 박람회를 개최할 기초를 갖출 것, (4) 각국에서 일본의 제품이 일상용품이 되어 수출증가를 가져다줄 실마리를 찾을 것, (5) 각국의 제품 원가·판매가와 결핍수요의 물품을 조사하여, 앞으로의 무역 이익으로 삼을 것 등 다섯 가지 점을 들고 있다.[20] 전시의 재패니즘 지향이 첫 번째 목적에 근거한 것이라고 한다면, 빈 만박이 폐막한 이후에도 현지에서 기술 전수생을 남긴 것은 두 번째 목적에 근거한 것인데, 여기서 주목하고 싶은 것은 오히려 세 번째 목적이다. 빈 만박의 참가는 그 이후 일본에서 국내박람회를 개최해 가기 위한 모델 스터디의 성격을 지니고 있었던 것이다. 뒤집어 말하자면, 메이지 국가는 이 만국박람회 참가를 통해 박람회가 어떤 것인지를 더욱 완전하게 알게 되었으며, 나중에 언급할 일련의 내국권업박람회는 빈 만박을 모델로 삼으로써 18세기부터 19세기에 걸쳐 유럽에 확산되었던 새로운 가능성의 공간과 이어간 것이다.

그러면 이 빈 만박에서 메이지 국가는 도대체 무엇을 배웠던

[19] 佐野常民; 1822~1902, 정치가. 사가한[佐賀藩] 사람으로 하쿠아이샤[博愛社]를 창설, 나중에 일본적십자사로 이름을 바꾼 뒤 사장으로 취임. 원로원 의장 및 추밀원 고문관 등을 역임-역자주

[20] 田中邦男·平山成信, 『澳國博覽會參同紀要』, 1897, 11~13쪽.

것일까? 메이지 정부 안에서 이때 만국박람회 회장을 찾았던 이는 오쿠마 시게노부,[21] 사노 쓰네타미 등 박람회 사무국의 멤버들만이 아니었다. 마침 조약개정을 목적으로 구미 여러 나라를 순회하고 있었던 이와쿠라 사절단도 빈에 체재 중일 때 박람회장에 들린 것이다. 이와쿠라 사절단의 기록으로서 구메 구니다케[22]의 『미구회람실기』를 읽으면, 그들이 만국박람회를 근대화를 위한 중요한 장치로서 인식하고 있었음을 분명히 알 수 있다. 『회람실기』는 제82권하고 제83권이 모두 빈 만국박람회 묘사에 할애하고 있는데, 박람회를 식산흥업과 부국강병을 위해 없어서는 안될 장치라고 위상을 부여하고 있다.

> 박람회는 '엑스비숑'으로 여러 나라로부터 물산을 모아, 한 건물 안에 배치하여 이를 많은 사람들에게 보여, 각 지역 인민들의 생활, 산물, 공예, 그리고 기호, 풍습을 알게 하니, 첫째 물품을 모으는 사람들이 이 물품을 여러 사람에게 보여, 그 매매의 인기를 넓혀 영구적인 이익을 도모하기에 편리하다. 둘째, 타인이 모은 물품을 보고 자기가 거기에 미치지 못하는 바를 알아 지금보다 더 고안해야 할 요점을 생각하고, 모든 사람들의 기호에 따라 더욱 자신이 생활을 넓힐 목적을 달성할 필요가 있다. 아울러 명사들의 높은 평을 부탁하여, 그 주의를 받아들여 더욱 그 진보로 나갈 뗏목을 구하기에 편리하다. 이로 인해 무역을 활발하게 하고, 제작을 격려하고, 지식을 사람들에게 넓히는 데는 절실하게 필요한 회장으로 국민의 치안, 부강의 촉매가 되게끔 준비한다.[23]

그러나 빈 만박에 관여한 메이지 정부의 요인들 가운데 유럽 만국박람회 밑바탕에 은밀하게 깔려있는 권력의 기술론을 가

21 大隈重信; 1838~ 1922, 정치가. 사가한 [佐賀藩] 사람. 1888년 (메이지 21) 외무대신으로서 조약개정에 임함. 1898년에는 헌정당(憲政党)을 결성하여 최초의 정당내각을 조직. 1914 년(다이쇼 3) 제1차 세계대전 참전을 결정. 도쿄전문학교(현 와세다대학)의 창립자-역자주

22 久米邦武; 1839~ 1931, 역사학자. 이와쿠라 사절단을 수행하면서 『미구회람실기(米歐回覽實記)』을 저술. 도쿄대 교수-역자주

23 久米邦武 편, 앞의 책, 제5권, 21-52쪽.

장 예민하게 파악한 이는 다름 아닌 이때 출전 준비작업에서 보고서 작성까지 도맡아 관리하였던 사노 쓰네타미이다. 그는 이미 1867년 파리 만국 때, 사가한의 사절단에 참가한 적이 있어서 만국박람회 참가는 이번이 두 번째이다. 그런 탓도 있을 터인데, 그는 박람회가 무역진흥의 수단에 그치지 않고, 근대 특유의 문화적 제도임을 깨달았던 것이다. 이러한 인식은 사노가 중심이 된 박람회 사무국이 오스트리아로부터 귀국한 후 정리한 『오국박람회보고서(澳國博覽會報告書)』에 잘 나타나 있다. 1875년이 되어 간행되었던 이 보고서는 단순히 빈 만박만이 아니라, 농업 · 임업 · 공업 · 도로 · 철도 · 무역 · 교육 · 군사제도 · 풍속 등 서구 여러 나라의 산업과 제도 전반에 걸친 광대한 기록이다. 특히, 그 중에서 박물관부(博物館部)에 첨부한 사노의 의견서는 메이지 정부가 박람회라는 공간을 어떠한 의도 아래 다루었는지, 그것을 통해 민중들에게 무엇을 요구하려고 했는지를 명쾌하게 밝히고 있다.

의견서는 먼저 다음과 같은 문장으로 시작한다. 단, 사노의 의견서에서 박람회와 박물관이 동전의 양면처럼 함께 다루고 있는 것은 그 자신 '무릇 박람회는 박물관과 그 취지를 함께 하는 것으로 … 대박람회는 박물관을 확충하고 확장하여, 이를 일시에 실행하는 것에 지나지 않는다. 따라서 항상 서로 이용하여 서로 떨어질 수 없는 관계'인 것에서도 알 수 있듯이, 다음의 지적이 그대로 박람회에도 적용할 수 있음은 물론이다.

박물관의 취지는 안목(眼目)을 통한 교육으로 사람들이 지교 기예(智巧技藝)를 개진(開進)시키는 것에 있다. 무릇 사람의

마음이란 사물과 만나서 그 감동식별이 일어남은 안시(眼視)
의 힘에 의거한 것이 가장 많고 또한 크다. 나라의 언어가 서로
다르고, 사람들의 생각이 서로 통하지 않는 것도 수단을 이로
하면 대개의 뜻을 풀고 알 수 있을 것이니, 사물의 빼어남과 보
기 흉함 등 그 미추(美醜)를 구분하고, 좋고 싫음의 감정을 발
하자면, 그 형질과 상태로 만드는 방식과 쓰는 법을 이해하자
면, 모두 안시의 힘에 의존하지 않는 게 없다. 옛사람이 이르
기를 백문(百聞)이 불여일견(不如一見)이라고 한 것과 같다. 사
람의 지혜를 열고, 공예를 촉진시키는 데 가장 첩경(捷徑)이며
가장 쉬운 방법은 이 안목을 통한 교육에 있을 뿐이다.[24]

이와 같이 의견서에는 빈번하게 박물관과 '항상 서로 이용하
여 서로 떨어질 수 없는 관계'인 박람회가 무엇보다도 '보기(眼)'
의 공간임이 강조되고 있다. 사노는 이어서 1862년 런던 만박
후에 창설된 사우스 켄싱턴의 박물관과 접촉하면서, 일본에서
도 도쿄에 대박물관을, 그리고 각 지방에 분관(分館)을 창설해
"관내에 크게 6개 부문을 만들어, 또 각 부류를 나누고, 또 그
구분을 지어 관을 찾은 사람들로 하여금 각자 좋아하는 기호의
과(科)로 가서 그 부류를 점검하기 편리하게" 하지 않으면 안 된
다고 밝히고 있다. 그 무렵, 박물관에는 술업전습장(術業傳習場)
을 부설하고, 주위를 공원으로 만들어 동물원과 식물원을 개설
하여 "이곳에서 노는 이로 하여금 단지 한때의 쾌락을 취해 그
정신을 휴양하는 것만이 아니라, 이와 더불어 안목을 통한 교
육을 즐겨 자기도 모르는 사이에 지식의 영역으로 나아가, 그
런 가운데 친근해지고 몸에 익혀 감화" 하는 장이 되어야 한다.
그렇게 함으로써, 머지않은 장래에 일본에서도 만국박람회를

24 佐野常民,「博物館
創立ノ報告書」,『澳國
博覽會報告書』, 博物館
部, 1875.

개최할 기초를 다질 수 있을 것이라고 사노는 주장한 것이다.

그런데 이미 빈으로 출발하기 전에도 사쿠라다몬[櫻田門]에서 토라노몬[虎の門]에 걸친 일대에서 박람회를 열 필요가 있다고 세이인에 의견을 올린 적이 있는 사노는 귀국 후에 작성한 이 의견서에서는 개최지를 우에노로 바꿨으며, 1876년(메이지 9) 필라델피아 만국박람회에 참가한 다음 1880년(메이지 13)에 일본 최초로 국가적인 박람회를 개최해야 한다고 제안한다. 그리고 국내에서 이러한 박람회를 여는 의의로서 다음의 10개 항목을 든다.

(1) '앉아서 천하의 물산을 한 곳에 모을 수' 있는 것, (2) 사람들이 이를 기회로 '모두 분연히 일어나, 명예를 넓히고 영리를 얻기 위해 그 기술을 연마하고 개량'하는 것, (3) '아직 일찍이 보지 못한 물품과 그 이용 등을 살펴보고 이해할 수' 있는 것, (4) '내외의 물품을 비교하고, 서로 그 득실과 좋고 나쁨을 살피는 것'으로 직공들의 기술을 연마하여, 그 제품을 성숙시키는 것, (5) 기계 기술 습득의 기회가 되는 것, (6) 외국인에게 일본의 물산을 관람케 하여, 교환 혹은 구매시키는 것, (7) 국내의 진보를 촉진시키고, 수출을 증대시키는 것, (8) 출품물 가운데 '적합한' 물품을 골라 박물본관 및 분관의 전시를 확충하는 것, (9) 각국의 '토양이 비옥하고 척박함, 물산의 같고 다름, 그리고 많고 적음을 아는' 것, (10) '그 풍속의 좋고 나쁨을 살펴, 개화의 우열을 보는' 것.[25] 분명 여기서 들고 있는 의의 가운데 몇 개는 앞서 소개한 빈 만국의 참가 목적과 겹쳐지는 부분이 있지만, 아울러 민중교화의 장치로서 박람회의 역할에 강한 관심을 기울이고 있음을 엿볼 수 있다.

[25] 같은 보고서.

이상과 같이 사노 쓰네타미의 의견서에는 근대 유럽의 박람회 사상이 지닌 핵심을 예리하게 포착하고 있다. 박람회란 먼저 무엇보다도 '보는 힘(眼視の力)'의 공간이며, 민중의 '자기도 모르는 사이에 지식의 영역으로 나아가, 그런 가운데 친근해지고 몸에 익혀 감화하는' 것과 같이 새로운 시선의 공간이지 않으면 안 되었다. 회장은 부문·부류별로 나눠져, 거기에 배치된 수많은 물건들을 비교하고, '서로 그 득실과 좋고 나쁨을 살피는 것'이 가능해야 한다. 사람들은 그런 식으로 질서 잡힌 공간을 돌아봄으로써, 모르는 사이에 조금씩 '아직 일찍이 보지 못한 물품'의 제조법과 사용법을 '안목을 통한 교육'으로 배워간 것이다. 빈 만박에 참가하여 획득한 이러한 인식은 그 후 메이지 시대를 통해 개최되는 내국권업박람회의 기본 전제가 된다. 물론 내국박람회 그 자체는 사노의 이 의견서와 박람회 구상을 그대로 실현시킨 것은 아니다. 예를 들어, 사노는 그가 구상하는 1880년 박람회에 대해서, 회장인 우에노까지는 스미다가와(隅田川) 서쪽 강변에서부터 철도를 부설하고, 물품과 사람들의 수송에 대비할 것을 제안하는데, 이와 같은 도시 계획적 관점을 적어도 초기의 내국박람회에서 찾아보기란 쉽지 않다. 또한, 보고서 작성을 맡았던 박람회 사무국도 빈 만박의 잔무 처리를 끝내자 1875년 2월에는 해산하여, 내무성과 문부성의 관할로 분할되고 만다. 그렇지만 내국권업박람회를 메이지 정부가 어떻게 연출하였는지를 검토하면, 거기에는 사노의 의견서에서 볼 수 있었던 생각이 분명 반영되어 있음을 알 수 있을 것이다.

3. 시선의 근대적 재편

　이미 언급한 것처럼 일본 최초로 본격적인 박람회가 열린 것은 1877년(메이지 10)의 일이다. 이 제1회 내국권업박람회는 도쿄 우에노에서 개최된 뒤 102일간에 걸쳐 16,000여 명의 출품인, 그리고 45만 명의 입장객을 동원하였다. 정확히 말하자면, 이전에 '박람회'라는 이름을 붙인 행사가 국내에 없었던 것은 아니다. 이시이 겐도[26] 역시 메이지 5년에서 10년경까지 박람회가 크게 유행하여, 설교, 단발,[27] 학교, 마차, 인력거 등과 함께 문명개화의 심벌이었다고 밝힌 것처럼, '박람회'는 메이지 초에도 전래되는 신풍속으로서 빈번하게 개최되었던 것이다.[28] 예를 들어, 메이지 5년에는 교토[京都], 와카야마[和歌山], 오카자키[岡崎], 쓰치우라[土浦], 고치[高知], 6년에는 교토, 이바라키[茨城], 후쿠오카[福岡], 마쓰모토[松本], 시마네[島根], 7년에는 교토, 나고야[名古屋], 니가타[新潟], 가나자와[金澤] 등과 같이 현재 기록에 남아있는 것만으로도 매년 여러 지역에서 지방박람회를 개최하였다. 그 중에서도 교토에서는 메이지 4년 이래 거의 매년 박람회를 여는데, 제도(帝都)의 지위를 잃고 쇠퇴 기미를 보이던 교토의 경제를 다시 일으키려고 그 지역 자본가를 중심으로 추진하였다. 심사제도의 도입과 수입기계의 전시 등 유럽의 박람회를 의식한 흔적이 뚜렷하였다. 그렇지만 아마 이 교토박람회만을 예외로 하고, 그밖에 다른 지방박람회의 경우 대부분 실제로는 에도 시대의 카이초[29]나 물산회, 약품회에 가까워 아직 구경거리의 성격이 짙게 남아 있었다. 이에 비해, 1877년 이후 거듭 개최되었던 내국권업박람회는 이와 같은 지방박람

26 石井研堂; 1865~1943, 편집자. 메이지문화 연구자. 그의 저서 『明治事物起原』(전8권)이 유명-역자주

27 원문에서는 斬髮-역자주

28 石井研堂, 『明治事物起原』(明治文化全集別卷), 日本評論社, 1929, 1018쪽.

29 開帳; 사찰이 특정한 날을 잡아 비장의 불상을 일반인들에게 공개하는 행사-역자주

회의 유행을 이어가면서도 에도 시대의 구경거리와는 본질적으로 다른 새로운 투명한 시선의 공간을 만들어간다.

제1회 내국박람회의 직접적인 계기는 그 전년도 2월 내무대신 오쿠보 토시미치[30]가 산조 사네토미[31] 앞으로 보낸 박람회 개최에 관한 건의서인 것으로 생각한다. 여기서 오쿠보는 박람회의 취지를 "만물을 종류에 관계없이 한 곳에 모아 자연에서 얻은 산물은 그 질의 좋고 나쁨을 가리고, 사람의 힘을 가한 인공물은 그 기술을 살펴서 전문가들이 이를 평하고, 많은 농공인(農工人)들이 이를 보고 서로 자극을 받으며, 상업은 판로 교역의 길을 연다"고 보아, 최근 여러 지방에서 열리고 있는 박람회와 비슷한 시도를 하는데, 아직 "그 방법을 터득하지 못하고 있으며, 혹은 매년 개장해도 여태껏 눈에 띌 만한 진보의 효험이 있다고는 듣지 못했다"고 비판한 위에 그 다음 해에 첫 내국권업박람회를 열 것을 제안한다.[32] 이듬해인 1877년이라면 세난[西南]전쟁[33]의 해이자, 막부 말기·메이지 유신기의 민중 해방에 대한 열기가 서서히 발흥하는 천황제 국가의 메커니즘에 의해 확실하게 회수되어 가던 전환점에 해당하기도 한다. 이런 어수선한 시기에 그것도 정부 내의 적지 않은 반발까지 누르고 본격적인 산업박람회를 열었다는 사실은 이미 독재체제를 확고부동하게 굳히고 있던 오쿠보가 그 산업정책의 전개에 있어서 박람회를 얼마나 긴요한 것으로 여겼는지를 보여준다. 식산흥업은 먼저 전국으로부터 물건을 모으고, 이것을 분류하여 널리 국민에게 전시해 가는 것에서부터 시작하지 않으면 안 되었다.

그렇다면 메이지 정부의 이런 기본자세는 실제 내국박람회의 연출에서는 어떻게 나타났을까? 내국박람회를 열 때마다

30 大久保利通; 1830~1878, 정치가. 막부타도운동에 앞장선 메이지 정부의 핵심 관료 - 역자주

31 三條實美; 1837~1891, 막부 말기와 메이지의 관료 - 역자주

32 大久保利通, 「三條公への建議書」, 『大久保利通文書』 제7권, 1928, 45-48쪽.

33 사이고 다카모리[西鄕隆盛; 1827~1877. 메이지유신 3인방의 한 사람이며, 그를 중심으로 일어난 가고시마[鹿兒島] 토족의 반란. 최대 규모의 반란이었던 세난전쟁을 끝으로 반정부운동은 자유민권운동으로 옮겨진다 - 역자주

사무국이 발행한 관람객의 주의사항을 적은 주의서는 이 의문을 푸는데 귀중한 참고가 된다. 제1회 내국박람회의 경우 주의서는 "내국권업박람회의 취지는 공예의 진보를 돕고, 물산무역의 판로를 개척하는데 있다. 쓸데없이 놀이 장소를 설치해 유람거리로 삼으려는 것에 있지 않다"라고 박람회와 놀이 장소, 즉 카이초나 구경거리를 분명하게 구분 짓는 것으로부터 시작한다. 박람회의 이로움은 "사람들이 돌아다닐 필요 없이 한 곳에 가서 전국의 온갖 물품을 둘러보고, 이로써 그 우열과 차이를 판별하며, 또한 각 공예품을 실제로 느껴보고 그 정교함을 아울러 한꺼번에 얻는다"는 점에 있으며, 신기한 것과 기묘한 물품을 즐긴다든지, 영험한 보물을 참배하는 것과는 이치가 다르다. 따라서 박람회 관람의 요점은 '물품의 비교'에 있다. 사람들은 관람에 즈음하여 (1) 물품의 정교함과 엉성함을 꼼꼼하게 잘 살필 것, (2) 제조의 뛰어남과 졸렬함을 알 것, (3) 사용 및 움직임의 편리 여부와 그 득실을 계산할 것, (4) 시의적절한 이용을 이해할 것, (5) 가격이 비싸고 싼 지를 생각할 것 등 주의할 점을 들고 있다. 이런 점들에 유의하면서 전시물의 비교·관찰을 해 나가면, "무릇 만물을 보고, 모든 지식을 키우는 촉매가 되며, 한 가지 물품 앞에서 그에 얽힌 여러 견문을 넓히는 바탕"이 될 터인데, "막연히 그냥 지나치고 물품 하나에 주의를 기울이지 않는 이들은 몇 번이고 전시장을 찾아도 단지 눈과 마음만을 즐기는 것에 지나지 않는다"고 주의서는 적고 있다.[34]

34 『第一回內國勸業博覽會場案內』內務省博覽會事務局, 1877, 1-6쪽.

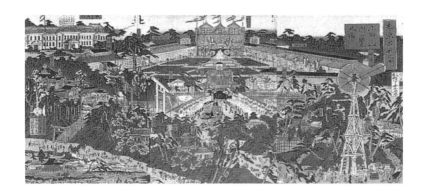

그림 3-3 위: 제1회 내국권업박람회(1877년) 회장 정면 (자료제공: 덴츠 광고자료수집 사무국)
가운데: 제2회 내국권업박람회(1881년) 회장 정면 (위와 같은 곳)
아래: 제2회 내국권업박람회의 전시장 내부 (위와 같은 곳)

빈 만국박람회로부터 귀국한 사노 쓰네타미가 박람회가 '안목을 기르는' 공간임을 알아차렸다는 점은 이미 언급했는데, 이 주의서에는 그러한 '안목을 기르는' 요점이 더욱 구체적으로 명시되어 있다. 전시된 물건을 소재, 제조법, 효용, 사용처, 가격 등의 기준으로 상호 비교하여 유익한 물품과 무익한 물품을 선별해 가는 것. 메이지 정부가 내국박람회를 마련하면서 민중들에게 요구한 것은 바로 이러한 비교·선별하는 시선이었다. 그렇다고 하지만 그러한 시선을 민중들에게 습득시키는 데는 달랑 주의서 한 장 던져주는 것만으로는 충분하지 않다. 박람회 회장 자체도 역시 비교와 선별이 용이하게끔 궁리해서 구성하지 않으면 안 되었다. 제1회 내국박람회에서는 전시품을 광업·야금술, 제조물, 미술, 기계, 농업, 원예 등 6개 부문으로 나눠 이들을 관별로 전시하였지만, 각 관의 진열은 부현(府縣)별로 되어 있었을 뿐이다. 하지만 이것이 4년 뒤인 제2회 내국박람회에 와서는 각관의 진열까지 '관람객으로 하여금 한 눈에 정교함과 졸려함을 비교할 수 있게끔', 통로의 가로 세로에 따라 가로축은 부현별, 세로축은 부류별로 전시품을 배열하여 부현에 따라 물산을 일람하고자 하면 종으로, 부현마다 출품한 물산을 비교하려면 횡으로 걸어가면서 관람하면 되도록 고안된다. 바로 1867년 파리 만국박람회와 같은 전시구성이 이용되었던 것이다.

이런 특징은 출품인에 대한 연출에서도 똑같이 적용할 수 있다. 현대사회의 박람회와는 다르게 메이지 내국박람회에서 대부분의 출품인은 전국 각지의 상공업자층을 중심으로 하는 폭넓은 계층들이었다. 예를 들어, 제1회 내국박람회의 경우 출품인 총수는 16,000명, 제2회 내국박람회에서는 28,000명, 제3

회 내국박람회에서는 77,000명으로 줄곧 늘어나, 회장을 우에노에서 교토 오카자키로 옮겨 열린 제4회는 출품조건을 엄격하게 한 탓도 있어서 74,000명으로 약간 감소하였는데, 1903년(메이지 36)에 오사카[大阪] · 텐노지[天王寺]에서 열린 제5회 내국박람회가 되면, 12만 명까지 크게 불어난다. 이러한 대규모 출품인들에게 박람회 사무국은 이 내국박람회를 골동품이나 진기한 물건이 중심인 구경거리 행사와는 구분해야 함을 거듭 환기시킨다. 제1회 내국박람회의 주의서에서 "진기한 물품과 함께 모든 종류의 조류 · 짐승류 · 곤충류 · 물고기류 또는 고대의 그릇 · 보석 · 글씨 · 그림 등과 같은 것들은 이 박람회에 제출하지 말기를" 강조하고 있듯이, 박람회는 어디까지나 새로운 '문명'을 구체적인 상으로 가르치는 전시장인 까닭에, 전통적인 모든 장르가 선보이는 장은 아니었던 것이다. 그리고 실제로 메이지 전기의 내국박람회에서 주역을 차지한 것은 약품, 도자기, 직물, 생사, 양품, 문구, 통계, 이학기기, 제사기계, 인쇄기계, 증기기관, 군함의 모형, 통신장치, 선풍기 등이었다.

〈표 3-1〉 주요 내국박람회

개최년	박람회	개최지	입장객수 (천명)	회장면적 (천평)	개최기간 (월)	출품자수 (천명)
1877	제1회내국권업박람회	도쿄/우에노	454	30	3.3	16
1881	제2회내국권업박람회	도쿄/우에노	822	43	4.0	28
1890	제3회내국권업박람회	도쿄/우에노	1024	40	4.0	77
1895	제4회내국권업박람회	교토/오카자키	1137	51	4.0	74
1903	제5회내국권업박람회	오사카/텐노지	4351	105	5.0	118
1907	도쿄권업박람회	도쿄/우에노	6803	52	4.3	17
1914	도쿄다이쇼박람회	도쿄/우에노	7463	168	4.3	92
1922	평화기념도쿄박람회	도쿄/우에노	11033	120	4.7	75

아울러 이때 출품인들은 그들의 기능 자체를 박람회의 시선에 따라 포착, 배치되었다. 이 점이야말로 아마 초기 내국박람회가 광범위한 상공업자층에 대해 발휘한 가장 중요한 이데올로기적 효과였을지 싶다. 즉, 프랑스 산업박람회에서는 이미 19세기 전반부터 실시해온 심사 · 포상제도를 본뜬 형태로 이때 전국에서 출품된 물건들은 품질, 조정(調整), 효용, 가치, 가격이라는 척도를 기준으로 심사하여 우수작에게는 상패와 상장을 수여하였던 것이다. 이 제도는 박람회에 출품하는 행위에 어떤 중요한 의미를 부여해 준다. 다시 말해, 일정의 추상화된 방법과 척도를 근거로 해서 이루어지는 심사와 포상 수여로 출품인 한 사람 한 사람의 기능이 투명한 위계질서 안에서 가시화되었던 것이다. 그것은 추측컨대 당시 민중들로서는 전혀 새로운 타입의 자기를 인식하는 경험이었다. 구체적인 예를 들자면, 제1회 내국박람회의 조각 부분에서 장인 시노노메[35]가 최고상을 수상할 때 의 모습을 타카무라 고운[36]은 다음과 같이 회고하였다.

정부에서 파견된 담당자가 모든 공예가들의 집을 개별 방문해 박람회의 취지를 설명하고, 출품의 차례와 절차라는 것을 자세하게 안내하며 돌아다니고 있었던 것 같았는데, 권유와 설명을 들어봐도 대개 귀찮고 성가시게 여겨졌다 … 어느 날 아침, 연락이 와서 출품한 물건에 상이 부여되고 상패 수여식이 있다고 한다. 그런데 그 상이라는 게 스승님이나 나나 통이해가 되지 않았다. 어쨌든 회장에 가서 용문상(龍紋賞)이라는 것을 받았다. 그게 좋은 일인지 나쁜 일인지 아직 알 수 없다. 그러자 다음 날 신문 배달하는 녀석[37]이 작업장 아래에서 목청껏 "시노노메 작 백의관음(白衣觀音)이 박람회에서 용문상을 받았습니다"라고 읽어 내려가는데, 이게 제일 기분 좋았

35 高村東雲; 1826~
1879, 불교조각가.
타카무라 시노노메
[高村東雲]-역자주

36 高村光雲; 1852~
1934, 목각예술가. 시노노메의 양자로 들어가 그의 맥을 이은 인물로 전통 조각의 부흥과 근대화에 힘을 기울임-역자주

37 원문은 요미우리야
[讀賣屋]-역자주

다고 생각한다.[38]

　여기서 볼 수 있듯이 자기 기능을 가시화해 가는 경험이 결코 타카무라 시노노메와 같은 일부의 명장들만 해당한 게 아니었다. 그 예로 제1회 내국박람회에서 용문상을 수상한 이가 336명, 거기에 그 다음으로 봉문상(鳳紋賞)은 611명, 화문상(花紋賞)은 918명으로 상위 세 가지 상을 탄 것만 합해도 출품인 전체의 11% 이상에 달한다는 사실이 잘 말해준다. 미셀 푸코도 지적하였듯이 전통적으로 권력이란 자기를 보여주는 것이며, 또한 그때의 자기 자신을 과시하는 움직임에 역으로 스스로 원천을 찾아낸다. 따라서 권력이 행사되는 상대방의 사람들은 '자기들에게 양도된 어떤 권력상의 몫밖에 빛이 비춰지지 않는다'. 하지만 근대적인 권력은 조작의 대상이 되는 개별 신체에 가시성의 의무를 요구한다. 고운의 회상은 이 가시성의 반전이라고도 부를 만한 현상이 일본의 민중들에게 어떻게 체험되었는지를 보여주는 흥미로운 사례를 제공한다.

　하지만 박람회에서 각 출품인의 기능을 가시화해 간 것은 단지 전시품의 심사를 담당한 심사관들만이 아니었다. 앞서 소개한 관람객의 주의서 속에서도 '무릇 회장에 들어오는 이는 저마다 심사관의 자세가 요구된다'라고 밝힌 것처럼, 관람객들도 또한 늘어선 전시품을 물질의 좋고 나쁨, 제조의 뛰어남과 뒤떨어짐, 사용의 편리 여부, 시의적절한 사용, 가격의 높고 낮음 등의 기준에 따라 '심사'해 가기를 요청받았다. 박람회는 회장을 찾은 관람객들로 하여금 세계를 부감하고, 거기서 '발견'되는 수많은 사물을 기호로서 비교해 가는 시선의 주체이기를 바랐던 것이며, 결코 일방적으로 '위로부터' 출품인들을 가시화해

38　中澤堅夫,「博覽會物語」, 『明治大正史談』 제3집, 1937, 12쪽

갔던 것은 아니었던 것이다. 게다가 박람회 사무국은 출품인에 대해서도 '직접 회장에 오셔서 다른 이들의 물품을 비교해 보시면, 서로의 우열을 알 수 있을 것'이라고 끊임없이 구경하기를 권하고 있는데, 이 점에서 가시성의 반전은 매우 복잡하다. 사람들은 이른바 '바라보는 것'과 '보여지는 것'을 동시에 배워나가야 하였는데, 내국박람회의 회장에는 이런 이중의 시선이 복잡하게 얽혀 존재하였던 것이다. 내국박람회는 근대국가 형성기의 일본 안에서 '발견'된 물건들을, 앞서 이들이 존재하였던 장소로부터 떼어내어 차이성과 동일성 속에 자리매기는 기호로 존재시켜 나가는, 그리고 그러한 근대적 시선이 주최자, 출품인, 관람객 사이에서 교착하는 공간을 마련해 갔던 것이다.

4. 민중 속의 내국권업박람회

논의를 바꿔, 메이지 국가가 연출한 내국박람회를 비롯한 많은 행사들은 과연 당시 사람들에게 어떻게 받아들여졌을까? 또한 당시 메이지 국가는 어떻게 해서 사람들의 일상의식을 박람회 속으로 끌어들였을까? 지금까지 살핀 것처럼 메이지의 내국박람회는 당시로서는 경이적인 많은 입장객과 출품인을 끌어 모았다. 출품인에 대해서는 앞서 언급하였으니, 입장객에 대해서만 소개해 보면, 1877년 제1회 내국박람회는 45만 명, 1881년 제2회는 82만 명, 1890년 제3회는 102만 명, 1895년 제4회는 114만 명, 1903년 제5회는 무려 435만 명이 찾았다. 이 정도의 많은 사람들을 한 곳의 장소에 모을 수 있는 행사는 적어도 메이지 시대에는 그 예가 없다. 이런 숫자만을 보자면, 박람회는 메이지 민중들에게 새로운 시대의 축제로서 환호를 받았을 것으로 생각된다. 하지만 내국박람회의 대량 동원은 꼭 모두 자발적인 것은 아니었다. 최소한 초기 내국박람회에 한해서는 출품 면에서도 입장객 면에서도 국가에 의해 반강제적으로 동원된 사람들도 많이 있었던 것이다.

먼저, 출품 쪽에 대해 말하자면, 앞서 소개한 타카무라 고운의 회고에서도 메이지 공예가들이 박람회에 대한 지식이 거의 없는 상태에서 담당 직원의 지시로 출품하였다는 사실을 알았는데, 마찬가지로 유빙호치신문[郵便報知新聞]에 실린 다음의 와카야마현의 예에서도 같은 해 열린 빈 만국박람회의 출품이 결코 자발적인 게 아니었음을 보여준다.

> 오는 계유(癸酉)년 오스트리아(澳地利國)에서 박람회가 있어, 우리나라도 진품묘품(珍品妙品)을 골라 출품하라는 포령(布令)이 있지만, 그쪽 사람들과 그 지역의 인민박람회 취향을 이해하지 못하고서 모든 게 불안해 소장한 물품을 내놓는 이가 없다. 이런 상태라 정부의 뜻을 전달하고자 우리 와카야마현의 직원들이 세심하게 배려하여, 즉 장차 사기바야시[鷺林]에 있는 혼간지[本願寺]에서 박람회를 개최해 호장(戶長)을 시작으로 개화(開化)의 취지를 밝히는 한편 산물골동(産物骨董) 가운데 뛰어난 것들을 고르는 식의 수칙을 명하였다. 여기서 서로 배워가며, 호(戶)별로 눈썰미 있는 사람별로 평을 하면 모두 다투어 이 회에 진열하기를 바라는 물품들이 산처럼 모여들 것이다.[39]

이처럼 '위로부터' 출품요청은 내국박람회에서도 반복되었

39 郵便報知新聞, 제4호, 1872년 5월, 郵便報知新聞刊行會 편, 『復刻版·郵便報知新聞』 제1권, 柏書房, 1989, 17쪽.

40 上杉茂憲; 1844~
1919, 제13대 요네자와
번주(藩主)·伯爵, 메이
지 14년 오키나와 현령
겸 판사의 명을 받고 부
임-역자주

41 「上杉縣令沖繩本島
巡回日誌」, 沖繩縣沖繩
史料編集所, 『沖繩縣資
料』近代4, 沖繩縣教育
委員會, 1983, 73-89쪽.

다. 하지만 여기서는 관람객에 대해서도 조직적인 동원이 있었다는 것을 몇 가지 사례를 통해 알 수 있다. 예를 들어, 「우에스기현령 오키나와 본도 순회일지(上杉縣令沖繩本島巡回日誌)」에 따르면, 제2회 내국박람회 직후, 오키나와현령이었던 우에스기 모치노리[40]는 현내 마을들을 순회하면서 농민들에게 질의를 나누는데, 그 가운데 빈번하게 나온 질문이 "이 마을에서 박람회 때 출품할 만한 사람이 없느냐"라는 내용이었다. 그러자, 참으로 먼 지역임에도 불구하고 그 마을의 몇몇 사람들이 도쿄의 박람회에 나가겠다고 현령 앞으로 불려나온 것이다. 현령은 그들에게 "농기구나 그 밖의 물건 중에 눈이 번쩍 뜨일 만한 물품으로 뭐가 이 지역에 알맞을지 생각나는 것이 없느냐"고 묻는다. 이에 대한 마을 사람들의 대답이란 게 순탄하지만은 않았다. 기껏해야 "농기구 등은 모두 가볍고 야무지지 않다. 당연하지만 단단한 이 지역 땅보다 더 견고한 지질에서 이루어지는 경작에 적합한 게 아니면 안 될 듯"이라는 답변을 얻는 게 고작이었다. 여기에서 알 수 있듯이, 그럭저럭 조직적으로 내국박람회 관람 때문에 상경한 이들이 한 마을에 몇 명씩 있었을 것으로 추측된다.[41] 한데, 이렇게 동원되었던 사람들은 결코 국가가 기대한 방식으로 박람회를 수용하였던 것은 아니다. 오히려 그들은 박람회의 산업적 의의에 관해서는 무관심한 상태 그대로였지만, 혹은 이를 예부터 익숙해있던 카이초처럼 구경거리에 가까운 행사 정도로 받아들였던 것이다. 예를 들어, 내국박람회보다 앞서 열린 니가타(新潟)박람회에 대해 당시 신문 잡지는 이렇게 전하고 있다.

사람들 말에 요전 니가타현에서 박람회를 열면서, 천조인위(天造人爲)의 진기한 물품을 여러 종 모았다. 그 중에서도 같은 니가타현 스가타미 마을[姿見村]의 후도손[不動尊]은 천축(天竺)에서 전래되어 에이잔에 안치되었다가 언제부터인가 그 머리만 이 스가타미 마을에 흘러 들어왔다고 한다. 그러자 수만 명이 넘는 구경꾼들이 복을 빌면서 돈을 던져 이를 숭배하기 시작해 나아가 장소를 마련하여 카이초를 여니, 박람회는 결국 별개의 일이다.[42]

즉, 박람회에 전시된 불상도 아직 민중들에게는 영험이 뛰어난 비불(秘佛)에 다름 아니었기에 사람들은 저마다의 이익을 얻기 위해 시줏돈을 던졌던 것이다. 이런 기술내용은 이 시기의 다른 박람회에서도 마찬가지이다. 그 예로, 나가오카[長岡] 박람회에서는 '자오자[藏王社]의 현신불,[43] 우라사역[浦佐驛]의 비샤몬텐[毘沙門天], 도치오[栃尾]의 아키바산[秋葉山] 등을 비롯한 카이초를 열어서' 다수의 군중들을 모아, 마치 '불도장' 같았다고 한다. 분명한 것은 비록 규모는 작더라도, 이들 기사는 메이지 초기의 민중의식 속에 박람회와 카이초가 거의 구분되지 않았음을 이야기해 주고 있다.

1877년 제1회 내국박람회 개최를 즈음하여 메이지 정부가 가장 중시한 것이 이와 같은 근세로부터 전해져 오는 구경거리 및 카이초와의 관련성을 끊어내는 것이었음은 이미 언급한 대로이다. 그렇지만 이러한 메이지 정부의 연출 의도는 과연 실제 박람회에서 관철해 갔을까. 예를 들어, "내국권업박람회의 출품은 우리들도 점차 뛰어들어, 다카하시 유이치[44] 씨의 유화와 료고쿠[兩國]의 요히[與兵衛] 초밥을 그린 편액 등은 상등에 해당하

42 「新聞雜誌」 1872년 8월, 58호, 『明治文化全集』 제24권 第24卷(文明開化 편), 日本評論社, 1929, 490쪽.

43 원문은 부처가 중생을 구제하기 위해 모습을 바꿔 이 세상에 나타났다는 의미의 곤겐[權現]을 사용-역자주

44 高橋由一; 1828~1894, 일본화에서 서양화로 바꾼 메이지 시대의 대표적인 서양화가-역자주

지만 안에 놓을 장소로도 곤란한 것은 2칸[45]이나 되는 고추로 만든 것과 9척이나 되는 보물선의 과자 등이 있으며, 지금도 다섯 칸이나 되는 짚신하고 길이 15칸짜리 천칭봉(天秤棒)까지 나온다면 어디에 두어야 좋을지, 취급하는 방법도 여러 모로 머리를 모으고 있는데, 본래 취지랑은 전혀 다르게 받아들이고 있는 건 아닐까"라고 하는 것처럼, 이 제1회 내국박람회의 출품인들 가운데에는 이를 에도 시대 구경거리와 똑같은 감각으로 받아들였던 이들도 분명히 존재하였다.[46] 메이지 정부가 아무리 박람회의 근대성을 강조하여도 민중은 정말 이따금씩 정부의 '취지를 달리 받아들여', 박람회와 구경거리 사이의 경계를 줄곧 애매하게 생각하였던 것이다. 참고로 이 보물선의 과자는 아루헤이토우[47]로 만들어진 것인데, 그 해 여름이 너무나도 더운 나머지 박람회가 개막하기 전에 전부 녹아버렸다고 한다.

구경 거리에 대한 상상력의 흔적은 내국박람회의 보도가 활발하게 이루어지던 당시 신문과 잡지 기사 속에서도 찾아볼 수 있다. 그 예로, 회장에 즐비하게 늘어선 매점의 간판 깃발을 "봉납(奉納) 천(手拭)처럼 커다란 막을 두른 나리타산[成田山]의 카이초라고 하는 광경이 있는데, 오직 "정성껏 닦으세요. 공들여 닦으세요. 손 씻으실 물은 여기 있습니다"라는 소리만 들릴 뿐이다"라고 평을 한 것이 다만 한 기자의 독창적인 의견이겠는가?[48] 혹은 제1회 내국박람회에 대해서 다음과 같은 기사에서는 근세의 유흥하는 정신이 명료하게 투영되어 있다고 본다,

이럭저럭 미술관 앞의 분수를 보면서, 이것은 연못 끄트머리에 있는 킨타이엔[錦袋園]의 출품 이래, 꽤 많은 돈이 들었겠

45 원문은 켄[間]으로 척관법의 길이 단위 약 1.82m-역자주

46 〈讀賣新聞〉, 1877년 8월 2일.

47 有平糖; 흰 설탕과 물엿을 녹여 만든 것으로 꽃·새·물고기 등의 모양에 색을 입힌 일본의 전통과자. 무로마치[室町] 시대 말기 유럽으로부터 전래. 현재는 주로 축하용과 제사용이 대부분-역자주

48 〈東京日日新聞〉 1877년 9월 12일.

지. 아니 이건 이전 킨타이엔 여주인이 시노바즈노이케[不忍
の池]에 뛰어들어 커다란 뱀의 우두머리가 된 일이 있었는데,
그 여주인에게 부탁하여 이 연못에 넣어 입으로부터 물을 뿜
게끔 되었다는 거지. 어이 잠깐 건너편에 목욕탕(湯屋)이 있
는 것 같은데 한번 들어가자고. 야 목욕탕인 줄 알았더니 별
스런 물품(別品)이 늘어 놓여 비둘기 알을 어루만지고 있네.
이 별품도 파는 거겠지. 포대[49]에는 이길 수 없겠지만, 1훈
[分] 2슈[朱][50]라면 시세(相場)라 할 만하겠네. 저 직원에게 물
어 봐, 멋지게 맞을 테니. 네, 저 별품은 여러분이 겨우 살 수
있을 만큼 아주 비쌉니다. 저건 원래 누에알깐종이[51]로 거기
서 누에고치(繭)를 키워 생사(生絲)를 만들거든. 국산이니까
너도 잘 봐 두라고 말한다. 어이 쿠마코우![52] 안되지, 원래 가
격은 3슈이지만, 서약서가 없으면 팔지 않는데, 이름은 오코
쿠상[おこくさん]이라고 하는 별품이야. 우리들은 가방 끈이
짧아서 서약서를 쓸 수 없으니 원. 이런 두세 명의 장인(匠人)
들 이야기를 우에노 박람회장에서 들었습니다만, 물건을 통
이해하지 못하는 게 참 부끄럽네요.[53]

이와 같이 박람회를 구경거리로 받아들이는 태도는 메이지
10년대 내국박람회까지 두드러지게 볼 수 있었는데, 그 이후
에도 완전히 없어진 것은 아니다. 실제로 1890년(메이지 23) 제3
회 내국박람회에서도 신문은 독자에게 "박람회를 구경거리 정
도로 생각하는 게 없어지지 않았는데, 다행히 마침 봄이 되어
동쪽 터의 벚꽃은 장차 꽃을 피우려고 하며, 게다가 전국의 진
품기물을 집합시켰으니 얼마나 즐거운지"라고, 구경하고 유람
하는 기분(見物遊山)으로 박람회를 찾는 이가 적지 않음에 주의
를 주고 있다.[54] 하지만 "통상 일반적인 도쿄 사람들이 어떻게

[49] 원문은 다이바(臺場)
로 에도 시대 때 만든 대
포를 쏘는 대-역자주

[50] 에도 시대 화폐단위
로 슈는 양(兩)의 1/16-
역자주

[51] 원문은 산시[蠶紙]로
되어 있는데, 이는 산
란시[蠶卵紙]의 준말-역
자주

[52] 熊公; 도쿄에 전하는
강담예(講談藝)인 라쿠
고落語에 등장하는 전
형적인 서민의 이름. 일
반적으로 쿠마코우와
하치코우[八公]가 흔하
다-역자주

[53] 〈讀賣新聞〉 1877년
11월 7일.

[54] 〈東京日日新聞〉
1890년 3월 13일.

박람회를 간주하였는지를 보면, 여관집이나 하숙집 등을 생업으로 삼는 이들이 박람회 개장을 크게 기뻐함은 오직 다른 지방에서 박람회 구경을 위해 상경하는 이가 많아 영업에 이익이 됨을 반기는 것뿐. 그 밖의 다른 일반인들에 미쳐서는 마치 박람회를 구경거리와 똑같이 간주하는 일이 매우 흔하다"라고 말한 상황에서 메이지 국가의 내국박람회에 대한 사고와 민중들이 받아들인 방식 사이에는 너무나 커다란 차이가 존재하였던 것이다.[55] 뒤집어 말하면, 바로 이와 같은 에도 시대 이후 전래되는 볼거리와의 관련성을 유지해 갔기 때문에 박람회는 메이지 민중들에게 이른 시기부터 비교적 용이하게 수용될 수 있었다고도 생각할 수 있겠다.

[55] 〈東京日日新聞〉 1890년 3월 27일.

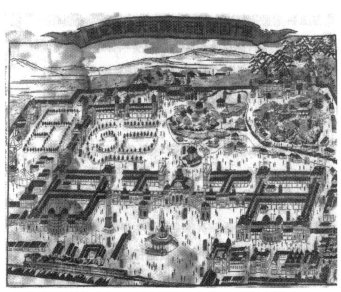

그림 3–4 제10회 관서부현연합공진회(1910, 아이치현) 전경 (이태문 소장)

5. 박람회, 권공장, 백화점

메이지 전기 내국권업박람회가 동시대 도시에 미친 영향 가운데 가장 중요한 것으로 권공장의 설립을 들 수 있다. 권공장이란 메이지 20년대부터 30년대 걸쳐 크게 성장한, 일본 백화점의 선구자적인 점포형식으로 양품, 작은 세간물, 완구, 칠기, 무늬가 있는 종이, 신발류, 시계 등의 상품에 양심적인 가격표를 붙여 정찰제로 진열 판매하였다는 점에 그 특징이 있다. 그 효시는 제1회 내국박람회 다음 해인, 1878년 다쓰노구치(에이라쿠초 2정목)에 개설되었던 제1권공장인 것으로 보고 있다. 이 제1권공장은 원래 오쿠라쇼[大藏省] 옛 지폐국의 시설이었던 곳을, 도쿄부가 "도쿄부 산하 공업전반을 장려하기 위해 관내에서 산출하는 모든 물품은 물론 다른 지방에서 보내오는 물산 등도 진열 널리 도쿄부 상공인들로 하여금 관람케 하여 상업을 독려하는 계기가 되고자" 넘겨줄 것을 희망해, 여기에 제1회 내국박람회에서 팔고 남은 전시품을 진열 판매하는 것에서 시작하였다. 야마모토 소게쓰[56]에 따르면, 개점할 무렵의 제1권공장은 옛 무사들이 사용하던 집을 없앤 터 그대로로 매우 불편한 장소였음에도 불구하고, 일부러 인력거를 타고 오는 사람들도 많았으며, "입구에서 신발을 벗어 보관하고, 대나무 껍질로 만든 짚신으로 갈아 신고서 긴 복도를 슬슬 걸어가면, 좌우의 상점들은 저마다 가게 이름과 상품을 적은 천을 들었는데, 파는 사람은 젊은이와 그 사환으로 물론 직업 여성은 아직 생기지 않은 시대로 상품은 모두 정찰제라는 것이 이 시대가 처음으로, 중앙 휴게소에는 초밥, 팥죽 등의 가게가 있었는데 붉은

56 山本笑月; 1873~1936, 저널리스트로 『明治世相百話』가 유명-역자주

모포의 바닥과 테이블 등 전부 공원의 찻집과 같은 식으로, 당시 유일한 대백화점으로서 모든 것이 신기롭게 비춰져 어른도 아이들도 매우 즐거워하는" 식이었다고 한다.[57]

그 후 다쓰노구치의 제1권공장은 1880년에 반은 관영 반은 민간 경영의 성격으로 변하였으며, 1888년에는 시바공원으로 이전해 도쿄권공장이 되는데, 이어서 1881년에는 사진사 에사키 레이지[江崎禮二]가 아사쿠사 논밭 일부에 아사쿠사 권공장을 개설한 것 이외에, 긴자에도 소세칸[商盛館], 세무쓰사[誠睦舍], 교바시[京橋] 권업장(勸業場) 등이 세워진다. 권공장의 전성기는 1890년대로 긴자, 교바시, 진보초[神保町], 쿠단사카시타[九段坂下], 니혼바시[日本橋], 코덴마초[小傳馬町], 카키가라초[蠣殻町], 우에노 히로코지[上野廣小路], 우시코메 사카나초[牛込肴町], 혼고 유미초[本郷弓町] 등 한때는 시내 일대에 전부 합쳐 30곳에 가까운 권공장이 설립되어, '권공장 시대'를 열었다. 그 중에서도 긴자 큰길가에는 교바시 권공장, 제2 마루요시[丸吉] 권공장, 제2 미나미다니[南谷] 권공장, 마루요시 권공장, 교바시 쇼힌칸[商品館], 쇼에이칸[商榮館], 데이코구 하쿠힌칸[帝國博品館] 등 7개의 권공장이 들어서서, 윈도 쇼핑의 거리인 긴자를 만든 선구자가 되었다. 특히, 신바시에 세워진 데이코구 하쿠힌칸은 1층에서 3층까지 상점들이 즐비하게 들어섰고, 완만한 경사로를 올라가면서 점내를 한 바퀴 빙 둘러볼 수 있게끔 설비되었는데, 커피점, 팥죽집, 이발점, 사진 스튜디오 등도 있어 한때 매우 북적거렸다고 한다. 후타바 테시메이[58]의 작품 『헤본(平凡)』[59]을 보면, 시골에서 상경한 주인공이 '권공장'을 몰라 큰 웃음거리가 되는 장면이 나오는데, 이 역시 당시 도쿄 장안에 권공장의

57 山本笑月, 『明治世相百話』, 中央公論社, 1983(1936), 16쪽.

58 二葉亭四迷; 1864~1909, 소설가. 번역가. 본명은 하세가와 신스케[長谷川辰之助]. 도쿄외국어학교 중퇴. 근대 리얼리즘의 선구자로 언문일치를 실천. 러시아문학을 번역하여 일본에 소개-역자주

59 1907년(메이지 40) 10월 30일부터 12월 31일까지 도쿄아사히신문〈東京朝日新聞〉에 게재됨. 그 후 6권으로 묶어져 출판. 사소설(私小說) 경향이 짙다-역자주

인기가 얼마나 많았는지를 보여주는 좋은 예라고 하겠다.

여기서 중요한 것은 권공장이 적어도 성립 당시에는 내국박람회의 기획 의도를 이어가면서, 즉 상설화된 박람회 공간으로 여겨졌다는 점이다. 예를 들어, 도쿄부 권업과는 1878년 도쿄부 지사 앞으로『물품진열소 장래에 관한 규범』초안을 제출하여, 권공장(물품진열소)의 장래상을 그리는데, 그 첫머리에 다음과 같이 적고 있다.

> 메이지 10년 내국권업박람회의 성황을 이루고, 삼민(三民)이 각자 보고 느끼고 깨달아 얻은 바가 있으니, 갑자기 인습의 몽매를 깨고서 크게 흥분하여 뜨거운 열의를 보여주었다. 그렇지만 일단 박람회의 폐장하는 날이 지나면 마침내 그 열의가 자연 수그러질텐데 이 역시 안타까운 일이 아닐 수 없다. 그러므로, 이를 계속해서 양성하고 크게는 공예의 진보와 판매의 편익을 유도하여 이로써 쇠퇴를 만회하고 떨쳐 일어서는 정신을 북돋을 수 있으니. 메이지 10년 12월 제1 권공장 내의 가옥을 수선하여 물품진열소로 새롭게 경영하여.[60]

권공장은 내국박람회가 마련하였던 민중교화의 전략을 지속적으로 발전시켜가는 시설로 받아들여진 것이다. 『물품진열소 사무장정(事務章程)』안에서 '물품진열은 구분 목록에 준거해, 알기 쉽게 분류를 나눠'야 함을 강조한 것도 그 중의 하나이다. 분명 권공장이 이상으로 여겼던 것은 구미의 바자나 페어였는데, 어느 쪽이든 일종의 '쾌락원' 역할을 목표로 삼았지만, 그렇다고 이런 특징이 박람회와의 관련을 부정하는 것은 아니다. 오히려 그러한 '쾌락원'이야말로 상품의 디스플레이 장치로서 나

60 東京府勸業課,「物品陳列所將來之軌模」, 『回議錄 第八類 第一勸工場 明治十年ヨリ十一年ニ至』.

타났을 때, 바로 그것이 권공장이 박람회로부터 이어받은 본질적인 특징인 셈이다.

그런데 메이지 20년대 이후 긴자 주변을 시작으로 도쿄의 각지에 모습을 드러내기 시작한 권공장의 경우, 그 형태는 성립기의 그것과는 제법 달라졌다. 다쓰노구치와 아사쿠사의 초기 권공장이 넓은 부지에 단층 건물을 배치하고, 이를 복도로 이은 이른바 유원(遊園) 형식을 취해, 형태적으로도 박람회에 가까웠던 것에 비해, 교바시 권공장 이후 주류를 이룬 것은 2층 내지 3층 짜리 건물에 상점이 통로를 끼고 길게 서서, 이를 순회하는 형식으로 구경하며 걷는 오늘날의 상가건물에 가까운 형태였다. 하쓰다 토오루[61]도 지적한 것처럼, 이 점은 권공장이 이 당시까지는 정원을 가지지 않아도 사람들을 끌어 모으는 매력을 가지게 되었음을 가리킨다.[62] 박람회와 초기 권공장에서 상품을 비교하고, 선별하는 시선을 민중들에게 가르치기 위해 다양한 지혜를 짜내지 않으면 안 되었다. 하지만 바야흐로 가게 앞에 놓여 있는 상품을 보고 걷는 행위 자체를 하나의 즐거움으로 인식할 만큼 바뀐 것이다. 내국권업박람회는 비교·선별하는 새로운 시선의 공간을 이른바 유럽의 만국박람회에서 국가가 직수입하는 형태로 출현시켰다. 그런데 이 내국박람회에서 파생한 권공장은 바야흐로 상품세계의 디스플레이 전략을 좀 더 순수한 형태로 도시의 일상 속에 침투시켜 갔다. 여기에는 분명 우리들이 제2장에서 파리에 대해 논한 것과 같은 박람회도시의 형성이 맹아적이기는 하지만 이루어졌던 것이다.

그러면, 이러한 메이지 30년대 전반까지 전성기를 누렸던 권

61 初田亨; 1947~ , 고우가쿠인[工學院]대학 건축학과 교수. 일본근대건축사의 권위자-역자주

62 初田亨, 『都市の明治』築摩書房, 1981, 217쪽.

공장이지만, 20세기에 들어서자 전통적인 오복점(吳服店)으로부터 탈피해 백화점으로 대체되면서 급속히 쇠퇴해 간다. 1900년경에는 공식자료에 기록되어 있는 것만으로도 도쿄 시내에 27곳이나 있었던 권공장은 1910년에는 11곳으로 격감하고, 1914년에는 겨우 5군데까지 줄어들고 만다. 이 무렵이 되자 권공장은 초기의 화려했던 분위기는 덜해지고, 싼 물건을 입하하는 일이 많아져서 '권공장 물건'이라는 말이 비꼬는 투로 쓰여질 정도였다고 한다. 이처럼 백화점의 대두 앞에 권공장이 급속하게 쇠퇴해 간 것은 물론 양자의 자본력 차이에도 이유가 있겠지만, 이와 함께 권공장의 어떤 과도기적 속성까지 가리키는 것으로 보인다. 기시다 류세[63]는 이 권공장에 대해 "참으로 이 권공장이라는 것은 메이지 시대의 느낌을 표현하는 가장 대표적인 것으로, 우리들에게는 잊을 수 없는 그리움의 대상이다"라고 적고 있는데, 실제로 어느 관에서든지 '대매출' 행사를 하였으며, 2층 발코니에서는 악대가 상태가 별로 좋지 않은 나팔이나 큰북을 연주하였으며, 건물 안에서는 물감, 목제가구, 종이류를 파는 가게들 사이로 그림책,[64] 장식용 깃[65] 가게 등이 있었다. 여주인과 딸이 겨울엔 화롯불에 바짝 들러붙은 채 가게를 보고 있는 권공장은 언젠가는 지난 시대의 추억으로 잊혀질 운명에 놓여있었는지 모른다.[66] 발터 벤야민이 파리의 파사쥬[67]에 대해 언급한 것과 마찬가지로 권공장도 아직은 '어물정한 시대의 산물'이었던 것이다.

그리고 메이지 30년대 후반 이후 권공장을 대신해 대도시에서 상품을 상설화한 디스플레이 장치로서 주역을 짊어진 것이 백화점이다. 이 시기 미쓰비시[三越], 다카시마야[高島屋], 다이

63 岸田劉生; 1891~1929, 서양화가. 대표적으로 자신의 딸 레이코를 그린 일련의 〈레이코상(麗子像)〉이 유명-역자주

64 원문은 에조우시[繪草紙]-역자주

65 원문은 한에리[半襟]-역자주

66 岸田劉生, 『新古組句銀座通』, 東峰書館 1959, 8-9쪽.

67 그는 저서 〈파사쥬론〉(Das Passagen Werk)에서 상점이 도시문화를 형성하였다고 보았는데, 특히 지붕이 덮인 상점가 파사쥬(아케이드)에 주목 역자주

마루[大丸], 시라키야[白木屋], 마쓰자카야[松坂屋], 소고우[十合] 등 대다수 현재까지 이어지는 백화점이 차례차례 오복점에서 변신해 광범위한 상품을 점내에 전시하고 관객들의 시선을 유혹하였다. 그 중에서도 이런 움직임을 선도한 것은 미쓰코시이다. 이미 1895년(메이지 28) 점포 일부에 진열판매를 시작으로 '양심적인 가격일랑 창고에 묻어둔다'는 식의 전통적 소매방식에서 탈피를 시도한 미쓰코시는 1900년에는 진열방식을 전 점포로 확대하는 동시에 오복표(상품권)의 발행, 여성 점원 채용, 쇼윈도 설치, 통신판매 개시 등 구미 백화점을 모델로 한 새로운 전기를 하나 둘 선보여간다. 그리고 1904년에는 '당 점포의 판매 상품은 앞으로 한층 더 종류를 늘려, 무릇 의복 장식에 관한 품목은 1층 아래에서 이용할 수 있게끔 설치해 마침내 미국에서 운영하는 디파트먼트 스토어의 일부를 실현시킬 것'이라며 유명한 백화점 선언을 하고서 본격적으로 백화점 사업의 길을 걷기 시작한 것이다. 미쓰코시는 그 후 1905년에는 화장품, 모자 등을, 1907년에는 가죽, 양산, 빗, 구두 등의 매장과 함께 식당, 사진부를 설치하였으며, 1908년에는 새로운 점포 완성시키는 동시에 담배, 문방구, 귀금속까지 취급하게 된다. 이런 식의 발전은 정도의 차이는 있지만 다른 점포의 경우에도 마찬가지로 보이는데, 다이쇼 시대까지는 일본에서도 대도시의 여기저기에 백화점이라는 새로운 소비문화의 전당이 불쑥불쑥 나타나 사람들의 욕망을 강력하게 빨아들였던 것이다.

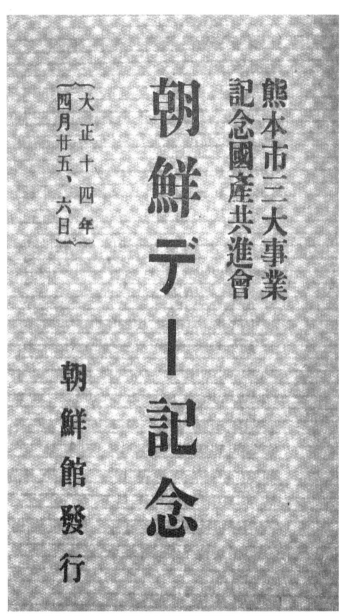

熊本市三大事業
記念國産共進會
朝鮮デー記念
〔大正十四年
四月廿五、六日〕
朝鮮館發行

그림 3-5 구마모토시 3대 사업기념 국산공진회(1925, 구마모토) 조선의 날을
기념해 발행한 그림엽서 봉투 (이태문 소장)

그림 3-6 같은 국산공진회 조선관 전경 (이태문 소장)

　이상 내국권업박람회의 영향이 권공장을 거쳐 백화점으로 발전해 가는 흐름에 대해 개관해 보았다. 분명 메이지 30년대 이후의 백화점 탄생은 그때까지 이어지던 권공장의 유행을 직접 이어간 게 아니다. 미쓰코시 자신이 밝힌 것처럼, 일본의 백화점은 오히려 직접 해외의 백화점을 모델로 하여 탄생한 것이다. 그럼에도 불구하고, 박람회와 권공장, 거기에 백화점이 하나의 선으로 이어진다고 여전히 주장할 수 있는 것은 그것들이 메이지 민중들에게 어떤 공통의 경험을 제공하였기 때문이다. 그 공통의 경험이란 '보다'의 행위, 즉 걸어가며 상품을 비교하면서, 그 속에서 '새로움'을 발견하고, 또한 그렇게 하는 것 자체를 즐기기도 한 '보기'라는 시선의 경험이었다. 이 시각적 경험 속에서 사람들의 상품에 대한 욕망은 끊임없이 경신되어, 소비를 관리하는 자본주의의 운동과정과 접속되어 간다. "어느 점포의 노렌[68]을 젖히고 들어가면 뭐라도 사지 않으면 안 된다 라고 하는 일종의 상도덕이 예로부터 있었지만, 백화점의 '자유롭게 들어오세요' 원칙이 이에 마침표를 찍었다. 동시에 분명하게 가격을 밝힌 정찰제를 도입하여, 산다는 것은 곧 값을 깎는 행위이다 식의 마음가짐으로 가게 앞에서 흥정하는 상습관에 제동을 걸었다. 백화점 점원은 성과제(능력제)이므로, 쩌렁쩌렁 실랑이를 하는 걸 좋아하지 않았으며 열심히 손님의 편의를 위해 길게 설명하지 않으면 안 되었다. 손님은 치켜세워진 반면에 이문을 붙인 가격과 값을 흥정하는 교섭 상대를 잃고 말았다. 또한 값에 대한 지불은 점내의 다른 몇 곳에서 이루어지기 시작한 이래 특히 매장에서 금(金)을 주고받는 식의 풍경도 보이지 않게 되었다. 사람들은 마음 내키면 훌쩍 백화점을 찾는 일, 그리고 다시 불쑥 매장을 떠나는 일도 맘대로 할 수 있게 되어, 보고 몽상하고 때로는 사는 식으로 쇼핑이 부르주아의 새로운 레저가 되었다."[69]

이는 파리 백화점에 대한 보울비(Rachel Bowlby)의 지적이지만, 똑같은 현상이 오복점에서 변신을 시도하고 있던 메이지 말기의 백화점 경우에도 꼭 맞아떨어진다. 분명한 것은 일본의 백화점이 진정한 의미에 '마음 내키면 훌쩍 백화점을 찾는 일, 그리고 다시 불쑥 매장을 떠나는 일도 맘대로'의 익명성을 확보한 공간이 되는 데는 신발을 보관하는 제도가 폐지되는 관동대지진 이후까지 기다리지 않으면 안 된다는 점이다. 일찍이 런던이나 파리의 만국박람회로부터 영향을 받아, 부쉬코가 파리를

68 のれん; 일본에서는 가게 출입구에 상호를 써넣은 천을 드리우는데, 이를 노렌[暖簾]이라고 해서 매우 소중하게 다룬다-역자주

69 Bowlby, R., 앞의 번역서, 12-14쪽.

무대로 전개하였던 전략은 바야흐로 극동의 이 신흥자본주의
사회에서도 착실하게 효력을 발휘하고 있었던 것이다.

이제 다음 장으로 가기 전에 한 가지 더 밝혀두어야 할 게 있
다. 우리는 이 장에서 메이지 국가가 유럽의 만국박람회로부터
뭔가를 배워, 이 근대적 시각의 제도를 어떠한 방식으로 일본
에 도입하였는지를 검토해왔다. 하지만 박람회에 견줄 만한 시
도가 에도 시대에 전혀 없었던 것은 아니다. '엑스포지숑'을 옮
겨놓은 '박람회' 인물로 알려진 구리모토 조운[70]이 막부 말기에
프랑스 공사 로슈로부터 만국박람회의 이야기를 처음으로 들
었을 때 약품회(藥品會)를 떠올렸다는 사실에서 알 수 있듯이,
에도 시대 각지로부터 물산을 모아 전시하는 행사가 에도나 오
사카에서 박물학자들의 손에 의해 자주 열렸었다.

그 효시는 1757년(호레키 7)[71] 히라가 겐나이[72]가 스승 타무라
란스이[73]를 모임의 우두머리로 모시고 개최한 약품회이다. 이
때에는 타무라 일문을 중심으로 21명의 출품인에 약 180종의
출품이 있었다고 한다. 다음 해인 1758년에는 역시 타무라를
주최자로 내세운 제2회 물산회가 열려 출품인은 34명, 출품물
도 231종까지 늘어났으며, 나아가 1759년에는 히라가 스스로
회장을 맡은 제3회가, 1760년에는 마쓰다 초겐[松田長元]을 중
심으로 제4회 물산회가 열린다. 그리고 그 다다음 해인 1762
년에는 일본 박물학사상 비중 있게 다루는 제5회 토도(東都) 약
품회가 겐나이에 의해 개최된다. 출품된 물품은 1,300여 종으
로 미증유의 규모였다. 게다가 주최측은 지금까지 주된 대상이
었던 에도의 본초학자에 한한 출품인을 전국 규모로 확대, 광
범위한 층으로부터 물산에 대한 관심을 동원하는 데 성공한다.

[70] 栗本鋤雲; 1822~
1897, 신문기자. 1873
년(메이지 6) 〈유빈호
치신문郵便報知新聞〉
의 편집주임을 역임-역
자주

[71] 연호 호레키[寶曆]는
1751.10.27~1764.6.2-역
자주

[72] 平賀源内; 1728~
1779, 에도 중기의 본초
학자(本草學者), 극작
가. 본명은 쿠니토모[國
倫]. 나가사키[長崎]와
에도에서 본초학, 물산
학, 국학, 네덜란드 학
문인 난학(蘭學)을 배
워 물산회를 개최. 그밖
에 광산 개발 등 자연과
학과 식산(殖産)사업에
도 활약-역자주

[73] 田村藍水; 1718~
1776, 에도 중기의 의
사, 본초학자. 조선의
인삼재배법 확립에 기
여. 1757년 제자 히라
가의 제안으로 에도 유
시마[湯島]에서 최초의
물산회를 개최-역자주

각지의 출품 희망자들은 물품을 가장 가까운 취급소에 제출하기만 하면, 삼도[74]의 산물취급소를 거쳐서 에도에 이르는 전국적인 수집 네트워크가 확립되었던 것이다. 그 결과 출품 범위는 나가사키[長崎], 오우미[近江], 셋츠[攝津], 하리마[播磨], 키이[紀伊], 시나노[信濃], 엣추[越中] 등에까지 넓어져 그 내용 역시 약물에 한정하지 않고 '천연의 산물'을 포괄하게끔 된다. 겐나이는 개최에 앞서서 모임의 취지를 적은 히키후다[75]를 전국의 물산가들에게 돌리는데, 그 속에서 그는 '쓸데없이 귀를 잘난 척하며, 보는 눈을 천시해' 온 그때까지의 일본 학자들을 신랄하게 비판한다.

약품회는 히라가 겐나이를 중심으로 열린 5회째 행사로 끝난 것은 아니다. 1780년대가 되면 타무라 란스이의 아들 모토나가[元長]와 문하생 키리야마 소테츠[76]에 의해 에도에서 몇 번인가 열렸으며, 나아가 19세기 이후는 교토의 야마모토 보요[77]와 오사카의 이와나가 겐소도[岩永玄昌堂], 나고야의 이토 케이스케,[78] 에도의 이가쿠칸[醫學館]을 비롯하여 각지에서 약품회나 물산회가 거의 매년 열리듯이 개최된다. 18세기 중반에 시작한 약품회의 계보에는 메이지 박람회의 전초가 되는 사상이 분명 배태되었다. 하지만 이들 약품회가 어디까지나 민간의 박물학자들의 행사이며, 광범위한 대중을 동원하는 문화장치로서의 효력을 가졌던 것은 아니었다는 점도 사실이다. 에도 시대의 약품회나 물산회에 대응하는 것을 굳이 유럽에서 찾자면, 근대 박람회보다도 17세기부터 귀족들의 건물과 도시에 모습을 드러낸 표본진열관이 이에 해당하겠다. 약품회나 물산회 안에 맹아적으로 나타난 공간이 문명화의 시각장치로서 광범위

74 三都; 교토, 오사카, 에도를 뜻함-역자주

75 引札; 개점이나 상점의 선전·광고를 위해 돌리는 안내장-역자주

76 桐山正哲; ?~1815, 의관. 『解體新書』를 번역한 한 사람-역자주

77 山本亡羊; 1778~1859, 교토의 본초학자-역자주

78 伊藤圭介; 1803~1901, 근대식물학의 아버지-역자주

한 민중의 시선을 재편해 가기 위해서는 역시 천황제를 지배원리로 하는 중앙집권적 국가, 즉 메이지 국가의 성립이 필요하였던 것이다.

4

연출된 소비문화

도쿄권업박람회(1907년)의 제2회장인 시노바즈노이케[不忍池]

1. 구경거리 '박람회'

19세기 말, 1877년(메이지 10년) 이후, 1881년, 1890년, 1895
년과 같이 19세기말, 일본에서 지속적으로 열렸던 내국권업박
람회(內國勸業博覽會)는 어디까지나 문명개화나 식산흥업(殖産興業)
을 목적으로 개최된다. 따라서 구경거리나 오락성은 최대한 배
제해나갈 방침을 취하고 있었다. 이것은 제1회 주의서(注意書)가
"내국권업박람회를 여는 본뜻은 공예가 진보할 수 있도록 돕고,
물산 무역에서 이익을 얻을 수 있는 길을 열어주고자 함에 있
다. 쓸데없이 오락의 장을 설치해서 유람의 도구로 삼는 것에 있
지 않다"라고 분명히 밝힌 데에서도 잘 알 수 있다. 이미 언급했
듯이 이 같은 메이지 정부의 연출의도가 현실적으로는 어디까
지 관철되었는가에 대해서는 물론 다시 검토해볼 여지가 있다.
이런 박람회에서도 심심찮게 볼거리 만들기 차원에서 출품되기
도 했으며, 또 구경하러 오는 사람들 입장에서도 박람회를 에도
시대에 열렸던 행사와 동일한 의미로 받아들이는 태도가 그다
지 특별한 것이거나 드문 게 아니었기 때문이었다. 그럼에도 불
구하고 메이지 전기에 열렸던 박람회에 있어서 이런 것들은 어
디까지나 일탈이었다. 그리고 언젠가는 교정되지 않으면 안 될
대상이었다. 하지만 20세기에 들어서자, 다시 말해 메이지 30년
이후에 열린 박람회에 이르면, 오히려 적극적으로 볼거리가 될
만한 요소를 회장 안에 집어넣으려는 움직임이 나타난다.

그런 징후가 처음 구체적으로 나타나기 시작한 것은 1903년
(메이지 36) 제5회 내국박람회 때부터다. 이때 회장에 다수의 유
희시설을 도입하여, 박람회에 대한 대중적 흥미를 끌어모았다.

예를 들어 당시 '쾌회기(快回機)'라고 번역되었던 '목마에 올라 유쾌하게 회전하는 기계', 다시 말해 회전목마다. 40마리의 승마용 말을 4인승 마차를 끼고 두 줄로 세워, 전동모터로 회전했다고 한다. 또 워터 슈트(water chute)는 '승객을 태운 작은 배가 40피트 높이에서 길이 3백 4십 척의 경사면 위 궤도를 달려가 연못 속에 떨어진다. 그러면 엄청나게 파도치는 물보라가 배를 감싸안았다가 잠시 후 모양을 감춘다'고 했다. 둘 다 머지않아 유원지에 등장하게 되는 유희기계다. 더욱이 지상 54미터 전망대까지 엘리베이터로 올라가 오사카를 한눈에 조망해보는 오바야시고토[大林高塔], 지속적으로 색깔이 바뀌는 조명 안에서 금발의 여성이 춤추는 신기한 관. 세계 각지의 유명한 도시나 항구, 사적을 골라서 '유화에 원경을 그리고 전경에는 인물, 나무, 가옥, 선박 등을 배치하여 인물, 배, 물의 흐름 등을 때때로 움직여 관람자를 기쁘게 해준다'는 세계일주관 등이 개설되었다. 그리고 밤이 되면 박람회장 건물에 설치된 무수한 전구가 반짝반짝 빛을 내어 '어둠 속에서 샛별 궁전의 모습을 재현했다고 할 만큼 대단히 아름다운 모습'의 일루미네이션 풍경을 연출했다.[1]

　게다가 이때의 박람회장의 터는 그때까지처럼 박물관이나 미술관이 줄지어 들어서는 공원으로 만들어진 것만은 아니었다. 물론 박람회장으로 썼던 터의 동쪽 반 정도는 이때에도 공원으로서 정비되었다. 얼마 후 러일전쟁이 일어나 이 터는 육군에게 수용되지만, 1909년에는 미술관, 참고관 등이 줄지어 있는 텐노지[天王寺] 공원이 개원되었다. 그러나 나머지 서쪽 부분에 대해서는 '오사카 시민의 공동오락장'으로서 민간자본을 도입해 개발할 방침을 확정하였다. 때마침 이즈음 오사카에서

1 〈民俗畵報〉 269호,
1903, 35-38쪽.

는 전철에 의한 도시 재개발 움직임이 활발해지고 있었다. 그 중에서도 난카이[南海] 철도와 한카이[阪堺] 철도는 똑같은 오사카─사카이[堺] 사이를 이용하는 승객 확보를 위해 격전을 벌이고 있었다. 난카이 쪽의 강점은 터미널 난바[難波]가 센니치마에[千日前]에 인접해 있다는 점이었다. 그런 사정 탓에 한카이 측은 텐노지 터미널 부근에라도 센니치마에에 지지 않을 오락장을 만들 필요가 있었다. 이렇게 해서 내국박람회 개최지 2만 6천 평은 한카이 철도계인 오사카건물주식회사에 불하되어 오락센터로서 개발이 진행된다.[2] 1912년 1월, 남쪽의 큰불로 센니치마에가 불에 탄 들판으로 변해버리는 것을 보자, 한카이 철도측은 센니치마에가 완전히 복구하기 전에 새로운 오락지를 궤도에 올려놓을 생각으로 맹렬하게 공사에 매진, 같은 해 7월 3일, 대중오락공간 '신세계'를 탄생시킨다.

이렇게 탄생한 '신세계'는 미국 코니 아일랜드를 모델로 한 유원지 루나파크[3]를 중심으로 마주보게 에펠탑 흉내를 낸 츠텐가쿠[通天閣]가 솟았고, 그 주변에는 다이쇼관[大正館]이나 다마테관[玉手館] 등 11가지 흥행관이 세워졌다. 게다가 그것을 둘러싸고 음식점이 있는 전례가 없는 신선하고 흥미진진한 오락센터가 들어선 것이다. 미야모토 마타오[宮本又次]에 의하면 검은색 상의에 빨간색 바지를 입은 인도인이 맞이하는 루나파크에 입장하면 "미인탐험관", 스핑크스의 형태를 가진 '이집트관', '신기한 관'이 줄지어 있었고, '신기한 관'에선 석고로 만든 도요토미 히데요시[豊太閣]가 눈을 똑똑히 뜨고 전기장치에 의해 계단을 내려갔다. 냉장고 원리를 응용한 '빙산관[氷山館]', 여순(旅順), 무순(撫順), 봉천(奉天) 등 러일전쟁 격전지를 파노라마로 한 '관전

2 鳴海邦碩・橋爪紳也, 『商都のコスモロジー』, TBSブリタニカ, 1990, 135-148쪽.

3 Luna Park; 로마신화에 나오는 달의 여신, 그리스신화에서는 셀레나(Selene)-역자주

철도관(觀戰鐵道館)'이 있었다. '청화전(靑華殿)'에서는 흥행을 했는데, 8각형 음악당이 중앙에 있었다. 음악당 위에 연못, 색실폭포에서는 7가지 색깔을 가진 물이 떨어져 네온 불빛에 반짝거렸다. 폭포 건너편에는 높이 45미터 짜리 화이트타워가 서있었고, 75미터의 츠텐가쿠에서 4인승 로프웨이가 흔들흔들 공중을 오갔다"고 하는 상황이었다.[4] 밤에는 일대가 일루미네이션으로 반짝였고, 츠텐가쿠에는 조명이 비추어져 눈부신 불빛에 휩싸여 있었다고 한다. 이런 신세계는 그 후에도 다이쇼 시대 중반까지 오사카 최대의 오락지로 발전해 나간다.

그러면 이야기를 박람회로 되돌려 보자. 제5회 내국박람회에서 두드러지기 시작한 박람회의 오락화 경향은 그 후에도 점점 강화된다. 그 4년 후인 1904년 우에노에서 열려 입장자가 무려 60만여 명에 이르렀던 도쿄권업박람회에서는 '워터 슈트'나 '신기한 관'이나 '세계주유관(世界周遊館)'에 더해 40몇 미터의 높이에서 박람회장을 내려다보는 '관람차', 12각형의 실내를 거울방으로 해서 '사방을 둘러보아도 이쪽저쪽이 모두 자기 모습만 보이도록 되어 있어, 그 방의 출구를 못 찾아 헤맬 수밖에 없도록' 연구한 '수정관' 등이 나타난다. 좀 더 부언하면, 이 수정관은 "어느 곳이 그 출구인지, 방향도 분명하지 않아, 잘 생각하면서 다닐 것이 요망됨. 어쩌다가, 드디어 출구 같은 것을 찾았구나 생각하고, 흰 장막을 치우고, 거기를 엿보니 실내는 칠흑처럼 어둡고, 몽롱하여 해골의 그림자가 나타나 부녀자들을 놀라게 한다"라는 식으로 사람들 사이에 화제가 되었다.[5] 또 여기에도 밤에는 약 3만 5천 개의 전구가 건조물을 장식해, 이곳을 빛으로 감쌌는데, 또 이것을 보려고 많은 사람들이 군집해 몰

4 宮本又次, 『大阪繁昌記』, 新和出版社, 1973, 257-260쪽.

5 〈風俗畫報〉 365호, 1907, 28-29쪽.

려들었다. 거기에는 나쓰메 소세키[夏目漱石]가 '구비진소[虞美人草]'에서 이야기 한 것과 같은 환상적인 광경이 펼쳐져 있었다. 예를 들어, 그는 소설에서 "문명을 자극이라는 주머니에 골라 넣으면 박람회가 된다. 박람회를 깊은 밤 달빛에 빛나는 모래에 섞으면 멋진 일루미네이션이 된다. 적어도 살아있다면, 살아있다는 증거를 구하기 위해서는 일루미네이션을 보고서 앗! 놀라지 않을 수 없다"[6]라고 일루미네이션으로 둘러싸인 박람회장의 밤풍경을 멋지게 묘사해냈다.

6 夏目漱石, 『虞美人草』, 新潮文庫, 1951(1907), 155쪽.

그림 4-1 구모토시 3대사업기념 국산공진회(1925, 구마모토) 야경 환상적으로 연출된 정문 풍경 (이태문 소장)

더욱이 이러한 경향은 다이쇼 시절의 박람회에서 더욱 두드러지는데, 박람회의 기조를 근본부터 바꿔버렸다. 예들 들어, 세섹션[7] 건축이 대대적으로 채용된 것으로 유명한 1914년(다이

7 분할주의 사조-역자주.

쇼 3) 도쿄 다이쇼 박람회의 경우, '전동기에 의해 임의로 회전하면서, 한 바퀴 돌 때마다 3회씩 위아래 1장 2척의 파상 운동을 일으켜, 마치 큰 배를 타고서 파도를 헤치며 나아가는 기분이 들게 하는' 서클링 웨이브나 케이블 카, 에스컬레이터, 광산 모형관 등이 협소하게 만들어진다. 그런 가운데에서도 이 박람회의 흥행성을 대표하는 전시관 중에는 미인도 탐험관이 있었다. 이것은 '18세에서 22세까지 미인을 각 동굴에 배치하여 사람들 시선을 끄는 동시에 물속에 벌거벗은 미인을 내세워 줄곧 미소로 사람을 불러모으려는' 내용이었다. 나아가 8년 후인 평화기념 도쿄박람회에서는 이 기획을 더욱 확대해 만국거리를 건설한다. 거기서는 '미인이 하늘을 달리고, 천사가 하늘을 날며, 피아노를 치는 등 기기묘묘'의 아라비안 대마궁전과, '타자기를 이용해 문자를 기록하고, 피아노로 각국의 국가를 연주하며, 또한 놀라운 산술을 하고 문자를 읽는' 신기한 말, 혹은 잔다르크가 무서운 불길 속에서 타는 장면을 실연한다든지, 미인을 태운 자동차가 공중으로 날아가는 장면을 실연한다든지 자기 눈을 의심케 하는 장면이 펼쳐졌다. 그리고 이와 같은 바로 구경거리 흥행물이 흥행주에게 '박람회의 만국거리가 아닌 만국거리의 박람회이다'라는 자부심을 갖게 할 만큼 인기를 불렀던 것이다.[8] 물론 이러한 박람회의 오락화 경향에 대해서는 당시부터 많은 비판이 있었다. 이미 제5회 내국박람회 때, 〈풍속화보〉는 다음과 같이 비판하였다.

무릇 박람회의 취지는 생산을 진열해서 관람케 하여, 생산을 심사하고 우수한 것을 뽑아 포상하여 출품인의 기능을 자극

8 〈讀賣新聞〉 1922년 3월 31일.

하고 개발하는 데 있다. 회장을 장식하여 얼빠진 사람들을 다수 불러들여 입장료 수입이 많음을 자랑하기 위해서가 아니다 … (그렇지만) 이번 박람회와 같은 경우도 성황을 이루기 위해 물건 하나를 내면 장식 하나를 덧붙이고, 어느 현은 자기 현의 장식을 하니, 심한 경우는 그 물건의 진가보다 헛된 장식에 열중하니, 관람객의 눈이 전시품에 가지 않고, 반대로 장식에 머물러 그 칭찬을 받는 것을 자랑하는 풍토가 왕왕 있다 … (이것은) '생산의 박람회'를 가지고 일종의 '장식의 박람회'로 만드는 폐단을 낳지 않았는가라고 말할 수 있겠다.[9]

그리고 이것이 도쿄다이쇼박람회가 되면, "박람회에서 인기를 끌었는가, 상공업의 진흥을 도모했는가라는 것은 오늘날 이미 진부한 수단으로, 말하자면 시대에 뒤떨어진 사람 모으기가 우선이라는 것에 지나지 않는다"라고 비판받았으며,[10] 나아가 평화기념 도쿄박람회에서는 "대체로 바보짓이라고 말들 하는데, 박람회만큼 바보스러운 짓이 없다. 그 중에서도 이번 평화기념 도쿄박람회는 너무나 하찮은 나머지, 일일이 이야기하는 게 입을 더럽히지 않을까 싶다 … 제 아무리 에도코[11]는 명청하다고 취급당하더라도 그 시시한 박람회에 60전 혹은 80전의 키도센[12]을 지불하고, 게다가 안에 들어가서 만국관이다 연예관이라며 차례차례 이중으로 입장료를 지불할" 정도로 빈틈이 없다고 혹평을 받기도 하였다.[13] 일찍이 식산흥업의 주요 교화정책으로 시작된 박람회는 이 무렵까지는 구경거리를 관람하는 기분이 우선하는 대중오락으로 크게 변하였던 것이다.

그렇지만 이 점은 다이쇼 시대의 박람회가 메이지 정부가 그토록 배제하려고 했던 에도 이래의 구경거리를 다시금 집어넣

9 〈風俗畵報〉 269호, 1903, 2쪽.

10 王白石, 「大正博覽會前記」, 『日本及日本人』 626호, 1914, 125쪽.

11 江戶兒; 에도, 즉 도쿄에서 몇 대를 거쳐 살고 있는 토박이를 가리키는 말-역자주

12 木戶錢; 가설극장 등에서 공연되는 연극, 춤, 노래를 보기 위해 지불하는 입장료-역자주

13 深志松郎, 「盲目は居ない」, 『日本及日本人』 837호, 1922, 98쪽.

어, 문명화의 이데올로기를 무력화시키고 말았다는 것을 의미하는 것일까? 박람회를 통해, 새로운 문명을 향해 사람들의 시선을 재편해 가려고 한 메이지 국가의 의도는, 여기에서 좌절한 것일까. 그것은 아니다. 오리려 다이쇼 시대의 박람회가 오락화한 것은 박람회가 이 무렵까지 이전과는 크게 다른 구조 속에 놓이게 되었음을 가리킨다. 바야흐로 박람회는 '문명'이란 무엇인가를 정의하고, 관람객들을 교화하는 장치가 아니었다. 하지만 그것은 박람회가 근대화의 장치로서 그 역할을 방기했다는 것을 의미하는 것은 아니며, 그러한 근대화 자체의 구조적인 변질을 의미하는 것이다. 이 점을 밝히는 데는 다이쇼 시대의 박람회를 받아들이는 측인 사회계층의 변화와 이를 전달하는 측으로서 박람회를 조직하는 시스템의 변용이라는 양측에서 파악해 갈 필요가 있다. 말하자면, 박람회라는 텍스트의 상연에서 전자는 관객의 문제, 후자는 이 텍스트를 연출해 가는 측의 문제라고 할 수 있다.

2. 가정생활의 전시

오락화하고, 구경거리로 변질된 다이쇼 시대 이후의 박람회가 중점을 둔 관객은 메이지 전기까지 박람회에서 상정하였던 관객들과 어떻게 다른 것일까? 먼저, 이 문제부터 검토하고 싶다. 이때 중요하게 여기고 싶은 것은 다이쇼 이후 전국 각지에서 열린 크고 작은 박람회의 주요 테마가 메이지 전기와는 전혀 달라진 점이다. 즉, '부인'이나 '어린이', 혹은 '가정'에 초점을

맞춘 박람회가 이 무렵부터 속속 등장하기 시작한 것이다. 박
람회는 그 오락화의 경향과 병행해서 다음으로 생산의 장보다
도 소비의 장에 대한 모델 역할을 해 나간다. 이런 움직임을 가
장 적극적으로 추진한 것은 중앙정부나 지방정부인 부현보다
도 오히려 백화점과 전철, 신문사와 같은 민간기업이었다.

예를 들어, 다이쇼 시대부터 증대한 신문사 주최의 박람회
가운데 가장 **빠른** 행사로 1915년 국민신문사가 창간 25주년을
기념해 우에노에서 개최한 가정박람회가 있다. 개회 한 달 전,
개최목적을 주최측인 국민신문은 다음과 같이 전한다.

> 문명의 진보에 따라, 사회 변화에 맞춰, 가정의 실제생활에
> 관한 문제는 점차 복잡해진다. 어떤 집에 살아야 할지. 어떤
> 음식을 먹어야 할지. 또한 어떤 옷을 입어야 할지. 가정의 문
> 제는 옛날과 마찬가지로 의식주의 문제가 중심이 되는 법인
> 데, 신시대의 의식주와 구시대의 의식주는 서로 상이한 점
> 이 있다. 시대에 적합한 가정 및 가정생활을 이론상으로 설법
> 하지 않고, 있는 그대로 보여주기 위해 가정박람회는 기획되
> 었다. 가정이라는 말 뜻이 넓은 것처럼 가정박람회의 범위도
> 참으로 넓다. 단지 경제상의 것에만 머물지 않고, 가정의 취
> 미·오락에 관한 방면, 위생에 관한 방면, 교육에 관한 방면
> 도 역시 마찬가지로 가정박람회의 일부이다. 따라서 가정박
> 람회는 부인에게만 흥미가 있고, 그리고 실익 있는 박람회가
> 아닌 무릇 가정의 일원이 되는 남녀노소를 막론하고 모두 이
> 곳에 와서 이상의 가정 규범을 볼 필요가 있다.[14]

기사는 이어서 근년 구미에서도 유사한 시도가 유력 신문사
에 의해 기획되었는데, 이는 '신문이라는 것이 정치적인 것보다

14 〈國民新聞〉 1915년
3월 16일.

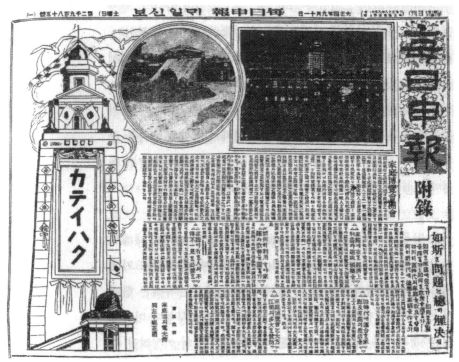

그림 4-2 가정박람회(1915, 매일신보사) 개최를 알리는 신문 (이태문 소장)

는 사회적으로, 사회적인 것보다 다시 가정적으로 발달해 왔기 때문이다'라고 기술하고 있다. 구미에서 신문사가 박람회를 개최한 예가 있었는지 어떤지는 불분명하지만 중요한 것은 이벤트와 미디어, 그리고 소비생활이라는 3개의 요소가 여기서 결합되었다는 점이다. 그리고 이 새로운 가정생활이 전시에 관해 〈국민신문〉은 이번 박람회에서는 '진열하는 출품은 각 생산자의 기능을 보여주며, 그 생산품의 뛰어난 점을 서로 경쟁시키는 것만이 아니라, 그러한 물품을 어떻게 이용해 가정의 개선을 도모할 것인가'라는 점이 큰 목적이라고 밝히고 있다. 그를 위해 출품물은 '단지 유행품이라든지 고급품이라든지 그런 것만이 아니라, 언뜻 보더라도 중류 이하의 사람들에게도 생활의 개선을 도모하는' 물품들을 갖추지 않으면 안 되며, 전시방법도 '종래 박람회에서 보듯이 출품물을 모두 유리 상자의 바닥에 깊이 넣어 진열하는 식의 평범한 진열이 아니라, 무엇이든 그 크고 작음에 따라 가정집의 방을 만들어 거기에 의장을 덧보태 사람들의 이목을 끈다'는 식으로 하지 않으면 안 되었다. 즉, 현재의 백화점 가구매장에서 볼 수 있는 모델 룸의 전시가 시도된 것이다.

이 점을 구체적으로 보여주기 위해 화제가 된 전시에 대해서 잠시 소개하고자 한다. 예를 들어, 겨우 다다미 하나 반 크기에 5인 가족의 취사가 무리 없이 될 수 있게끔 고안된 부엌은 현재 시스템 키친의 선구라고도 할 수 있겠다. 혹은 '부부에 아이 2명, 가정부 1명 및 2명이 생활하는 중류가정'의 이상적인 주거, 좀 더 위생적으로 합리적인 세탁법의 실험실, 여중생 방과 주부방, 양로실, 육아실의 모델 등등. 이런 전시가 본관 안에 즐비해, 새로운 가정생활의 이미지를 사람들에게 전달하였던 것이다. 각종 여학교의 출품에는 '늘 학교에서 생각하고 있던 이상의 실현이라고도 할 수 있는 제작품과 가정내 방 모형이라든가 육아의 모양 혹은 그 놀이공간 등을 만드는' 것이 시도되었다. 게다가 각계로부터 박람회에 대한 기대가 연일, 신문지상에 게재되었는데, 여기서는 좀 더 미래의 가정생활이 미리 조망되었다. 예를 들어, '큰 것은 자동차에서, 작은 것은 부엌용품의 취사도구에서 세탁, 설거지, 껍질 벗기기, 반죽 또는 앉은뱅이 난로는 물론이고, 위치 조절이 가능한 침대로부터 화장실에 이르기까지 일체를 전기로 장치하여 앉아서 집안일을 할 수 있게끔 설치하였다'는 전시가 제안되었다. 가정박람회는 '가정교육의 각성이 되며, 가정개량의 자극인 동시에 앞으로 유행계의 색채 표준이 거기에서 만들어진다'는 식으로 되었으면 하는 의견이 개진되기도 하는 분위기였다.[15] 이런 가정박람회는 태두하고 있던 도시중간층의 가정과 그 주부들에게 새로운 생활의 모델을 앞서서 보여주었던 것이다.

당시 국민신문사가 어느 정도 영향력을 가지고 있었는지는 둘째치고, 이러한 새로운 소비생활의 이미지를 하나의 모델로 제시하는 박람회가 등장하기 시작한 의미는 매우 크다. 그리고 이런 경향은 동시대의 다른 박람회에서도 공통적으로 보인다. 이미 1906년 소규모이지만 이런 종류의 행사로 최초의 어린이 박람회를 도분칸[16]이 우에노 공원에서 주최하였으며, 그 후 같은 행사가 교토와 오사카, 히코네[彦根], 하카타[博多] 등 전국 각지로 확산되었다. 또한, 다음 해인 1907년에는 도쿄권업박람회 개최에 맞춰 '널리 부인에 관한 내외의 정보를 수집해, 관찰 연구에 투자, 그 진보 개선을 꾀하고 또한 각종 예술기능을 실연하여, 부인들의 취미와 기호를 높일 수 있는 직업과 생활 방법 등을 소개할 목적'으로, 부인박람회가 시바[芝] 공원에서 열린다.[17] 그리고 1909년에는 도쿄의 미쓰코시 고후쿠텐[吳服店]에서 제1회 아동박람회가, 1911년에는 미노[箕面] 동물원에서 미노유마[箕面有馬] 전철[18]이 주최하여 산림(山林)어린이박람회를 여는데, 이들은 모두 그 후 백화점이나 전철회사가 주최하는 박람회의 출발점이 되었다.

이들 백화점과 전철회사 주최의 박람회에 대해서는 후술하

15 다이쇼 시대 박람회의 모델 주택전시에 관해서는 內田青藏, 「大正四年から大正十一年までの博覽會·展覽會から見た住宅改良の動向について」, 『風俗』, 日本風俗史學會, 제23권 3호, 1984, 55-57쪽 등을 참조.

16 同文館; 1896년 창립한 일본의 대표적인 출판사-역자주

17 〈風俗畵報〉366호, 1907, 3쪽

18 현재 한큐[阪急] 전철-역자주

기로 하고, 여기서는 먼저 '가정'과 '부인', 그리고 '어린이'에 초점을 맞춘 박람회가 이런 종류의 기업만은 아니었다는 사실을 밝혀 두고자 한다. 예를 들어, 교토박람협회는 가정박람회를 1922년, 1923년 오카자키[岡崎] 공원에서 개최, 둘 다 20만 명 이상의 입장객을 불러모았으며, 같은 1922년 건축협회는 미노[箕面] 사쿠라가오카[櫻ヶ丘]에서 주택개조박람회도 개최한다. 이 박람회는 27동의 모델하우스를 중심으로 가구, 건축설비, 도면 등을 전시하였다. 모델하우스의 내역은 현상설계 입선도안을 토대로 한 건축협회 출품 8동 외에 고노이케구미[鴻池組], 제니다카구미[錢高組], 타케나카고무텐[竹中工務店], 오바야시구미[大林組], 시미즈구미[清水組], 요코가와고무텐[橫河工務店] 등이 출품한 주택 19동이었다. 이미 메이지 30년대부터 생활개선운동의 일환으로 주택을 서양풍으로 바꾸는 시도가 있었는데, 주택개량박람회에서는 그러한 새로운 서양풍 주택의 이상상이 실현되었다. 게다가 이들 모델하우스는 박람회가 끝난 다음 대지가 딸린 채 판매되었던 점, 그리고 박람회장이었던 사쿠라가오카가 미노유마 전철이 대대적인 주택지 개발을 추진하던 지역이란 점 등을 생각하면, 박람회에서 모델하우스를 전시한 것이 머지않아 사철노선 주변에 즐비하게 들어설 수많은 교외 주택과 그 가정생활을 미리 보여주었음을 알 수 있다.[19]

이러한 모델하우스 전시는 비슷한 무렵 큰 규모의 박람회에서도 시도되었다. 그 대표적인 예가 주택개조박람회에 앞서 1922년 개최되어 1,000만 명 이상의 입장객이 찾은 평화기념도쿄박람회의 '문화촌' 전시이다. 회장인 우에노 공원 한 쪽에 마련된 이 구획에는 14동의 모델하우스가 전시되어 큰 화제를

19 安田孝,「箕面・櫻ヶ丘の住宅改造博覽會」,『大正 '住宅改造博覽會' の夢』INAXギャラリー大阪, 1988, 33-39쪽.

불러일으켰다. 이 모델하우스군의 특징은 모든 하우스가 서양 풍 생활양식을 이미지로 설계되었다는 점이다. 당시 이 문화촌 전시를 추진한 건축학회는 (1) 한 호당 건평은 20평 이하로 할 것, (2) 한 평당 건설단가는 200엔 이하로 할 것, (3) 거실, 손님 방, 식당은 반드시 의자용으로 할 것, (4) 부엌에는 실용적인 취사·세탁용 배수구, 찬장 등을 부속시킬 것, (5) 집안에는 어울리는 가구, 조명, 초인종, 커튼 등을 부속시킬 것 등을 출품 조건으로 정하였다. 그 결과 다수의 하우스에서는 거실이나 식당이 중심에 배치되었고, 그 안에 소파와 테이블이 놓여 모던 리빙의 꿈을 사람들에게 심어주었다.[20] 이들은 한편에서는 '안에 들어가 보면, 벽만 있는 곳에서 사는 것 같고, 가구가 시끄럽고 음침하며 답답하고, 더운데다가 겉모양도 잘 다듬어지지 않은 게 거칠다'는 비판을 받았지만, 새로운 도시중간층을 위한 교외 주택의 모델이 되어 메지로[目白] 분카무라[文化村] 등 주택가에도 적극 받아들여졌다.

이미 언급한 것으로도 분명해졌듯이, 일련의 가정박람회와 부인어린이박람회의 유행, 그리고 평화기념박람회와 주택개조박람회에서 볼 수 있는 모델하우스의 등장은 그러한 주거공간에 생활의 중심을 둘 화이트칼라층의 증대를 배경으로 하고 있다. 미나미 히로라[21]는 메이지말부터 다이쇼에 걸쳐 공무원, 은행원, 회사원 등 화이트칼라층이 급속하게 증대하고, 1920년 전후에는 전 국민의 7~8%에 달했을 것이라고 추측하였다. 공무원에 대해서 살펴보면, 1897년에 약 6만 6천명이었던 관료들이, 1920년에는 약 30만 8천명으로 5배 가깝게 급증

20 「平和博に於ける文化住宅觀」, 『住宅』, 住宅改良會, 제7권 5호, 1922, 10-13쪽. 평화기념박람회의 모델주택전시가 교외주택지에 미친 영향에 관해서는 藤谷陽悅, 「堤康次郎の住宅地經營第一號-目白文化村」, 山口廣 편, 『郊外住宅地の系譜』, 鹿島出版會, 1987, 154-174쪽.

21 南博 ら; 심리학자-역자주

한다. 또한, 회사원도 다이쇼를 통해 증가 일로를 걷는데, 은행원만 보더라도 1925년에는 9만 6천명이나 되었다. 전체 회사의 수 역시 1897년을 100으로 하자면, 1920년에는 695까지 늘어난다.[22] 특히, 대도시부에서는 대량의 사람들이 신중간층을 구성하게 된다. 이러한 다이쇼 시대의 대도시 교외에 틀을 잡아가던 그들의 라이프 스타일 자체가 쇼와를 통해 더욱 확대되어 고속성장 이후에는 대다수의 일본인들의 생활을 규정하게끔 된 것이다. 다이쇼 시대 박람회의 다양한 변화는 이러한 대량의 화이트칼라층이 대두하여, 그들이 체현해 간 새로운 가정생활 이미지의 대중적 보급이라고 하는 조건 속에서 이루어졌다. 회장을 찾은 군중들 모두가 이들 화이트칼라층이 아니었지만, 박람회는 일본에서도 그 관람객을 생산자보다는 소비자로서 분명하게 규정하고 조직해 가기 시작하였던 것이다.

3. 백화점 속의 박람회

이상과 같은 관람객의 질적 변화가 박람회를 연출해 가는 주최측의 변화와 연동 관계에 있었음은 두 말할 필요가 없다. 앞서 살폈듯이 소비자로서 대중을 염두에 둔 박람회는 지방정부나 박람회협회와 같은 단체가 주최한 행사에도 물론 있었지만, 개최 수만으로 보자면 역시 백화점과 전철, 신문사와 같은 기업의 역할이 중요하였다. 이들 3자는 어느 쪽이든 새로이 대두하고 있던 도시중간층을 소비자로서 조직해, 그 소비생활을 선도하는 것으로 스스로 산업적 시야를 확대해 가는 존재였다.

22 南博 편, 『大正文化』, 勁草書房, 1965, 183-195쪽.

23 고후쿠텐[吳服店]으로 우리말의 포목점에 해당한다. 이에 대한 자세한 언급은『백화점』(논형, 2003.8)을 참고-역자주

24 友禪; 유젠은 풀(糊)을 이용한 전통 염색법으로 다양하고 화려한 색채로 그림과 같은 효과가 있다-역자주

25 浪に松; 파도와 소나무를 그린 무늬-역자주

26 일본의 전통옷 기모노에 두르는 넓은 따-역자주

그 가운데에서도 소비하는 도시중간층과의 관계를 메이지 시대부터 명료하게 보여주었던 것은 백화점이다. 백화점은 그 자체가 메이지말부터 이른바 상설화된 박람회 공간으로서 급속하게 발달해 갔기 때문에 다이쇼 이후의 박람회 변용과 깊은 관계를 맺고 있는 것은 당연하다. 이러한 백화점과 박람회의 관련을 논할 경우, 두 가지 관점에서 문제를 파악해 둘 필요가 있다. 첫째는 외부의 박람회에 백화점이 출품하는 경우이며, 둘째는 백화점 자신이 점내에서 박람회를 개최하는 경우이다.

먼저, 첫 번째에 대해서 살펴보자. 백화점 전신이 되었던 오복점[23]은 꽤 이른 시기인 메이지초부터 박람회에 적극적으로 출품하는 자세를 보여주었다. 예를 들어, 다카시마야[高島屋]는 1877년 제6회 교토박람회에 포목을 출품한 이래 국내외 박람회에 줄곧 포목과 후쿠사, 비로드, 유젠[24]을 출품한다. 내국권업박람회에서는 제2회부터 제5회까지 빠짐없이 출품해, 이 중에 제3회 내국박람회 공업부문에서 1등을 수상한 '나니와마쓰[25] 허리띠[26]는 '매우 평판이 좋아, 그 모양은 허리띠는 물론 빗, 젓가락, 무늬종이에 이르기까지 널리 응용되었다'고 하며, 제5회 내국박람회에서는 일본의 후지산, 미국의 나이아가라, 스위스의 알프스 등 '세계삼경(世界三景)'을 그린 거대한 비로드 유젠을 출품하여 화제가 되었다. 또한 다카시마야는 1889년 파리만국박람회, 1891년 런던박람회, 1893년 시카고 만국박람회, 1900년 파리만국박람회, 1904년 세인트루이스 만국박람회, 1910년 런던 일영박람회 등에도 출품하는데, 특히 일영박람회에서는 독자적인 다카시마야관까지 개설한다. 백화점의 박람회 참가는 다카시마야만이 아니다. 시라키야[白木屋]도 내

국박람회에 자주 출품하였으며, 시카고 만박과 일영박람회에
도 출품한다.[27] 또한, 1910년 나고야 사카에초[榮町]에 이토우
오복점[28]이 진출한 것은 같은 해 나고야에서 열린 제10회 간사
이부현[關西府縣] 연합공진회와 맞물려서 이루어졌다. 박람회 회
장 내에 특별출품진열장을 설치 점원들이 교대로 회장에 파견
되는 등, '이토우 오복점의 제2 매장이 여기에 특설된 느낌'이었
다고 마쓰자카야 사사(社史)는 회고한다.[29]

그리고 미쓰코시[三越]도 1906년에 지지신보[時事新報]가 주최
한 기차박람회에 출품한 이래, 비슷한 종류의 행사에 줄곧 참
가해 출품한다. 참고로 이 기차박람회는 차내에 상품을 진열한
특별열차를 꾸며 주요 역을 순회하면서, 노선변 주민들이 관람
할 수 있게 하는 이동식 전시회였다. 다음 해인 1907년 도쿄권
업박람회에서 미쓰코시는 염직관계의 전시관에 팔각당 장식
케이스를 설치하고 포목을 전시하였으며, 동시에 박람회를 구
경하러 상경하는 사람들을 위해 『도쿄와 박람회』라는 제목의
소책자를 수만 부 발행해 박람회 안내와 점포의 선전을 결합
시켰다. 하마다 시로[濱田四郎]의 유명한 광고 카피 '도쿄에 와서
박람회를 보지 않고서야, 박람회를 보고 미쓰코시를 보지 않고
서야가 등장한 것도 이 무렵이다. 또한, 1914년 도쿄 다이쇼박
람회에서는 제1회장의 공업관에 2종류의 모델 룸을 개설해, 서
양풍의 가구와 장식품을 전시하는 외에, 제2회장 염직관에서
는 포목 전시와 같은 해 가을에 개관 예정이던 본점 신관모형
을 전시한다. 나아가 1916년 요미우리신문이 우에노 공원에서
개최한 부인어린이박람회에서는 유리로 두른 전시실을 설치,
그 안에는 최신 유행의 어린이옷을 입은 마네킹 소년, 소녀가

27 高島屋150年史 編纂
委員會, 『高島屋150年
史』, 高島屋, 1982.

28 현재의 마츠자카야
[松坂屋]-역자주

29 松坂屋50年史 編集
委員會, 『松坂屋50年
史』, 松坂屋, 1960

즐겁게 뛰어 노는 광경이 재현되었으며, 안쪽에는 부인용 포목과 시치고산[30] 설빔도 진열되었다고 한다. 마찬가지로 1922년 평화기념도쿄박람회에서도 화양절충[31] 모델 룸 안에 유행 패션을 몸에 두른 부인과 딸, 아이들의 마네킹을 설치해 주목을 받는다. 박람회에 오복점의 출품은 이미 이 무렵에는 패션적 성격을 가지기 시작하였던 것이다.

이와 같이 백화점에 오복점이 적극적으로 출품한 것은 지금까지 특정의 고객을 상대로 하였던 오복점이 불특정 다수의 대중을 상대로 하기 시작할 무렵, 박람회가 적절한 선전매체의 역할을 하였음을 가리킨다. 박람회는 새로운 상품 전시의 스펙터클적 형식을 발명하였다. 그리고 이 형식이야말로 당시 백화점으로 변신하려던 오복점으로서는 가장 필요로 했던 것이었다. 그런데 백화점의 박람회 활용은 정부나 신문사가 개최하는 박람회에 자신들의 상품을 출품하는 것만으로 끝나지 않았다. 메이지말 이후, 백화점이 그 점내에 박람회를 개최하는 움직임도 나타난 것이다. 앞서 살폈듯이, 그 효시는 1909년(메이지 42) 4월 1일부터 5월 1일까지 미쓰코시가 도쿄 본점의 구관 광장을 이용해 개최한 아동박람회이다. 미쓰코시는 전년도 4월에 소아부(小兒部)를 개설하여 '현상 신안(新案)완구의 대모집'을 실시, 그 전시회를 5월과 11월 두 차례 개최하였다. 그 다음 해 열린 아동박람회는 그 소비자로서 아동과 부모들을 겨냥해, 그들 가정을 새로운 마켓으로 삼아 끌어들이는 절묘한 전략이었다고 할 수 있겠다.

실제로 미쓰코시는 아동박람회 개최를 즈음하여, "아동박람회란 아동 그 자체를 진열하고, 또는 아동의 제작품을 진열하

30 七五三; 매년 11월 15일 남자 아이는 3살하고 5살, 여자 아이는 3살하고 7살이 된 어린이에게 설빔을 입혀 신사(神社)에 가서 건강한 성장을 비는 일본의 전통행사-역자주

31 和洋折衷; 일본풍과 서양풍을 절충한 양식으로 자세한 내용은 『백화점』(논형, 2003.8) 제6장을 참조-역자주

는 것이 아니라, 남녀아동이 평상시 앉고 눕고 뛰노는 데 잠시도 빼놓을 수 없는 의복, 세간 및 오락 기구류를 동서고금에 걸쳐서 골고루 채집하고, 또 특수 신제품도 공모하여 이를 공중들 앞에 전람하여 이로써 오늘날 메이지의 신가정 속에 새로운 기호를 보태고자 한다"고 선언한다.[32] 이런 선언의 배후에는 지금까지 각지에서 열렸던 어린이박람회가 주로 아동들의 제작품을 중심으로 한 행사였기에, 아동이 구입할 만한 상품을 진열하고 그들을 고려한 '오락과 실익을 모두 익히는' 것이 되지 못하였다는 비판이 깔려 있다. 생산자로서 아동이 아니라, 소비자로서 아동이야말로 지금 백화점이 필요로 하는 상대였다. 이 점은 출품인들에 대한 포상수여식에서도 수상자 총대(總代)가 "종래 여러 종류의 박람회가 있었지만, 부모나 아이들이나 부인들, 여학생들도 함께 참가하여 모두의 눈과 마음을 즐겁게 할 수 있는 박람회는 지금까지 없었습니다. 이번 개최에서 실로 이런 가족들께서 모두 이 박람회를 찾아 시간을 잃고 지낸" 것이 큰 성과였다고 강조한 사실에서도 알 수 있다.[33]

여기서 아동박람회의 모양에 대해서 간단히 소개하고자 한다. 회장은 미쓰코시 본점의 니혼바시[日本橋] 큰길에 면하고 있는 약 780평의 공터로 이 안에 전시관이 신축되었고, 또한 그때까지 사무실 등으로 사용되었던 2동의 건물이 개축되어 회장으로 이용되었다. 관람객은 백화점 2층 정면 오른쪽으로 돌아, 고딕식 문 밑으로 빠져나가 회장에 들어간다. 그러면 왼쪽 진행로를 따라 교육, 미술, 복식, 음악, 공예·농림, 상무, 기계 등의 전시 섹션이 나란히 들어서 있었다. 이 가운데 예를 들어 교육 코너에는 장난감 오르간과 아코디언, 종이접기 인형 등

[32] 「兒童博覽會開設趣旨竝規定」, 『みつこしタイムス臨時增刊』 제7권 8호(兒童博覽會特集), 1909, 2-14쪽.

[33] 같은 잡지, 37쪽.

이, 복식 코너에는 해군옷과 주름 잡힌 모자, 버선,[34] 두루주머니,[35] 턱받침[36] 등이, 공예 코너에서는 장난감 회중시계, 사미센(三味線, 일본 전통 현악기), 색칠한 나무장과 차 세트, 거기에 조리[37] 주머니가 인기를 모았다고 한다. 이상의 전시 섹션 가운데에 정원이, 그리고 정원 중앙에는 분수가 설치되었으며, 그 좌우로 동물원이 들어섰다. 그리고 입구에서 보자면 좌측에는 연예관과 외국제품의 전시코너 건물이 배치되었으며, 그 건물의 정면은 알프스 산악 풍경을 그린 거대한 배경(書割)으로 뒤덮여 있었다. 지금으로 치자면, 전체적으로 백화점의 전시현장판매회하고 옥상유원지가 하나로 묶여 있는 것 같은 인상이 짙다. 실제로 전시품 속에는 그 자리에서 판매되는 물건도 적지 않았던 점에서, 박람회라고 하지만 잘 정리된 전시관이 늘어서 있는 이미지와는 거리가 멀었다.

이 박람회에 대해 한 가지 더 부언할 점은 박람회의 흥행물로 이때 미쓰코시 소년음악대가 결성되었다는 사실이다. 아동박람회 개최가 정해진 같은 해 2월, 미쓰코시는 유럽 백화점의 음악연주를 모델로 한 것일까, 박람회를 돋보이게 하기 위해 소년들로 구성된 음악대를 조직한다. 단, 이때 모인 이들은 아직 음악적 훈련을 받은 적이 없는 평범한 아이들이었다. 그들은 2개월의 특별훈련을 거쳐, 아동박람회 안에서 첫 연주를 선보여 호평을 얻는다. 이후 미쓰코시 소년음악대는 1914년 도쿄다이쇼박람회의 연예관에 출연하고, 1922년 평화기념도쿄박람회에서 주 3회 정례콘서트를 여는 등 박람회에 자주 출연하여 미쓰코시의 이미지를 올리는 데는 없어서는 안 될 존재가 되었다. 그리고 1912년에는 오사카 미쓰코시에서도 소년음악

[34] 타비(足袋)라고 하는 일본식 작업용 버선신발-역자주

[35] 킨차쿠(巾着)라고 염낭을 가리킨다-역자주

[36] 요다레가케(涎掛)라고 함-역자주

[37] 草履; 짚신-역자주

대가 신설되었고, 1911년에는 나고야 마쓰자카야에서, 1912년에는 교토 다이마루에서도 같은 성격의 소년음악대가 설립된다. 이 가운데 마쓰자카야의 경우는 후에 본격적인 교향악단으로 발전, 1935년에는 마쓰자카야 심포니로 이름을 바꿔, 1940년에 일본 빅터에 이양된 후 현재의 도쿄 필하모니의 모체가 되었다. 이런 것들과는 대조적으로 시라키야 또한 1911년 본관 신축에 맞춰서 소녀음악대를 결성한다. 이 소녀음악대는 현악기와 피아노 연주 외에 '코믹 오페라'로 불린 소녀가극을 공연하기도 하였다. 그리고 이들 백화점 음악대의 유행이 머지않아 미노유마 전철에 의해 다카라즈카[寶塚] 소녀가극단의 창립을 재촉하게 된다.

아동박람회와 같은 백화점 주최의 박람회 등장을 관계자들은 어떻게 받아들였을까? 아동박람회 심사위원 가운데 한 명이었던 스가와라 교조[菅原教造]는 다음과 같이 발언했는데, 당시에도 이러한 변화를 제대로 인식하고 있었음을 보여준다. 스기와라는 먼저 대체로 1903년 제5회 내국권업박람회를 경계로 생산장려의 박람회에서 판로확대의 박람회로 전환이 일어났음을 지적한다. 박람회는 이어 '생산보다도 소비의 장려라는 식으로 되고, 물품의 판로를 다시 생각할 일, 즉 판로의 확장이라는 것을 주로 해서 보게끔 되었다. 기술을 보여주기보다도 광고를 하여 많이 팔리는 쪽이 좋기 때문에 잘 파는 것을 궁리한다'. 여기서부터 박람회의 전시방법에 다양한 개량이 이루어진다. 또한, '가능하면 많은 구입자를 모으지 않으면 안 되니까 오락을 선사하여 사람을 끌어들이기 위해, 연예관과 유락소, 음식점을 설치한다 … 이를 요컨대 박람회는 국민적 축제로 띄운다. 시끌벅적 수많은 사람들이 모여들어, 진열한 물품이 착착 팔려나가, 그 토지 그 영업소가 번창해 가면 좋을 것이다.' 스기와라는 이렇게 언급하고서 나아가 백화점이 판로확대의 박람회와 본질적으로 동형의 공간인 점을 지적한다. 말하기를 '근세 소매영업법에서 가장 새롭고 가장 진보한 디파트먼트 스토어 제도의 틀은 실은 박람회의 방식에 지나지 않는다'. 박람회 속에 아동박람회와 부인박람회, 발명품박람회가 있는 것처럼 백화점에서도 양산 데이라든지 완구 데이라고 한 대매출이 존재한다. 이렇게 보자면, 박람회와 백화점이 여러 면에서 결합해 가는 것 역시 너무도 당연한 일이라고 하겠다.[38]

4. 전철 · 신문사와 박람회

미쓰코시의 아동박람회는 1921년 제8회까지 거의 매년 개최된다. 이윽고 비슷한 행사는 마쓰자카야와 다카시마야, 이세탄 등에서도 혹은 전철이나 신문사에 의해서도 유행처럼 시도되어, 이제 박람회적인 공간은 수많은 도시 소비자들을 상대로 널리 확대된다. 전철회사 가운데 박람회를 고객획득의 전략으로 이른 시기부터 활용하였던 곳은 고바야시[小林一三]가 이끄는 미노유마 전철이었다. 이 전철회사는 1911년에 미노동물원에 산림어린이박람회를 연 이래 1913년에는 다카라즈카 온천에서 부인박람회, 1914년에는 혼례박람회, 1915년에는 가정박람회를, 소규모이면서 가정생활을 테마로 한 박람회를 차례차례 개최한다. 그리고 혼례와 관련한 동서고금의 풍습을 전시한

38 菅原教造,「兒童博覽會感想」, 같은 잡지, 136-140쪽.

혼례박람회에서는 박람회를 빛내주는 흥행물로 다카라즈카 소녀가극이 첫 무대를 선보이기도 한다. 개회 당일의 모습을 오사카 마이니치신문[每日新聞]은 다음과 같이 전하고 있다.

> 다카라즈카의 혼례박람회는 드디어 오늘부터 개회. 우메다 승차장도, 다카라즈카 정류장도 회장도 온통 아름다운 벚꽃 장식으로 가득하고, 대형 아치, 길게 늘어선 연등도 밤의 분위기를 북돋아주는데, 회장 정면에 있는 맞선 인형에서부터 시대별, 지역별 혼례인형, 각종 혼례식 인형, '쥐며느리 구하기[39] 이야기로부터 시작하는 혼례풍습, 혼수 장만, 도구, 회화, 사진 등 수백 점이 있는데, 이는 분명히 지난 번 부인박람회보다도 의미 있는 진열이라고 권할 만하다. 특히, 귀여운 것은 8개월 동안 5명의 음악가와 3인의 선생의 힘으로 다듬어진 17명의 소녀가극단이 천진난만한 가극 〈돈부라코〉 4막과, 기대 이상으로 잘 정돈된 오케스트라, 합창·독창, 그리고 선녀와 같은 여러 패의 댄스 등 이와 같이 음악가들은 어느 것이든지 장차 잘사는 집의 아이들 음악 선호를 선도하게 되는데…[40]

다카라즈카 소녀가극은 그 후 오사카 마이니치신문의 지원을 받아 각지에서 공연을 거듭하면서 착실하게 성장해 간다. 쓰가네사와 토시히로[41]가 지적한 것처럼 소녀가극도 아직 박람회와 마찬가지로 새로운 소비생활의 의식을 널리 침투시키는 데 중요한 매체가 되었던 것이다.[42]

하지만 당시 백화점과 전철 이상으로 열심히 박람회를 주최한 곳은 신문사이다. 신문사가 주최한 가장 빠른 예는 1906년 호치신문[報知新聞]의 순항선박람회, 지지신문의 기차박람회,

39 네즈미노요메이리[鼠の嫁入り]라는 옛날 이야기, 천하 제일의 며느리를 구하러 다니지만 역시 같은 쥐끼리 결혼하는 것이 최고임을 깨닫는 내용-역자주

40 〈大阪每日新聞〉 1914년 4월 1일.

41 津金澤聰廣; 매스미디어연구자, 關西學院大學社會學部教授-역자주

42 津金澤聰廣, 『寶塚戰略』, 講談社, 1991. 그리고 阪田寬夫, 『わが小林一三』, 河出書房新社, 1983.

1912년 이후에는 야마토신문의 납량박람회와 메이지기념박람회, 전첩(戰捷)기념박람회 등이 있는데, 이런 행사들이 일반화된 것은 다이쇼 중기 이후의 일이다. 이 무렵부터 오사카일보와 오사카만초호[萬朝報], 요미우리신문 등의 납량박람회가 몇 번이고 열리는 한편, 요미우리신문의 부인어린이박람회하고 오사카마이니치신문 및 도쿄니치니치[日日]신문의 어린이박람회를 비롯하는 박람회들이 연거푸 열려, 쇼와 초기까지 신문사 박람회의 주요한 틀을 만들었던 것이다.

다이쇼에서 쇼와에 걸쳐 박람회를 적극적으로 개최하였던 신문사를 들자면, 야마토신문, 요미우리신문, 오사카마이니치신문, 도쿄니치니치신문 등이 있는데, 그 가운데에서 중요한 곳은 도쿄마이니치신문의 활동이다. 이 신문사는 미노유마 전철이 다카라즈카 신온천에서 개최한 박람회에 협력하는 한편, 1925년 대오사카박람회와 1926년 어린이박람회, 혹은 1936년 빛나는 일본대박람회, 1937년 다이마이[大毎] 페어랜드(Fair Land)와 신문사 사업으로서는 본격적인 대규모 박람회를 몇 차례에 걸쳐 개최하였다. 특히, 1925년 신문 15,000호 발간을 기념하여 개최한 대오사카박람회는 약 150만 명이나 되는 입장객이 찾아 많은 화제를 모았던 박람회였다. 주회장인 텐노지공원에는 본관을 중심으로 기계관, 파노라마관, 참고관, 오락관, 조선관, 대륙관, 대만관 등이 들어섰고, 그밖에 오사카성에는 호우코우칸[豊公館]이, 그리고 오사카 시내에 있는 다이마루, 미쓰코시, 다카시마야, 소고우, 마쓰자카야 등 5군데 백화점 점내에서는 오사카의 풍속과 유행을 보여주는 전시장이 협찬관으로 설치되었다. 그리고 본관은 물의 오사카, 공업의 오

사카, 상업의 오사카, 무역의 오사카, 어린이의 오사카, 여성의
오사카, 가정의 오사카, 문화의 오사카, 시네마의 오사카, 복식
의 오사카, 식품의 오사카, 전기의 오사카, 빛과 연료의 오사카
등등 모두 27개 부문으로 나눠 대도시로 발전한 오사카의 현재
와 미래를 여러 각도에서 조명하였다.

그림 4-3 전기대박람회(1926, 오사카) 제1회장의 전경 (이태문 소장)

이 대오사카박람회는 오사카라는 도시의 전모를 그려내는
데 역점을 두어, 국민신문의 가정박람회나 요미우리신문의 부
인어린이박람회와 같이 '가정'과 '부인'에 테마를 맞춘 것은 아니
다. 그렇지만 본관 27개 부문 안에 가정의 오사카, 여성의 오사
카, 어린이의 오사카라고 하는 부문이 있었던 것처럼 산업면만
이 아닌 소비면도 담으려고 했음을 알 수 있다. 실제로 27개 부

문 안에 가정의 오사카와 문화의 오사카는 주최측의 통계부문에는 없었지만, 이 장르의 출품이 주최측의 예상을 다수 뛰어넘은 까닭에 특별히 증설되었다고 한다. 그리고 예를 들어 전기의 오사카 부문에서는 오사카시 전기국이 부엌에 전기밥솥, 전기포트, 전기곤로 등을, 식당에 전기시계, 토스트, 전기스토브, 라디오, 커피포트, 전기스탠드 등을 설치, '모두가 스토브로 몸을 따뜻하게 하면서, 음악이나 뉴스를 즐길 수 있는' 5~6인 가족의 중산층 가정을 고려한 모델 룸을, 빛과 연료의 오사카 부문에서는 오사카 가스(瓦斯)회사가 가스포트, 가스난로, 가스요리기, 가스곤로, 가스화로 등 가스를 이용한 부엌 모델을 출품하였다. 또한, 복식의 오사카 부문에서는 다이마루, 미쓰코시, 다카시마야, 소고우, 마쓰자카야 5군데 백화점이 유행하는 의상을 입힌 인형을 전시하였다.

그런데 대오사카박람회의 또 다른 특징은 박람회에 관객을 모을 목적으로 다양한 선전을 전개하였다는 점이다. 오사카마이니치신문은 신년 지면을 이용해 박람회 개최를 발표한 후, '전반적인 계획에서부터 날로 모습을 갖춰 가는 회장 설비의 진행 상황, 출품물의 내용 등에 대해 꼼꼼하게 며칠에 걸쳐서' 박람회 관계의 기사를 게재한다. 사고(社告)만으로도 30회 이상으로, 정월부터 4개월 간 총 200건을 넘었다. 신문사 역시 나중에 박람회 성공의 최대 요인으로 '철저한 선전'을 들어, '이런 것은 신문사가 아니고, 다른 기획이었다면 도저히 미칠 수 없는 것이었다'고 밝힌다. 게다가 이 캠페인은 신문지면만이 아니고, 포스터와 공고판, 찌라시, 자동차와 비행기, 보트 등을 이용해서 이루어졌는데, 박람회장 내에서는 '시네마 오사카의 날', '어린이 오사카의 날', '기계관의 날', '염매관(廉賣館)의 날'이라는 행사가 차례차례 열렸다. 이와 함께 주최측은 오사카 근교의 사철(私鐵) 회사들과 제휴하여 다수의 여객할인권을 발행해 입장객을 끌어들였다. 이러한 일련의 선전을 한 결과, '단순히 개최지인 오사카에 국한되지 않고, 오사카마이니치신문에 버금가는 도쿄니치니치신문의 세력권인 혼슈[本州], 규슈[九州], 시고쿠[四國], 홋카이도[北海道]를 비롯해 대만, 조선, 만주의 식민지에서도 많은 인기를 모았'던 것이다.[43]

대오사카박람회의 성공에 자신감을 얻은 오사카마이니치신문은 다음 해인 1926년 이번에는 교토의 오카자키 공원에서 황손(皇孫) 테루노미야[照宮] 탄생[44]을 기념하는 어린이 박람회를 개최한다. 회장에는 어린이와 엄마의 집, 담력의 집, 운동관, 교육관, 영양관, 북극관, 해저관, 전기관, 공예관 등이 들어섰고, 전술한 것처럼 가정의 전기 이용과 가스를 활용한 모델룸 전시 외에, '어린이용 작은 수화기가 몇 개씩이고 설치되어 있어, 거기에 귀를 대면 JOBK 방송[45]이 손에 잡힐 듯 들린다'는 라디오실, '맑은 밤하늘에 빛나는 별 아래에서 라디오를 듣는 시가'의 모형, '엄마가 알아야 할 가정과학'의 전시 등이 늘어서 있었다. 그 가운데에서도 인기를 모은 것은 전기 장치로 눈발을 만들고, 오로라를 보여주는 북극관, '너무 눈부셔 눈을 뜰 수 없을 만큼 빛나는' 전기탑 아래에서 라디오의 세계를 표현한 전기관, 수족관의 해저관, 스포츠용품을 전시한 운동관 등이다. 오사카마이니치신문은 이 박람회가 '현실의 큰 흐름인 스포츠와 활동사진, 그리고 라디오 이들 세 개의 세계를 구체적으로 표현하는' 것을 강조하였는데, 실제로 어린이박람회는 대오

43 『大大阪記念博覽會誌』, 大阪每日新聞社, 1925, 591-619쪽.

44 1925년 12월 6일 첫 번째 황손인 테루노미야 시게코(照宮成子) 내친왕(內親王)이 탄생한 것을 축하하는 행사-역자주

45 1925년 2월 사단법인 오사카방송국 'JOBK' 설립, 그리고 그 해 6월 미쓰코시 옥상에서 가방송을 개시-역자주

사카박람회 이상으로 소비문화적인 성격이 강한 박람회였다.[46]
물론 이 때에도 전년도와 마찬가지로 대대적인 캠페인이 신문
지상만이 아니라 다른 매체를 이용하였음은 말할 필요가 없다.

그림 4-4 평화기념항공박람회(1920, 도쿄) 전경 (이태문 소장)

46 〈大阪 每日 新聞〉
1926년 7월 1일~3일.

그 결과 이 어린이 박람회에 몰려든 입장객은 150만 명에 이르렀다.

    위와 같은 오사카마이니치신문의 박람회에는 미치지 못하지만 요미우리신문도 역시 수차례에 걸쳐서 부인어린이 박람회를 시작으로 다이쇼 시대부터 박람회 개최에 적극적으로 나선다. 그 중에서도 가장 큰 규모는 다이쇼 6년 3월 15일부터 6월 10일까지 우에노 공원에서 개최한 전도(奠都)50주년기념박람회이다. 개회에 앞서 요미우리신문은 '국가적 대사는 무엇이든 새로운 수도인 도쿄에서 기획되고, 실행되었으며, 또한 국운 발전의 제1단계라고도 할 수 있는 청일의 역할에는 커다란 깃발을 도쿄에서부터 내세워, 그 제2단계라고도 볼 수 있는 러일의 역할로는 그 대본영(大本營)을 도쿄에서 터를 잡게 하고, 제국의 육해군 대작전은 여기에서 계획되어진' 것이며, 메이지 첫 해의 도쿄 전도를 그 후 '제국영토의 확대'를 위한 출발점으로 확인하려고 전도박람회를 개최하는 것이라고 선언한다.[47] 이러한 전도박람회는 소비생활의 모델이라기보다는 제국주의와의 관련성을 강하게 내비쳤다. 전시의 핵심이 된 것은 메이지 천황의 도쿄 순행(巡幸)길을 재현한 연속적인 파노라마로, 교토 황궁을 나온 천황 일행의 모습과 거리를 지나는 행렬을 '연변의 남녀노소가 앉거나 서서 환영하는' 풍경, 강을 건너는 배 위의 일행들 모습 등이 시노바즈노이케[不忍池] 주위를 둘러싸듯이 재현되었다.

[47] 〈讀賣新聞〉 1917년 3월 15일.

그림 4-5 대례기념국산진흥 도쿄박람회(1928) 우에노 연못 시노바즈노이케[不忍池] 위에 만든 조선관 풍경
(이태문 소장)

천황 순행의 파노라마와 견줄 만큼 인기를 모았던 것은 대만
관과 조선관 등 식민지 파빌리언과 구주(歐洲) 관전(觀戰)비행관
이다. 먼저, 대만관에는 다양한 종류의 열대식물이 심어져, 원
주민이 사용하는 돌 절구통과 절굿공이, 잔, 등나무와 생선껍
질로 만든 갑옷과 투구, 창, 활 등이 전시되었다. 조선관은 알록
달록 색을 입힌 누(樓)를 세우고, 그 누 위에서 박람회장을 내려
다 볼 수 있게끔 하였으며, 고구려의 풍속 등을 전시하였다. 만
몽관에서는 대련의 항구건설을 재현한 커다란 모형과 소금 채
굴장, 그리고 몽골 대평원의 파노라마 그림 등이 전시되었다.
그리고 이들 파빌리언에서 '넘치는 이국 취향에 빠져 쭉쭉 밀려
가던' 관람객은 구주관전비행관에서 제1차 세계대전의 전쟁터

를 파노라마로 관람하게끔 되어 있었다. 이 관은 내부가 곤돌라로 되어 있고, 전방에 달린 프로펠러가 회전하면서 삐그덕삐그덕 좌석이 흔들렸는데, 창 밖에는 유럽 전쟁터의 풍경이 보이는 식의 체험형 파노라마 장치였다. 게다가 이 전쟁터 풍경은 '전기장치로 포탄 연기, 빗발치는 총알, 피바다, 산처럼 쌓인 시체 더미 등 유럽 현지의 실경을 밤부터 동이 틀 무렵, 정오, 황혼의 식으로 비춰' 보여주는 것으로, 이런 방식은 이윽고 각지의 박람회에 등장하는 전쟁파노라마에서도 응용되어, 사람들의 시선을 제국주의적 침략 의식과 일체화시켜 나간 것이다.

그림 4-6 국방과 자원 대박람회(1936, 히메지) 포스터 (이태문 소장)

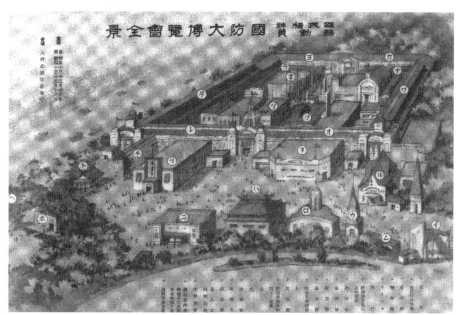

그림 4-7 국민정신총동원 국방대박람회(1938, 도쿄) 전경. 왼쪽 아래에 조선관 건물이 보인다 (이태문 소장)

또 다른 점으로 전도박람회에서 다루고 싶은 것은 박람회의
흥행물로서 도카이도(東海道) 역전 경주대회가 열려, 그 규모가
대대적으로 보도된 점이다. 신문은 천황의 동쪽 순행 출발일이
태양력으로 환산하면 4월 27일에 해당하는데, 이 날 교토 산조
[三條]대교를 출발하여 우에노 공원의 전도박람회 정문에 골인
하는 동서대항의 역전경주를 기획한다. 신문지면에서는 각 구
간의 레이스 전개를 상세히 보도, 결승점인 우에노 부근의 열
기가 달아오른 상황 등을 그려냈다. 이와 같이 신문사의 스포
츠 · 이벤트 개최는 러일전쟁 속에서 오사카마이니치신문이 철
도 마일수 경쟁이나 해상 10마일 경영(競泳) 등의 행사를 기획
하였던 무렵까지 거슬러 올라가, 다이쇼 초기에는 전국 중등학

교 야구대회도 시작된다. 요미우리신문의 역전경주도 이러한
흐름에 맞춘 것으로 이 시대 박람회와 스포츠·이벤트라는 두
가지 형식을 통해 매스 미디어가 사람들의 의식을 대규모로 동
원해 가는 기초가 형성되었음을 의미한다고 본다.

　이상과 같이 오락화 되었고, 새로운 가정생활의 이미지 전시
장이 되었던 다이쇼 시대의 박람회에서 신문사와 전철, 백화
점 등의 민간자본이 해낸 역할은 중요하다. 어떤 의미에서 이
것은 이미 이 무렵에는 이들 자본이 거대화되어, 도쿄와 오사
카 대도시 주민을 과점적으로 지배할 수 있게 되었음을 가리킨
다. 예를 들어 다이쇼 시대의 오사카에서는 야마모토 다케토
시[48]가 지적하듯이 이미 '오사카아사히신문[大朝]'과 '오사카마이
니치신문[大毎]'의 과점적 지배가 거의 완성되어, 두 신문사간에
는 격렬한 판매경쟁이 벌어졌었다. 발행부수에서 뒤쳐진 오사
카마이니치신문의 따라잡기 위한 비책으로 박람회가 선택되어
진 것은 '박람회의 입장객은 수가 많고, 모든 계층에 퍼져 있으
니 부수와 독자층의 확대를 꾀하는 신문으로서는 절호의 선전
무대였'기 때문이다. 러일전쟁 후에 '특정의 균질적인 계층에서
불특정의 이질적 계층으로' 신문시장의 구조변동은 신문사 사
업의 성격을 변화시켰으며, 다종다양의 계층을 상대로 모든 계
층에게 인기가 있는 박람회가 신문사 사업에서 급속하게 그 지
위를 높여갔'던 것이다.[49] 이와 같은 예로 오사카—고베 간의
교통에서 선행하는 한신[阪神] 전철의 뒤를 이어 이 부문에 뛰어
들었던 미노유마 전철의 박람회 개최에 대해서도 마찬가지로
지적할 수 있다.

[48] 山本武利; 21세기 미
디어연구소 소장, 와세
다대학 교수-역자주

[49] 山本武利, 『近代日本
の新聞讀者層』, 法政大
學出版局, 1981, 315쪽.

5. 박람회 전문업자들의 활약

한편, 다이쇼 시대 이후 백화점과 신문사, 전철회사들이 박람회를 속속 주최해 가게 되었다고 하더라도, 실제로 이들 박람회에서 파빌리언과 전시를 기획하고 연출하였던 것은 그들이 아니었다. 사실은 이 무렵부터 박람회가 개최될 때마다 주최측에 모여, 전시를 하청 받는 일군의 사람들이 형성되기 시작하였다. 그들은 '란카이야[ランカイ屋]'라고 불린 박람회 전문업자로서 이윽고 자신들의 세력을 넓혀나간다. 자신도 란카이야였던 나카가와 도지[中川童二]는 이 직종을 크게 네 가지로 나눴다. 첫째는 각지의 박람회 사무국을 돌아다니는 플래너들, 그들은 내외 사정에 정통하여 기획과 선전의 절차를 솜씨 좋게 처리해, 공사 관계자에게도 이를 이용해 억지를 부려 그 중에는 자기가 직접 조감도를 그려 현이나 시 당국에 기획을 팔고서, 공사담당자로부터 리베이트를 받거나, 출품자에게 향응을 베풀게 하거나, 여성 안내원[50]을 유혹한다든지, 개회 직전에 행적을 감추기도 해 섣불리 판단할 수 없는 이들도 있었다. 두 번째는 현장 공사를 하청 받아, 시공하는 중소 건설회사와 장식회사의 사람들이다. 나카가와 자신도 그런 부류의 사람으로 도쿄장식사라는 장식회사에서 근무하였다. 세 번째로 이러한 건설·장식회사의 감독 아래에서 일하는 목공, 건설 잡공,[51] 페인트공, 전기집, 식목집 등의 전문가들이다. 그들은 우연하게 박람회 공사와 관계를 맺고, 그것이 인연이 되어 각지의 박람회를 쫓아다니며 생활하게끔 된 사람들이다. 그리고 마지막으로 네 번째는 우마고야[馬小屋]라고 불린 무네와리나가야[52]의 매점을 빌려서 장사를 한다든지, 회장내 구경거리 흥행물을 열기도 하는 야시[53]들이

50 원문에서는 여간수(女看守)로 표현-역자주

51 토비노모노[鳶の者]라고 건설현장에서 목재나 석재를 나르거나 거푸집을 설치하는 일을 하는 건설노동자인데, 에도 시대는 불을 끄는 일도 겸하였다-역자주

52 棟割長屋; 건물 한 동을 여러 개로 나눈 작은 점포-역자주

53 香具師; 사람들이 모이는 행사에 노점을 내고 물건을 팔거나 장소를 나누고 관리하는 사람들-역자주

다. 바로 이러한 사람들이 다이쇼 시대 이후에 각지에서 빈번하게 개최된 박람회의 무대장치가로서 등장을 하였던 것이다.[54]

란카이야의 기원이나 조직에 관해서는 자세하지 않은 부분이 많다. 그렇지만 여러 가설 가운데 하나는 에도 시대 세공물을 다루는 계통의 흥행꾼이었을 것으로 보인다. 여기서는 그 계통에 대해 자세히 검증할 수 없지만, 한 예로 쇼와 초기 일본에서 대표적인 란카이야로 꼽히던 노무라공예사[乃村工藝社]의 발자취를 한번 살펴보기로 하자. 이 회사의 역사 자체가 일본 란카이야가 에도 이래 흥행꾼이나 장인들의 네트워크에서 근대적인 디스플레이 산업으로 발전해간 과정을 보여주는 것으로 여겨지기 때문이다. 노무라공예사의 사사(社史)를 보면, 회사의 기초를 다진 것은 국화 인형사인 노무라 타이스케[55]이다. 그가 태어난 곳은 메이지초 사누키[讚岐]로 이 지역에서 시코쿠[四國] 편로와 콘피라참예[56]로 북적거림이 이 인물에게도 적지 않은 영향을 미쳤다고 한다. 이윽고, 그는 연극에 필요한 큰 소품과 장치를 만드는 대목의 수행을 계속하는데, 다이쇼가 되자 당시 유행하고 있던 국화 인형의 세계에 뛰어들어, 대목공의 경험을 살린 연출로 사카이[57]나 스마,[58] 히라카타,[59] 이코마[60]에서 활약한다. 그리고 관동대지진 후 도쿄로 진출하여 료고쿠의 국기관에서 몇 차례 행사를 지휘하게끔 된다. 그 무렵 이 노무라의 흥행물업을 국화 인형사에서 란카이야로 전환시켜 가는 매개적 역할을 한 것이 이미 언급한 백화점과 전철회사, 신문사와의 관계였던 것이다.

먼저, 신문사와의 관계로 말하자면 노무라의 사업이 발전하

[54] 中川童二,『ランカイ屋一代』, 講談社, 1969, 10-12쪽.

[55] 乃村泰資; 1892년 노무라 공예사를 창업. 다이쇼 시대에 국화로 각종 인형을 만드는 전문가로 활동, 쇼와 시대에 각종 박람회 전시와 백화점 기획행사에 참가한다. 그리고 노무라 공예사는 1942년 주식회사로 바뀐다.-역자주

[56] 金比羅參詣; 금비라(禁毘羅)・구비라(俱毘羅)・궁비라(宮毘羅)로 음역하기도 하고 교룡(蛟龍)・위여왕(威如王) 등으로 번역. 불교에서는 약사십이신장(藥師十二神將)의 하나로 꼽는다. 천축국(天竺國) 영취산(靈鷲山)에 있다는 야차왕(夜叉王)의 두목으로, 그 권속과 함께 불법(佛法)의 수호신-역자주

[57] 堺; 오사카 중남부 오사카만을 마주하고 있는 시-역자주

[58] 須磨; 고베시 서부 지명으로 하얀 모래밭과 소나무가 유명한 해안지역-역자주

[59] 枚方; 오사카 북동부 지역-역자주

[60] 生駒; 나라현 북서부 지역으로 오사카시의 주택지로 발전-역자주

는 데 큰 역할을 한 것은 쇼리키 마쓰타로[61]가 이끄는 요미우리신문사와의 관계이다. 알려진 것처럼 쇼리키는 1924년(다이쇼 13) 요미우리신문사 사장의 자리에 오르자 매스 이벤트와 매스 미디어를 결합시킨 구매층 확대의 전략을 일관되게 전개해 간다. 그 처음에 해당하는 시도로 1924년 여름 국기관에서 납량박람회가 열려, 노무공예는 그 연출을 하청 받는다. 이후 야바케[62]박람회와 나가사키[長崎] 납량박람회, 일본전설귀신대회 등 납량물에서부터 만주국박람회와 신흥지나[支那]박람회, 세계의 여명 대아세아박람회 등 군사 프로파겐더 행사물까지 요미우리신문사가 주최하고 노무라공예가 연출하는 식이 국기관 행사의 기본 바탕이 되었다. 물론 그들은 요미우리 이외의 신문사와 관계를 갖지 않았던 것은 아닌데, 아사히신문 주최의 홋카이도[北海道]척식(拓植)박람회와 국민신문 주최의 세상(世相)박람회, 혹은 석간 오사카신문, 신아이치[新愛知]신문, 가호쿠[河北]신보 등이 개최하였던 만몽(滿蒙)군사박람회의 연출도 하청 받는다.

한편, 백화점과의 관계로 특히 중요한 것이 다카시마야이다. 노무라 공예와 다카시마야의 관계가 긴밀화한 것은 1927년경부터로 이후 호타이코[豊太閤]박람회,[63] 카라후토(樺太)박람회,[64] 인형박람회, 대만박람회, 어린이박람회 등등 다카시마야의 행사가 모두 노무라의 손으로 치러지게 된다. 나아가 전철회사와의 관계에서도 오카야마[岡山]전기궤도가 승객유치를 위해 건설한 오카야마 카이라쿠엔[偕樂園]에서 열 행사기획이 노무라의 책임으로 여기를 거점으로 한 다카마쓰[高松]에서의 전국산업박람회와 히로시마[廣島]에서의 쇼와산업박람회 향토관의 연출

61 正力松太郎; 1885~1969, 대중오락의 아버지라고 불리는 요미우리신문·니혼텔레비전의 사장을 역임-역자주

62 耶馬溪: 오이타현(大分縣) 북서부에 있는 계곡-역자주

63 호타이코는 도요토미 히데요시[豊臣秀吉]의 경칭-역자주

64 사할린(Sakhalin)을 뜻함-역자주

등에도 관여한다. 노무라 공예사는 이와 같이 신문사, 백화점, 전철회사와의 제휴를 강화시켜 가면서 다이쇼에서 쇼와에 걸쳐 근세 이래의 흥행꾼에서 근대적인 디스플레이 산업으로 변신을 이루었던 것이다.

그림 4-8 호타이코[豊太閤]박람회(1927, 오사카 다카시마야)
도요토미 히데요시의 일대기 중 오사카성에 들어서는 일행을 인형으로 전시하였다 (이태문 소장)

 다만 이 시기의 노무라공예는 아직 제도화된 회사조직을 가지고 있었던 것은 아니었다. 회사 스스로도 쇼와 초기에 '도쿄와 오카야마에 거점이 있었지만, 사(社)라는 이름만 가지고 있었지 조직이나 직제도 없이 유격대처럼 일에 응해, 빈손으로 동서로 이동하는 그룹하고 거점 중심으로 움직이지 않는 그룹으로 나눠져 있었다'고 밝히고 있는 것처럼, 기본적으로는 지금도 도쿄 코쿠기칸[國技館]에서 전시를 지휘하는 노무라 타이스케, 그리고 오카야마 카이라쿠엔에서 전시를 지휘하는 난코 세이죠[南光淸三] 이들 두 사람이 이끄는 장인들의 네트워크에 지나지 않았다. 그리고 예를 들면 파노라마 화가는 누구, 국화 인형은 누구라는 식으로 전시 장르에 따라 핵심이 되는 전문 장인들이 결정되어, 막상 박람회 개최라도 되면 그 주위엔 몇 백 명이나 되는 일꾼들이 모여들었던 것이다. 이런 상태가 쇼와 10년대 전쟁이 점점 혼미해져 가는 가운데 변화를 요구받는다. 이미 이 무렵, 노무라 공예가 관여하는 박람회는 거의가 군사 프로파겐더를 목적으로 하는 것이 대부분이었는데, 게다가 1942년 육군성이 지도하면서 그때까지의 '노무라 공예'는 '군사 사상보급에 관한 교재의 입안·제작'을 담당하는 '일본군사공예'라는 주식회사 조직으로 재편되게끔 된 것이다.[65]

이상과 같은 노무라 공예사의 발전은 다이쇼에서 쇼와에 걸쳐 란카이야들의 상황을 어렴풋하게나마 보여주는 예이다. 메이지 시대까지 박람회가 몇 년에 한번 정도로밖에 열리지 않고, 내용적으로도 식산흥업적인 것에 한정되어 있었다고 한다면, 그러한 박람회에서 흥행꾼들의 역할은 아주 부분적인 것에 지나지 않았다. 그렇지만 다이쇼 이후 자본주의의 급속한 발전 속에서 성립한 도시 대중사회는 새로운 중간층을 대상으로 하는 이벤트를, 좀 더 항구적으로 수요하게 된다. 그리고 이런 움직임을 선도적으로 매개한 것이 백화점이며, 전철회사이며, 신문사였다. 이들 자본은 사람, 물건, 말이라고 하는 세 개의 면을 가지고 우리들 가정생활을 새로운 마켓으로 전부 껴안았던 것이다. 박람회는 그와 같은 일상의 재편을, 비일상의 차원에서 가능하게 만든 장치였던 것이다. 여기서 박람회는 몇 년에

[65] 乃村工藝社社史 編纂委員會, 『70萬時間の旅』, 제2권, 乃村工藝社, 1975.

한번 열리는 제전이 아니라, 끊임없이 일상생활을 스펙터클화해가는 장치로서 좀 더 정기적으로 개최될 필요가 있었다. 역으로 흥행꾼들의 입장에서 보자면, 박람회가 이와 같이 정례화되면, 이 행사를 새로운 흥행영역으로 가정할 수 있게 된다. 다이쇼 이후 란카이야가 박람회 전문직종으로 성립되기 위해서는 본 장에서 밝힌 것처럼 백화점, 신문사, 전철회사를 매개로 한 박람회 개최의 항구적인 시스템을 만들지 않으면 안 되었던 것이다.

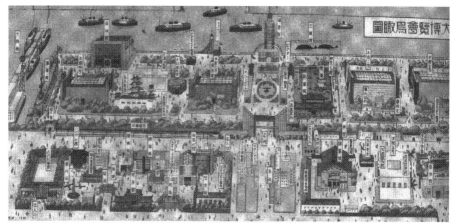

그림 4-9 부흥기념요코하마대박람회(1935, 요코하마) 조감도, 호수에 세워진 조선관이 보인다 (이태문 소장) 같은 요코하마대박람회 조선관과 영빈관 (이태문 소장)

다이쇼 이후 박람회의 변용은 한편에서는 박람회 안에 새로운 가정생활의 이미지와 오락의 장을 구하는 도시중간층의 증대라는 관람객의 변화와, 다른 한편에서는 박람회를 소비의 스펙터클로 연출해 가는 백화점과 신문사, 전철회사의 전략, 그 위에 이들을 매개로 하는 란카이야의 대두라는 연출측의 변화가 결합되면서 생긴 것이다. 그리고 이들에 정부와 지방관청을 보탠 시스템이 전후에도 수없이 열린 박람회의 기본적인 바탕이 된다. 예를 들어, 1940년대 말부터 박람회를 전후 부흥의 기폭제로 삼으려고 전국 각지에서 부흥박람회, 무역박람회, 산업박람회 등이 앞다투어 법석을 떨며 열리는데, 그 중에서도 1950년에 열린 미국박람회는 입장객수가 200만 명이 넘는 대규모의 행사였다. 회장에는 글자 그대로 '미국'의 전모를 관객들 앞에 보여주자는 의도로 입구 가까이에 엠파이어스테이트 빌딩을 본 뜬 안내탑과 링컨 동상이 세워졌으며, 미국을 일주하는 대형 파노라마와 서부 대파노라마, 화이트 하우스, 농업관, 종교관 등이 들어섰다. 참고로, 이 박람회를 주최한 것은 아사히신문사이며, 기획과 시공은 노무라 공예사와 센덴시야[千傳社]라는 란카이야 등 이들 두 회사가 하청 받았다. 회장은 한큐 니시노미야[西宮] 북쪽이었다. 그곳은 수년 전까지 성전박람회와 대동아건설박람회가 같은 주최자와 같은 시공업자에 의해 열렸던 장소이다. 즉, 분명히 전시 테마는 수년 전까지 사용하였던 '성전'이나 '대동아건설'에서 '부흥', '미국'으로 바꾸었지만, 박람회를 만들어내는 시스템 그 자체는 개최장소도 그렇고, 주최측이나 전시기술 역시 전쟁 이전 그대로 답습하였던 것이다. 이와 같은 현상은 전후 개최되었던 수많은 산업문화박람회나 과학박람회, 부인어린이박람회, 어린이박람회의 경우에도 그대로 맞아떨어진다고 하겠다.

5

제국주의의 제전

1893년 시카고 만국박람회 회장을 부감하는 사람들
(The Chicago World's fair of 1893)

1. 박람회장 속의 식민지

　박람회 시대는 동시에 제국주의 시대였다. 이것은 결코 우연이 아니다. 19세기 중반부터 20세기 초입까지 지구 전체에서 증식해가던 이 자본주의의 스펙터클은 무엇보다도 제국주의의 거대한 디스플레이 장치였다. 박람회는 테크놀로지의 발전을 국가 발전으로, 즉 제국의 확장이라는 길로 일체화시키면서, 그런 가운데 대중의 욕망을 끌어안았던 것이다. 이러한 박람회와 제국주의의 결합은 이미 1851년 런던 만국박람회 때부터 나타났다. 런던 만박의 개최에 앞서 주최측이 먼저 착수한 것은 대영제국의 식민지와 자치령의 출품 전체를 대영제국의 전시로서 챙기는 일이었다. 이들 식민지에는 동인도, 실론, 몰타, 아프리카 서해안, 희망봉, 캐나다, 모리타니, 영국령 기아나, 버뮤다 제도, 오스트레일리아, 뉴질랜드 등이 포함되어 있었다. 수정궁을 찾은 사람들은 최신 산업기계의 전시에 결코 뒤지지 않는 강렬한 인상을, 이들 식민지 전시를 통해 받았던 것이다. 실제, 많은 사람들이 그들의 '제국'이 대서양의 몰타나 포클랜드, 황금해안이나 모리타니 등 광범위한 지역까지 보유하고 있음을 처음으로 깨닫게 된다. 대영제국의 '풍요로움'과 영국 국민의 '우월성'이 식민지 전시를 통해서 '입증'되었던 것이다.

　또한 1851년 만국박람회에서는 식민지 전시는 아직 시행착오의 단계였다. 주최측이 시도한 것은 식민지 문화와 풍속 전시가 아닌, 어디까지나 식민지가 생산하는 원재료와 생산물 전시였다. 영국식 경제주의가 식민지 전시의 존재방식까지 지배한 셈이다. 이를 위해 그들은 인도에 대해서는 따로 구획을 두

었지만, 다른 식민지 출품은 영국 국내의 전시구획 안에 넣어
버렸다. 이 무렵까지에는 이들 식민지 전시가 지니는 이데올로
기적 효과에는 아직 충분한 주의를 기울이지 않았던 것이다.
겨우 독립 구획을 부여받은 인도조차도 전시의 대부분은 광물
자원이나 농작물로 채워졌다.

만국박람회의 식민지 전시가 문화적, 이데올로기적인 경향
을 강하게 띄기 시작한 것은 추측컨대 1855년 파리만국박람
회 이후일지 싶다. 이미 프랑스는 국민산업박람회 단계에서도
1839년에 앤틸레스(Antilles) 열도,[1] 1844년에는 구아다리페[2]나
폰디체리,[3] 그리고 1848년에는 알제리 등을 식민지 전시에 포
함시켰는데, 1855년 파리만국박람회에서는 해외에 영토를 가
진 유럽의 여러 나라들도 다 같이 자국의 식민지 전시를 추진
해 간다. 이때 영국은 동인도, 영국령 기아나, 캐나다, 희망봉,
오스트레일리아, 뉴질랜드 등의 식민지로부터 대량의 물품을
파리로 옮겨왔으며, 네덜란드도 자바섬의 출품으로 인기를 끌
었다. 물론 개최국 프랑스도 알제리를 중심으로 다른 나라를
압도할 규모의 식민지 전시를 선보였다.

1867년 파리만국박람회에서 식민지 전시는 규모를 크게 확
대해, 한층 공을 들인다. 프랑스 식민지에는 이 무렵부터 모로
코, 튀니지가 보태졌으며, 이들 지방의 출품물이 부문별로 나
눠져 전시된다. 또한, 이미 제2장에서 살핀 것처럼 이 당시 타
원모양의 본 회장 주위에는 크고 작은 전시장이 가득 세워졌는
데, 그 중에는 식민지 전시장이 다수 포함되어 있었다. 더욱이
1878년 파리만국박람회에서는 이들 식민지 파빌리언은 샹드
마르스 절벽 위 도로카데로 언덕에 모아, 그것만으로도 충분히

[1] 서인도 제도의 일부-
역자주

[2] Guadalipe; 카리브해
에 있는 작은 섬-역자주

[3] Pondicherry; 남인도
에 있는 옛 프랑스령의
해변 휴양지-역자주

그림 5-1 위: 1889년 파리 만국박람회의 앙바리드 식민지관
(1889: la Tour Eiffel et l'Expsition Universelle)
아래: 1889년 파리 만국박람회에 '전시'된 식민지 주민과 관람객 (같은 책)

4 Invalides; 루이 14세가 부상병 치료를 위해 1676년에 세웠다. 1789년 7월 14일 아침 프랑스 민중들이 이곳 무기고에서 28,000정의 총을 약탈, 바스티유 감옥을 습격한 프랑스혁명이 발발한 곳이자 나폴레옹이 영면하고 있는 곳으로 프랑스 근대사의 기념비적인 존재. 현재는 군사박물관과 입체지도박물관 등이 들어서 있다-역자주

5 Musee d'Orsay, ed., 1889: la Tour Eiffel et l'Exposition Universelle, Edition de la Reunion des Musees Nationaux, 1989. 그리고 Ory, P., L'Expo Universelle, Editions Complexe, 1989, pp.81-107.

중핵적인 독립 부문의 한 전시로 그 면모를 갖추게끔 되었던 것이다. 그리고 이후 1889년과 1900년 파리 만국박람회는 물론, 세계 각국의 만국박람회장에서 연달아 식민지 파빌리언이 만들어진다.

그런 의미에서 1889년 파리 만박은 식민지 부문의 전시에 결정적인 방향을 제시하였다. 여기서 주목하고 싶은 것은 예를 들어 세느 강가 부근에는 프랑스로서는 매우 중요한 식민지인 알제리와 튀니지의 파빌리언이 세워졌다. 이 두 나라에는 매우 넓은 부지를 부여하여, 파빌리언 배후에 정원, 카페, 매점, 바자회장 등도 설치된다. 튀니지관 안쪽에는 안남(安南, Annam)과 통킹 등 북베트남 파빌리언이 있었으며, 좀 더 안쪽으로는 식민지 중앙궁이라는 커다란 건물이 있었다. 그리고 이 식민지 중앙관을 더 들어가면 코친차이나(Cochin China), 즉 남베트남의 파빌리언과 앙코르와트의 모습을 한 캄보디아의 파빌리언이 있었다. 이와 같이 앙바리드[4]에는 프랑스령 식민지관이 가득 들어서는데, 이들 건물의 건축은 어느 것이든 해당 식민지에 대한 프랑스인의 이국 취향적 이미지를 잔뜩 응축시킨 것들이었다. 가령, 알제리관과 튀니지관에서는 여러 이슬람 양식을 곁들인 지중해풍 분위기를 지어냈으며, 식민지 중앙궁에는 온갖 오리엔탈적인 양식이 절충된 양상을 보여주었다.[5]

그렇지만 앙바리드에서의 식민지 전시 가운데 무엇보다도 중대한 의미를 가진 것은 식민지 중앙궁 뒤편에서 안쪽으로 펼쳐져 있던 세네갈, 뉴 칼레도니아(New Caledonia), 프랑스령 서인도제도, 자바섬 등 원주민 부락이다. 여기서는 실제로 박람

회의 역사에서 가장 악명 높은 어느 전통이 모습을 드러냈다. 즉, '인간 전시', 다수의 식민지 원주민을 박람회장에 데려와 박람회가 개최되는 동안 울타리가 둘러쳐진 식민지촌 안에서 생활시키고, 이를 전시했다는 것으로 19세기말 사회진화론과 인종차별주의를 직접 표명한 전시 장르의 등장이다. 이 장르는 1889년 파리 만국박람회에 처음으로 등장하여 그 후 1893년 시카고 만국박람회에도 20세기초 미국 만국박람회에도, 그리고 비슷한 무렵인 유럽 박람회에도, 게다가 일본의 국내 박람회까지 널리 일반화된다. 여기서 박람회와 제국주의의 결속을 가장 잘 보여주는 이 전시 장르의 발달에 대해서 검토할 필요가 있다. 그런 의미에서 출발점이 된 1889년 파리 만박의 원주민촌에 대해서 좀 더 논의하고자 한다.

1889년 파리 만박에 등장하는 식민지촌은 이보다 10년 전쯤 블로뉴 숲 근처의(Bois de Boulogne) 동식물원, 쟈뎅 다크리마타시옹(Jardin d'acclimatation)에서 행한 전시방식을 대규모로 확대시킨 것이다. 이 쟈뎅은 동식물학의 보급을 목적으로 1859년에 설립된 시설로, 1860년대에는 제법 많은 입장객을 끌어모았다. 하지만 파리 코뮌으로 타격을 받고, 머지않아 경영 위기에 몰리게 된다. 그리고 이러한 위기를 타개하는 수단으로 1877년 식물과 동물만이 아니라 '미개'의 원주민들을 인류학적 '교재'로서 전시하는 방침이 도입된다. 최초로 전시되었던 것은 아프리카의 누비아인(Nubian)이었다. 이어서 에스키모, 라포니언(Laponian), 가우초(Gaucho), 푸에고(Fuego)섬의 사람, 기아나인, 칼미크인(Kalmyk), 아메리카 인디언(American Indian), 실론인(Ceylon), 아산티인(Ashanti) 등이 차례차례 끌려와 전시되었다.

이들 전시는 파리의 어린이들을 크게 자극하여, 쟈뎅 입장객은 1880년대를 거치면서 급속하게 증가한다. 1878년 파리 만박이 막대한 적자를 낳았기에 대중동원과 직접 연결될 수 있는 박람회의 '주목품'을 찾고 있었던 1889년 만국박람회 주최측이 이 '인간동물원'의 인기에 주목하지 않을 수 없었다. 그들은 쟈뎅 전시방식 자체를 국가적 규모로 확장하고, 박람회 전시의 새로운 장르를 창출해 갔던 것이다.

이렇게 1889년 파리 만박은 회장 내에 식민지촌을 재현하고, 끌고 온 원주민들을 전시하였다. 그들에게 필요한 음식과 생활용구를 제공, 몇 개월에 걸친 박람회 기간 중 낮이고 밤이고 울타리로 둘러싼 마을 안에서 '생활'하게끔 하였던 것이다. 폴 그린홀에 따르면, 이때 전시된 원주민은 세네갈인(Senegal) 가족 8명, 콩고인(Congo) 가족 7명, 뉴 칼레도니아 가족 6명, 거기에 많은 자바인들이었다. 이처럼 원주민들은 가족단위로 끌려왔는데, 각 가족이 같은 부족에 속해 있었다고는 할 수 없다. 예를 들어, 세네갈인 부락의 경우 8명의 가족은 푸르프족, 고로후족, 반바라족으로 저마다 문화적 전통이 다른 부족 출신자들로 구성되었으며, 같은 '부락' 사람들끼리도 서로 말이 통하지 않았다고 한다. 그럼에도 불구하고, 그들은 하나의 '미개인'으로서 사실 자신들에게는 낯선 의례와 행동을 관객들 앞에서 연기하도록 강요받았던 것이다.[6] 전시된 사람들은 처음 1개월이 지날 무렵에는, 박람회 관객들이 자신들에게 어떠한 행동을 기대하는지를 살피고서, 거기에 맞춰 '연기'를 배워나갔던 것 같다. 이때 유럽인들 입장에서 보자면, 그 식민지주의적인 시선에 적합할 것 같은 '이종'의 '열등성'이 눈앞에서 펼쳐지는 민족

6 Greenhalgh, P., 앞의 책, pp.86-90.

학적 '실물 전시'로 인해 '발견'되어갔던 셈이다.

이러한 '인간전시'는 만국박람회가 처음부터 내포하고 있던 정치기술론의 하나로 극단적인 형태를 의미한다. 실제로 '야만인'을 전시하는 것이 아니지만, 이전부터 런던이나 파리의 가설무대에서 곧잘 열렸던 것이며, 아주 조직적인 예는 제1장에서 다루었던 런던의 이집트 홀에서도 볼 수 있다. 그런데 이 시기 파리 만박에 등장한 식민지촌은 첫째, 단지 몇 사람을 구경거리로 삼으려고 한 것이 아니라 수십 명에서 경우에 따라서는 백 명이 넘는 사회집단이 그 주거환경과 함께 박람회장에 옮겨졌다는 점, 두 번째로 그 조직화와 연출로 대박을 노린 흥행사들의 술수가 아니라, 비서구 세계를 사회진화론적인 계제(階梯) 속에서 자리매김하려는 인류학적 시도였다고 하는 점, 세 번째로 그러한 '미개사회'의 스펙터클적 전시를 국가 스스로 맡았다는 점에서 이전의 가설무대에서 행해진 쇼와는 질적으로 다른 사건이었다. 1889년 파리 만박을 찾은 엄청난 수의 사람들 앞에는 에펠탑이 드높이 찬양한 철과 전기의 '문명', 그리고 그 아래에 펼쳐진 식민지촌의 길들여진 '미개'의 세계가 바로 박람회의 두 가지 초점으로 제시되었다. 다시 말해, 어느 의미에서 여기에는 '미개'에서 '문명'으로의 사회진화론적 계층이 나중에 서술할 시카고 만박처럼 서에서 동으로의 수평방향이 아닌, 아래에서 위로라는 수직방향으로 공간화되었다고도 생각할 수 있을 것이다.

2. 흰 상아의 도시와 미드웨이

1889년 파리 만국으로부터 4년 뒤, 파리 만박이 보여준 식민지 전시의 스타일은 더욱 교묘하게 조직화되어, 콜럼버스의 신대륙 발견 400년을 기념해 개최된 시카고 만국박람회에서 달라진 모습을 보여준다. 제2장에서도 다뤘듯이, 이 박람회의 회장은 시카고 도심으로부터 남쪽으로 좀 떨어진 미시건호를 면하면서 넓은 습지를 갖고 있었던 잭슨 공원이다. 이곳에 685에이커 부지가 마련되어, 공예관, 기계관, 전기관, 농업관, 광산관, 원예관, 여성관, 미술관 등의 파빌리언들이 빼곡이 들어선다. 회장의 중심을 차지하고 있었던 것은 '영예의 정원', 그리고 인공 연못을 둘러싸고서 고대 로마풍과 르네상스풍의 위풍당당한 상아빛 파빌리언이 즐비하게 늘어선 '화이트 시티'였다. 철도역을 내리면 정면에 르네상스풍의 돔을 얹은 애드미니스트레이션(Administration) 빌딩이 서 있고, 그 오른쪽에 기계관, 왼쪽에 광산관과 전기관이 있었다. 광업부문과 전기부문은 만국박람회에서는 이때부터 독립된 전시관이 따로 세워졌다. 그 중에서도 전기관에는 장거리 전화와 키네토스코프를 비롯해, 최신 전기 테크놀로지가 전시되었다. 이와 함께 인공 연못의 주변에는 시카고 만박의 상징적인 풍경이 펼쳐졌다. 즉, 서측 광장에서 보면 인공 연못의 바로 앞쪽에는 신대륙 발견을 상징하는 '콜럼버스의 분수'가, 절벽 쪽으로는 고대 로마풍의 기둥을 배경으로 '공화국의 상(像)'이 마주보고 세워졌으며, 그 좌우에는 '영예의 정원'이 펼쳐져, 이 정원을 보면서 두 개의 거대한 상아빛 파빌리언, 공예관과 농업관이 위용을 자랑하고 있었던 것이다.

화이트 시티의 건축물들을 지배하고 있었던 것은 파리 아카데미의 영향을 받은 고전주의적 양식이다. 그 가운데서도 그 기조를 이룬 것은 고대 로마의 이미지이다. 인공 연못 주변에는 로마풍의 아케이드와 조각으로 벽면을 장식한 돔이 늘어서 있었다. 실제 고대 로마에서 건축 이미지의 원천을 찾는 행위는 19세기초 제퍼슨의 워싱턴 건축에서도 볼 수 있다. 그런데 이때 시카고에 등장한 '고대 로마'는 19세기초부터 선보였던 로마와 같은 성질이 아니다. 이는 이 시대 미국인들의 의식 변화에 맞춘 것이다. 다시 말해, 이 무렵부터 미국은 국내 플로리아 정복을 끝내고 해외식민지 획득을 향해 움직였다. 박람회에 등장한 이 '고대 로마'는 바로 '새로운 억만장자들의 심리적인 욕구에 호응한 것이었다고 한다. 그들은 힘차게 자신의 기술을 닦는 남자보다는 온화한 금융자본가이고자 하였다. 시카고 만박의 로마주의는 일찍이 제퍼슨의 그것이 로마 공화국이었던 것과는 달리, 로마제국 그 자체였다'라고 스탠리 아펠바움(Stanley Appelbaum)은 말하고 있다.[7]

한편, 이 인공 연못을 둘러싼 파빌리언군은 몇 개의 관련 영역으로 나눠진다. 먼저, 공예관과 전기관, 광산관의 북서쪽에는 연못과 늪이 전개되었고, 그 주위에 교통 · 운수관, 원예관, 여성관, 어업관, 미술관, 미국정부관, 일리노이주관 등이 늘어섰다. '영예의 정원' 주변과 마찬가지로 이들 대부분은 로마풍 아니면 르네상스풍의 장식이었는데, 중심부에서 볼 수 있는 것과 같은 통일성이 있었다고 하기는 어렵다. 실제로 어업관과 미시건호에 둘러싸인 일대에는 영국, 프랑스, 독일, 노르웨이,

7 Appelbaum, S., *The Chicago World's Fair of 1893*, Dover Publications, 1980, pp.13-14. 시카고 만국박람회 때 '제국' 미국의 이미지에 관해서는 Rydell, R. W., "The Culture of Imperial Abundance", Bronner, S. J., ed, 앞의 책, pp.191-216. 그리고 Cawelti, J. G., "America on Display: The World's Fairs of 1876, 1893, 1933", Jaher, F. C., ed., *The Age of Industrialism in America*, Free Press, 1968, pp.317-363. 등을 참조.

스웨덴, 터키, 브라질 등 외국관이, 그 지역의 전통적인 건축양식으로 세워졌다. 참고로 일본정부관은 이 호수 중앙에 떠있는 섬에 배치되었다. 나아가 회장 북단 미술관 주위에는 미국의 각주 정부관이 모여 있었다. 그밖에 회장 남단에는 콜럼버스 함대의 모형이 계류 중이었으며, 크루프사(Krupp)의 무기 전시와 피혁·목재 관계의 전시, 인류학관 등 조금은 잡다한 파빌리언이 모인 지구가 있었다.

로버트 W. 라이델이 상세하게 밝힌 것처럼 이 시카고 만박에는 이 시대 미국인들의 의식에 널리 침투하기 시작하였던 제국주의와 인종차별주의가 뚜렷이 표명되었다. 지금까지의 만국박람회를 계승해가면서, 시카고 만박에 출품된 모든 전시는 크게 12개의 대부문으로 나눠졌다. 즉, A부문이 농림업·식물, B부문이 원예, C부문이 동물·목축, D부문이 어류·어업, E부문이 광업, F부문이 기계, G부문이 교통·운수, H부문이 공예·제조품, J부문이 전기, K부문이 미술·장식, L부문이 교육·문예, M부문이 민족학·고고학이다. 이러한 분류와 실제 전시에 있어서 중심적인 역할을 해낸 것이 스미소니언협회였다. 협회는 1880년 베를린 어업박람회, 1883년 런던 어업박람회, 1883년 보스턴 해외박람회, 시카고 철도박람회, 1884년 필라델피아 공업박람회, 1885년 뉴올리언스 공업면업박람회, 1887년 미네아폴리스 공업박람회, 1889년 파리만국박람회 등 이미 수많은 국내외 박람회와 관련하여, 전시의 전문기관으로서 지위를 확립해 갔다. 따라서 시카고 만박 개최를 즈음해서 주최측이 협회에 조언을 구하는 것은 당연한 일이었다.[8]

8 Rydell, R. W., *All the World's a Fair*, U. of Chicago Press, 1984, pp.38-71.

그림 5-2 위: 1893년 시카고 만국박람회의 미드웨이 프레젠스 광경 (The Great American Fair)
아래: 1904년 세인트루이스 만국박람회 때 '필리핀촌'에 '전시'된 이고롯족 사람들(All the World's Fair)

9 mosque; 이슬람교의 예배당. 아랍어의 마스지드가 에스파냐어의 메스키타 및 프랑스어 모스케를 거쳐 영어로 변한 것. 아랍어 마스지드는 '이마를 땅에 대고 절하는 곳'을 뜻한다-역자주

10 pagoda; 불탑(佛塔)·사원(寺院)을 가리키며, 포르투갈어 'pagode'에서 유래한 말-역자주

11 Bazar; 이슬람 세계의 독특한 경제활동 구획. 일반적으로 시장을 뜻하며, 아랍어로는 수크라고 한다-역자주

12 tepee; 모피나 천으로 만든 북미 인디언들의 원추형 천막집-역자주

13 Dahomey; 아프리카 서부의 공화국, 1975년 베넹(Benin)으로 개칭-역자주

14 Lapland; 유럽 최북부 지역의 사람들-역자주

15 Kasson, J. F., Amusing the Million, Hill and Wang, 1978. 大井浩二 역, 『コニー·アイランド』, 開文社, 1987, 25-34쪽.

이 스미소니언협회에 의한 연출 가운데 이른바 박람회의 제2회장으로 자리 잡은 곳이 '미드웨이 프레젠스'(Midway Pleasance)로 불린 오락시설을 중심으로 한 일대이다. 미드웨이 프레젠스는 잭슨 공원과 워싱턴 공원을 잇는 전장 1마일, 폭 600피트 정도의 큰길을 가리키는데, 이 양쪽에 레스토랑과 흥행관, 에스닉 빌리지(Ethnic Village)가 빼곡하게 늘어서 있었다. 여성관에서 조금 서쪽으로 걸어간 곳이 입구로, "입장객들은 여기저기 어지럽게 열리는 흥미진진한 개최행사 사이사이를 도보나 의자 달린 대여용 수레를 타고 지나간다. 모스크,[9] 파고다,[10] 빈의 거리, 터키의 바자르,[11] 남태평양 군도의 작은 집들, 아일랜드와 독일의 성(城), 인디언의 티피[12] 등 관광객들은 세계의 여러 민족이 펼쳐지는 신비로운 파노라마에 눈이 팔렸다. 이집트의 검술가와 마술사, 다호메이[13]의 드럼 연주자, 수단(Sudan)의 장로(長老), 자바(Java)의 목공, 헝가리의 집시(Gypsy), 에스키모, 중국인, 랩랜드,[14] 스웨덴인, 시리아인(Syria), 사모아인(Samoa), 수(Sioux)족 인디언 등등".[15] 게다가 사람들은 세계 각지에서 40명의 미인들이 참가한다고 알려진 세계미인대회에 가슴을 두근거리면서, 카이로 거리와 알제리촌, 페르시아 궁전으로 몰려갔다. 미드웨이에 넘쳐난 것은 화이트 시티와는 대조적으로 잡다하게 뒤섞인 유흥 기분이었다. 그리고 이 큰길 중앙에는 높이 264피트의 페리스(Ferris) 관람차가 솟아 있었는데, 희망자는 60명이 탈 수 있는 관람실에 앉아서 시카고 전체를 조감하는 즐거움을 맛볼 수 있었다.

미드웨이 프레젠스는 그렇지만 단순한 오락거리는 아니었다. 오히려 그보다는 미드웨이가 잡스럽고 소란스러운 오락거

리에 지나지 않는다고 한다면, 이러한 거리가 박람회장 내에 공식적으로 설정되지는 않았을 것이다. 실제, 대중적인 오락거리를 만박회장 안에 설치하는 데에는 당초부터 반대의사가 거셌다. 화이트 시티의 장엄함을 이러한 싸구려 구경거리로 해치지는 않을까라는 우려이다. 그렇지만 한편에서는 1889년 파리 만박의 성공과 민간에의 대여 구획으로부터 얻는 수익이 주최 측으로서는 오락물을 끌어들이는 것에 큰 매력을 느꼈다. 이에 미드웨이는 어떤 형태로든 인류학적 교화의 역할을 짊어져야 한다는 생각을 기본으로 삼으면서, 다른 한편으로는 대중오락을 인류학의 아우라가 껴안는 양상이 되었다. 즉, 당초 미드웨이는 분류상의 이유 때문에 형식적으로 M부문에 귀속된 것에 지나지 않았지만, 이 부분의 책임자였던 프레드릭.W. 파트넘은 여기에 '민족학적 촌락'을 건설해 가는 것으로 이 지역을 시카고 만박의 이데올로기가 가장 명료하게 드러나는 공간으로 바꿔간 것이다. 이들 '촌락'에는 세계의 여러 지역에 사는 '미개사회'의 원주민들이 끌려와 전시된다.

　말할 필요도 없이, 이러한 전시는 앞서 설명한 1889년 파리 만박의 식민지 전시로부터 큰 영향을 받은 것이다. 시카고 만박의 M부문을 지도하기로 한 인류학자들은 예비조사의 단계에서 파리 만박을 방문했으며, 거기서 식민지 전시를 보고 강한 충격을 받아, 어떻게든 시카고 만박에서는 이를 능가하는 것을 실현해 보이겠다고 다짐한다. 이를 위해 우선 화이트 시티 뒤쪽 인류학관에는 아메리카 인디언에 관한 방대한 수집품을 '인류 진보'의 단계에 맞춰 전시하였으며, 합중국 정부관에서는 콜롬버스의 신대륙 발견 당시의 인디언 생활을 재현하였다. 그리고 미국이 흑인들에게 '무엇을 해 주었는지'를 보여주기 위해 아프리카 흑인과 아메리카 흑인을 대조해 그들의 '문명화'의 정도를 보여주는 식의 전시도 이루어졌다.

그리고 이러한 시카고 만박의 민족학적 전시 가운데 가장 규모가 크고 결정적인 의미를 지닌 것은 미드웨이의 '민족학적 촌락'의 전시였다. 라이델에 따르면, 미드웨이 곳곳에 있었던 '촌락'은 각각 소속하는 사회가 화이트 시티를 정점으로 하는 '진보'의 단계 속에 위치하게끔 계층적으로 배치되었다고 한다. 즉, 화이트 시티에 가장 근접한 곳에는 게르만계와 켈트계 촌락이 자리잡았고, 큰길 중앙부에는 터키와 알제리와 같은 아시아의 여러 민족들의 촌락이 들어섰다. 그리고 큰길 서쪽 끝에는 아프리카의 부족과 아메리카 인디언 촌락이 배치되었다. 입장객에게는 이들 '진화'의 순서대로 구경해 가는 것, 다시 말해 먼저 서쪽에 있는 '미개' 촌락과 거기에 전시된 '미개인'을 관찰하는 것부터 시작해, 다음에는 '반문명'에 가까운 아시아의 촌락을 보고, 그런 위에 유럽의 마을들을 관람하는 것이 장려되었다. 이러한 촌락 가운데 가장 '미개'한 것으로 여겨진 곳은 다호메의 촌락이다. 여기에는 거의 70명에 달하는 다호메 원주민이 전시되어 있었는데, 그들은 '한밤중의 어둠보다도 더 까맣고, 어두운 육지의 정글을 어슬렁거리는 맹수들과 같은 단계'로 평가받았다. 미드웨이를 놓고 동쪽 방향으로 가서, 화이트 시티로 이르는 이동경로는 말 그대로 어둠의 세계에서 빛의 세계를 향해 상승하는 '진보'의 역사와 동일시되었던 것이다.[16]

이러한 미드웨이에서의 '민족학적 촌락' 전시는 화이트 시티에 투영된 유토피아적 비전과 대조시킬 때 그 함축적인 의미가

16 Rydell, R. W., 앞의 책, pp.60-68. 이와 같은 지적은 奧出直人,「1893 季シカゴ博のミッドウェイーファーストフード・レストランのデザインの文化的起源」,『アメリカ研究』22호, 1988, 89-122쪽.

더욱 분명해진다. 콜럼버스 이래 유럽인들이 이 대륙에서 이룩한 '진보'와, 현재 그들이 도달해 있는 '문명'의 정도는 화이트 시티의 화려함만이 아니라, 미드웨이 주민들이 보여주는 '미개'로부터의 거리로도 확인할 수 있었던 것이다. 미드웨이의 '미개인'은, 인류학자들에 의해 '위대한 실물교재'로서 기꺼이 받아들여져, 비백인들의 세계를 야만적이고 유치한 것으로 여겨버리는 미국인들의 견해를 '과학적'으로 정당화하였다. 회장 밖에서는 계급대립이 격화되어, 시카고에서도 수년 전 도시소란까지 일어났던 이 시대. 시카고 만박은 그와 같은 '계급'과는 무관한 듯한 '인종'에 기초해서 유토피아를 실물 '전시'를 통해 연출해 나가는 본질적으로 이데올로기적인 장치였다. 여기에서 인종적 편견과 인류학적 시각, 그리고 대중오락은 상호 맞물리면서 박람회를 찾는 백인들에게 든든한 자기확인의 장을 제공했던 것이다.

3. '제국' 아메리카

시카고 만박에서 민족학적 전시와 사회진화의 이데올로기는 그 후 미국에서 열리는 수많은 박람회의 모델이 된다. 이런 가운데에서도 1901년 버팔로 박람회와 1904년 세인트루이스 만국박람회는 미서(美西) 전쟁[17]의 승리로 필리핀과 하와이를 병합한 '제국'으로 크게 변모해 가고 있던 미국으로서는 이와 같은 '제국'의 의식을 널리 대중에게 확산시켜 나가는 중요한 이데올로기적 효과를 발휘하였던 박람회였다.

17 1898년 쿠바섬의 이해관계를 둘러싸고 미국과 스페인 사이에 일어났던 전쟁-역자주

먼저, 버팔로 박람회부터 간단히 검토해 보자. 태평양으로 지배권을 확대하려는 강한 의식에서 '범태평양 박람회'라고 이름 붙인 이 박람회는 입장객 812만 명으로 규모면에서는 크지 않았지만, 전시 방식이라는 점에서 이 시대의 박람회 경향을 전형적으로 보여준다. 회장은 나이아가라 폭포에 가까운 버팔로 델라웨어 공원으로 입장객들의 첫인상을 중시해 입구를 한 곳으로 한정한다. 그 입구로 들어서면, 눈앞에 펼쳐진 장엄한 호수에는 거대한 '승리의 다리'가 놓여 있으며, 그곳을 건너면 회장을 남북으로 관통하는 넓은 폭이 인상적인 거리가 나온다. 주요 파빌리언은 이 거리 양쪽에 즐비하게 늘어서 있었는데, 이들 역시 진화론적 방법으로 몇 개로 나눠져 있었다. 먼저, 제1 그룹에는 자연자원의 이용과 개발에 관한 전시와 합중국 정부관이 포함되어 있었는데, 특히 거리의 가장 앞쪽에 배치되었다. 그 다음 일대에는 '음악 사원'과 민족학관이 '미개'에서 '문명'으로의 '진보'를 보여주게끔 자리잡았다. 그리고 가장 안쪽에는 인간정신과 테크놀로지의 발전에 관한 전시가 열렸다. 거기서는 자동차의 전시가 인기를 모았으며, 그 외에도 20만 개의 전구로 장식한 번쩍거리는 '전기 타워'가 사람의 주목을 끌었다. 또한, 이들 파빌리언군의 서쪽으로는 시카고 만박과 마찬가지로 흥행관과 원주민 촌락이 혼재한 '미드웨이'가 펼쳐진다. 회장의 출입구는 한 군데인 까닭에 대부분의 관람객들은 한번은 이 지구를 반드시 지나가게끔 되어 있었다.

버팔로 박람회가 갖는 중요한 점은 회장 파빌리언이 '자연'에서 '미개'로, '미개'에서 '문명'으로와 같은 진화론적으로 배치되었기 때문만은 아니다. 이 박람회에서는 이런 '배치의 정치학'과 더불어 '색채의 정치학'이 큰 역할을 하였다. 즉, 시카고 만박이 회장을 기본적으로 흰색으로 통일한 것과는 달리 버팔로 박람회는 파빌리언과 건물의 색조를 회장의 진화론적 배치에 맞춰, '야만적인 어두운 색'에서 '섬세하고 밝은 색'으로 조금씩 변화시켜 갔던 것이다. 예를 들어, 아직 '미개'의 단계에 해당하는 앞쪽의 파빌리언에서 지붕은 적갈색, 벽은 황토색이었는데, '문명'의 기술을 전시한 안쪽의 파빌리언에서는 옅은 청색과 초록, 그리고 금색이 이용되었다. 이와 같은 '색채의 정치학'은 파빌리언 내부에서도 이용되어, 민족학관에서는 전시품의 배경색이 그 민족이 진화 단계 안에서 어느 위치를 차지하는가에 따라 붉은 계통에서 하늘빛으로 '진화'해 갔다고 한다. 이런 상황이거에 중앙로의 막다른 곳에 솟아올라 있는 '전기 타워'의 광채는 단지 전기 테크놀로지의 과시 이상의 존재였다. 회장이 어두운 색에서 밝은 색으로 '진화'해 간다면, 그 궁극적인 도착점은 전기의 눈부신 투명한 빛이 나타나지 않으면 안 되었던 것이다.

이러한 배치와 색채의 진화론적 구성은 이 당시도 미드웨이에 세워진 원주민 촌락과 표리를 이룬다. 시카고 만박과 마찬가지로 이 버팔로 박람회에서도 미드웨이에 필리핀인 촌락과 '아프리카인' 촌락이 건설되어, 아메리카 인디언과 흑인의 '전시'가 행해졌다. 아울러, 쿠바인 촌락, 에스키모 촌락, 하와이 촌락, 거기에 일본인 촌락 등도 있었던 듯하다. 그 가운데 합중국의 새로운 식민지로서 강한 관심을 불러일으킨 곳은 필리핀 촌락이다. 입구에 미군의 공격으로 함락한 마닐라만의 요새가 전시되었으며, 내부에서 관람객은 물소가 끄는 카트를 타고 이 지방의 호수와 거리, 원주민 촌락을 둘러보는 식으로 되어 있었다. 또한, '진짜 아프리카 촌락에 진짜 아프리카인의 생활'이라고 선전하였던 '아프리카인' 촌락에서는 25곳이 넘는 아프리카 각 지역에서 모와 온 98명이나 되는 원주민이 '생활'하고 있었다. 이밖에 옛 미국 남부의 농장을 재현한 파빌리언에는 50명이나 되는 흑인들이 노동하는 모습을 구경거리로, 또한 '인디언 대회의'에는 몇 백 명이 넘는 아메리카 인디언들이 모였다. 시카고 만박 때와 같이, 이 버팔로 박람회에서도 전시된 원주민 촌락은 그 오락적 화제성을 사회진화론적이라는 방향에서 만들어가면서, 미국인의 비백인세계에 대한 '우월성'을 '실물'로 재확인시켜 갔던 것이다.

한편, 버팔로 박람회는 그 폐막 직전 회장을 방문하여 연설을 한 대통령 맥킨리(Mackinley)가 암살당하는 뜻밖의 비극에 휩싸이게 되는데, 그런데도 여기서 구현된 제국주의적 시선의 공간은 3년 후 세인트루이스 만박에 와서는 그 규모가 필요 이상으로 확대된 형태로 다시 재현된다. 세인트루이스 만박은 1803년 루이지애나 매수 100년을 기념하여 세인트루이스 포레스트 공원에서 2,000만에 가까운 사람들을 불러들인 만국박람회이다. 회장은 1,272에이커로 1893년 시카고 만박의 약 2배, 1876년 필라델피아 만박으로 보자면 4배 이상의 넓이였다. 정문에서 들어가면, 시카고 만박 때와 마찬가지로 정면에 인공 호수가 펼쳐지고, 미술관을 중심으로 좌우에 공업관, 공예관, 전기관, 학예관, 광산관, 교통관, 기계관 등이 들어서 있었다. 전시 가운데 가장 인기를 모았던 것은 무선전신과 비행기, 이와 인기를 겨루었던 160대의 자동차였다. 그리고 이와 같은 새로운 산업 테크놀로지를 중심에 심어놓은 회장 중앙부는 시카고 만박의 '화이트 시티'와 대조해서 '아이보리 시티'라고도 불렸다.

그런데 세인트루이스 만박에서 입장객들이 특별히 관심을 기울인 것은 선행 박람회를 크게 웃도는 규모로 기획된 '인간의 전시'이다. 실제로 이 만국박람회에서는 회장 내 3곳에서 원주민과 이인종의 '전시'가 대대적으로 이루어졌다. 그 가운데 하나는 회장 안팎을 나눠 경계부에 좁고 긴 구획을 그은 오락거리 '파이크'이다. 여기서는 동물 쇼, 줄 인형극 등과 함께 카이로의 거리, 신비의 아시아, 인도제국, 일본의 엔니치,[18] 중국의 마을, 무어인의 궁전, 옛 남부의 농장, 보아 전쟁쇼 등이 펼쳐져, 많은 아프리카인들과 아시안인들이 구경거리가 되었다. 이 오락거리는 시카고 만박과 버팔로 박람회의 '미드웨이'와 같은 성격이라고 볼 수 있다. 이와 더불어 세인트루이스 만박에는 좀 더 공식적인 부문에서도 '인간 전시'가 전시내용으로 포함되었다. 그 중의 하나는 W. J. 맥기가 조직한 인류학 부문의 전시이다. 여러 종족의 아메리칸 인디언은 물론, 아프리카에서는 피그미가, 아르헨티나에서는 파타고니아 원주민이, 일본에서는 아이누 사람들이, 캐나다에서는 쿠와티톨 인디언이 끌려와 모조 촌락 속에서 '생활'하게 하였다. 그리고 또 다른 예로 필리핀 총독을 지냈던 윌리엄 하워드 태프트(William Howard Taft, 1857~1930)를 후원하는 의미로 회장에 세워진 '필리핀촌'의 전시를 들 수 있다. 넓이 47에이커의 부지에는 전체 1,200명에 이르는 필리핀 군도의 여러 부족인들이 모여 살고 있었다.

1889년 이후 식민지 주민의 촌락 전시는 구미의 많은 박람회에서 열렸지만, 이 필리핀촌 만큼 한 곳의 식민지로부터 다수의 사람들을 끌어 모은 예는 전혀 없었다. 이는 식민지의 '촌

18 綠日; 특정의 부처와 관련된 연이 깊은 날-역자주

락'이라기보다는 '식민지' 그 자체의 축소판이었다. 여기엔 미국에 의한 필리핀 통치의 정당화라는 의도가 분명하게 표명되었다. 이런 상황이라 이 지구를 찾은 입장객이 처음 발견하는 것은 마닐라의 성벽이며, '스페인교'와 같이 미서전쟁을 연상시키는 듯한 것들이었다. 관람객은 바로 미군이 스페인과의 전쟁에서 승리해 마닐라에 입성할 때와 똑같은 기분으로 필리핀촌에 입장하였던 것이다. 그 다음으로 마닐라 시가를 미니어처로 만든 듯한 중앙광장과 필리핀의 여러 부족들이 사는 촌락군, 거기에 필리핀 병사들의 연병장이 펼쳐졌다. 먼저, 중앙광장에는 전형적인 스페인 양식의 건물들이 스페인 지배하의 마닐라 시가를 재현하였다. 그리고 이 건물군을 둘러싸듯이 필리핀촌의 중심을 구성하는 네그리트족(Negrit), 이고롯족(Igorot), 바고보족(Bagobo), 모로족(Moro), 비사야족(Visayan)의 '촌락'군이 늘어서 있었다. 나아가 외측에는 수백 명의 필리핀 경찰병의 주둔지가 '문명화'된 필리핀 사람들의 모습을 관람객들에게 보여주었다.

사람들 관심의 초점이 된 것은 원주민 촌락군이었지만, 이들은 단지 배치로 끝난 게 아니었다. 미국 정부의 공식기록이, '이 군도에 사는 70개 이상의 부족 모두들 여기에 전시하는 것은 불가능하지만 그래도 가장 덜 문명화된 부족으로서 네그리트족과 이고롯트족을, 조금 문명화된 부족으로 바고보족과 모로족을, 비교적 잘 문명화되어 문화를 가진 부족으로 비사야족, 거기에 덧붙여 경찰병들의 조직을 전시하였다'고 밝혔듯이, 당시 필리핀 부족들을 진화론적으로 계층화된 방식으로 전시한 것이다.[19] 그 가운데에서도 네그리트족 41명과 이고롯트족 114명의 촌락은 이 회장을 찾은 미국인들의 최대 흥미거리

19 Philippine International Jury, *Report of the Philippine Exposition Board to the Louisiana Purchase Exposition*, 1904, pp.6-7. 그리고 pp.32-38.

였다. 거기에서는 그들의 일상생활이, 사냥 도구 만들기나 옷 감 짓기 등의 동작에서부터 춤과 음악까지, 짜여진 프로그램에 맞춰 '그들이 집에 있는 것과 같이' 재현되었다. 그런데 이들 두 부족의 경우라도 같은 선상에서 취급하지 않고, 네그리트족이 '미개'의 극치를 보여주는 존재로 여긴 것에 비해, 이고롯트족 은 '문명화가 가능한 존재로 다루어, 아이들이 학교에서 학습 하는 모습도 보여주었다.

이와 같이 전시된 사람들을 박람회장의 미국인들은 실제로 어떻게 바라보았을까? 이고롯트족의 촌락을 촬영한 한 장의 사진은 박람회 입장객들의 시선이 어땠는지를 상징적으로 보 여준다. 거기에는 이고롯트족의 젊은이들이 카메라 앞에 서 있 는데, 그 뒤쪽에 벤치에 앉은 백인 부인들이 아마 10미터도 떨 어지지 않았는데도 쌍안경으로 이들 젊은이를 바라보고 있다. 그것은 라이델도 지적한 것처럼 백인우월주의와 엿보기 취미 가 뒤섞인 듯한 시선이었다. 필리핀촌은 세인트루이스 만국박 람회의 최대 '볼거리' 중의 하나로 입장객 대부분이 둘러보았다 고 하는데, 따라서 거기에 '전시'된 사람들은 박람회 기간 이와 같은 호기심과 우월의식이 공존하는 몇 천만에 이르는 시선을 줄곧 받았던 것이다. 게다가 이러한 차별적인 시선의 작용을 받았던 것은 네그리트족과 이고롯트족과 같은 '미개인'만은 아 니었다. 언뜻 '문명'에 귀속되었던 비사야족과 필리핀 경찰병들 도 역시 어디까지나 '전시물'로 취급받았다. 이와 같은 억압적 인 전시를 통해 '필리핀 사람에게는 아직 자신들의 나라를 통치 할 능력이 없다'라는 식민지 통치를 정당화시키는 이데올로기 가 폭넓게 확인되었던 것이다.

4. 증식하는 '제국'의 시선

지금까지 1889년 파리 만국박람회와 1993년 시카고 만국박람회, 그 뒤를 이은 20세기초 미국 박람회에 나타난 제국주의적 전시에 대해서 고찰해 보았다. 여기서 다시 시점을 파리로 돌려, 1900년 파리 만박을 주목해 보면, 거기에는 1889년 전시를 더욱 확대한 것 같은 식민지 전시가 화려하게 이루어졌다. 이 당시 식민지 부문의 전시는 도로카데로를 중심으로 열렸는데, 세기의 전환기라는 점도 있고 해서 축제적, 오락적 분위기가 훨씬 더 강조되었던 것 같다. 특히, 프랑스령의 식민지 파빌리언은 웅장함을 극대화시켜, 알제리관을 시작으로 인도지나관, 캄보디아관, 세네갈관, 튀니지관 등은 독립국을 훨씬 능가하는 규모였다. 그리고 1889년과 마찬가지로 이때에도 많은 '촌락'에 원주민들을 살게 하였다. 이들 식민지 파빌리언은 그 오락적이고 낭비적인 스타일 속에서 '정복의 그늘과 제국 곳곳에서 벌어진 학살과 문화의 파괴, 그리고 막대한 부의 착취를 은폐하였다.'[20] 제국주의는 눈이 휘둥그레질 축제의 열기 속에 적당히 용해되어, 사람들을 제국의 풍요가 가져다 준 쾌락이 가득 넘치는 소비의 유토피아로 이끌고 갔던 것이다.

이와 같은 점은 19세기말 이후 영국의 박람회에서도 그대로 지적할 수 있다. 영국에서는 1862년 두 번째 런던 만박이 기대한 성과를 거두지 못했기 때문에 만국박람회 개최의 움직임은 크게 둔화되었지만, 그럼에도 불구하고 19세기말에서 20세기초에 걸쳐 수많은 국제박람회가 열렸다. 그린홀에 따르면, 1871년에서 1914년까지 영국 국내에서는 약 30회의 국제 규

20 Greenhalgh, P., 앞의 책, pp.67-68.

모의 박람회가 개최되었으며, 그 반 이상이 1851년 런던 만박의 입장객 수를 웃돌았다고 한다.[21] 예를 들어, 1901년 글래스고 국제박람회의 입장객은 1,150만 명, 1908년 불영 박람회는 1,050만 명이다. 그밖에도 1886년 인도와 식민지 박람회, 1888년 이탈리아 박람회, 1890년 프랑스 박람회, 1909년 제국국제박람회, 1910년 일영 박람회 등 어느 박람회이건 광대한 회장을 사용하면서 외국정부도 많이 참가하였는데, 실질적으로는 만국박람회라고 불러도 손색이 없을 만한 행사들이었다.

이들 영국 박람회에 대해서 우선 다음 세 가지 점을 지적해 두고자 한다. 첫 번째로 개최지인데, 1871년부터 1886년까지는 1862년 만국박람회와 똑같은 사우스 켄싱턴이 회장이었다. 그런데 1887년 이후는 런던 근교에 있는 얼스 코트(Earl's Court)가 중심이 되어, 1908년 이후는 더 나아가 런던 교외의 화이트 시티로 옮겨갔다. 두 번째로 박람회의 테마에 대해서 살펴보면, 1880년대 이후 영국 박람회는 특정 장르를 테마로 삼으면서 점차 전문화해 간다. 그렇지만 '인도와 식민지'를 테마로 한 1886년을 제외하면, 이들은 대중적인 지지를 그리 얻지 못했다. 이로 인해 1887년 이후는 이탈리아, 프랑스, 독일 등과 같이 나라를 테마로 하는 박람회로 전환한다. 세 번째로 1887년 이후의 박람회는 민간 기업가에 의해 개최되는데, 당연히 교육성보다도 오락성에 비중을 두게 되었다. 1908년 불영박람회에서는 여러 놀이기구와 흥행관, 극장, 경기장 등이 장식이 화려한 식민지 파빌리언과 함께 빼곡이 들어선다. 이상과 같이 회장, 테마, 주최자의 변화 속에서 영국의 박람회는 한편에서는 오락화의 경향을 강화시켜갔으며, 지방에서는 제국주의적인

[21] Greenhalgh, P., "Education, Entertainment and Politics: Lessons from the Great International Exhibitions", Vergo, P., ed., The New Museology, Reaktion Books, 1989, pp.74-98.

의식을 노골적으로 표명하게 되었다.

 이러한 변화는 아직 사우스 켄싱턴에서 개최되었던 인도와 식민지 박람회부터 나타나기 시작하였다. 그런데 회장을 얼스코트로 옮긴 이후 더욱 두드러져, 1899년 대영제국 박람회까지 박람회는 영국에서도 산업전시장이라기보다는 대영제국의 이미지를 볼거리로 삼은 축제기분 속에서 환상적으로 조작된 장치로 변모된다. 곧이어 1924년 대영제국 박람회에서는 이 제국의 모든 식민지가 독립 파빌리언을 세운 까닭에, 런던 교외의 회장은 캐나다, 인도, 오스트레일리아, 뉴질랜드, 버마(미얀마), 남아프리카, 서아프리카, 동아프리카, 팔레스티나, 서인도제국, 홍콩, 실론 등의 파빌리언으로 온통 뒤덮이게 된다. 게다가 이 인도관은 대영제국의 식민지 전시에는 언제나 주역을 맡았는데, 국외만 하더라도 1886년부터 1939년까지 24회가 넘는 관이 건설되었다고 한다. 그리고 각지에선 막대한 비용을 들인 대규모 건설을 위해 감독자와 숙련공으로 이루어진 전문 건설팀을 고용하였다.

 이와 같은 제국주의적 전시가 확대되는 과정에서 파리와 미국의 박람회처럼 영국의 박람회에도 '인간의 전시'가 도입된다. 그린홀에 따르면, 이때 큰 역할을 한 것이 흥행사 임레 키랄피(Imre Kiralfy)이다. 그는 1895년 '런던박람회 주식회사'를 만들어, 점차 대두하기 시작하였던 박람회의 오락화 경향을 최대한 밀고 나간다. 그가 착수한 박람회는 1895년 이후, 1910년대까지 런던에서 열린 박람회 대부분이 해당할 정도인데, 그 가운데 1908년 불영박람회 때부터, 박람회의 이른바 '화젯거리'로서 식민지 주민의 '민족학적 전시'를 받아들인다. 이 불영박람회에서 전시된 것은 세이론과 세네갈의 촌락이었다. 키랄피는 그 흥행사로서의 재능으로 이들 촌락을 단순히 '민족학적'으로 전람하는 것에 만족하지 않고, 주민들에게 식민지 전쟁의 양상을 '재현'시키거나, 예능을 피로 하는 것처럼 많은 연극적인 요소를 가미한다. 이렇게 하여 다음 해 제국국제박람회에서도 회장에는 다호메이, 칼미크 등의 촌락이 건설되고, 1910년 일영박람회에서는 일본측에서 대만의 원주민과 아이누 촌락이 '출품'되었다. 나아가, 1911년 대관기념 박람회에서는 마오리인(Maori), 소말리인(Somali), 이로쿼이(Iroquois) 인디안, 버마인, 실론인 등의 촌락, 거기에 맞춰 모은 '아프리카인'의 촌락 등이 일제히 건설되어 영국에서 이 종류의 전시로서는 최대 규모에 달한 것이다. 이 가운데 예를 들어 마오리의 촌락에서는 이 종족이 일찍이 얼마나 대영제국에 반항적이었는지, 그것이 지금은 어느 정도 순종적인 존재로 순화되었는지가 해설되어, 제국의 지배를 수용하는 것이 마치 자연의 섭리라도 되는 것처럼 보였다.

이상과 같이 식민지 및 식민지 주민의 전시에 열심이었던 것은 프랑스와 미국, 영국과 같은 열강제국만이 아니다. 예를 들어, 포르투갈도 1900년 파리 만박과 1909년 런던제국 국제박람회에서 자국의 식민지에 대한 대규모 전시를 선보인다. 또한, 1931년 파리 식민지 박람회에서는 3동의 파빌리언을 건설해 포르투갈의 식민지지배의 전통을 과시하였다. 제1 파빌리언은 포르투갈이 해외로 진출하는 데 단서를 만들었던 엔리케 항해왕자와 15세기 포르투갈의 해외 탐험을 테마로 한 것이었으며, 제2 파빌리언은 호르무즈(Hormuz)와 고아(Goa), 말라카(Malacca)를 발견해 포르투갈에 선물한 알부케르케[22]를 기리는

22 Albuquerque, Affonso de; 1453~1515, 포르투갈 군인, 항해정복자, 제2대 인도 총독-역자주

행사장이었다. 그리고 중심 역할을 한 제3 파빌리언은 그 당시에도 아직 포르투갈의 식민지로 남아 있던 앙고라와 모잠비크로부터 출품된 것들이 전시되었다. 나아가 포르투갈은 40년에는 리스본에서 스스로 식민지 박람회를 개최하기도 한다. 동일한 행사로 역시 일찍이 해외진출을 지구 규모로 추진해온 네덜란드의 경우도 마찬가지이다. 네덜란드도 인도네시아를 중심으로 1855년 파리 만박부터 1931년 파리 식민지 박람회에 이르기까지 수많은 구미의 박람회에서 식민지 전시를 선보였다.

이렇게 박람회에서 식민지를 전시하는 방식의 확대는 20세기에 들어와서 그대로 이어져, 제1차 세계대전 후에도 줄어들 줄 몰랐다. 실제로 프랑스에서 식민지 전시의 최후로, 그리고 최대 행사로 꼽을 수 있는 것은 1931년 회장을 뱅센(Vincenne)으로 옮겨 연 국제식민지 박람회이다. 식민지 자체를 테마로 한 이 박람회에서는 사원과 파고다, 그리고 모스크의 모습을 한 수십 개나 되는 식민지 파빌리언이 가득 들어선다. 먼저 프랑스 식민지로는 마다가스카르(Madagascar), 프랑스령 인도차이나(French Indochina), 프랑스령 기아나(French Guiana), 과달루페(Guadalupe), 모로코, 튀니지, 알제리 등의 파빌리언이 세워졌으며, 벨기에, 네덜란드, 포르투갈, 이탈리아, 덴마크, 미합중국까지도 다수의 식민지관을 세웠다. 덴마크는 그린란드의 전시를 선보였으며, 이탈리아는 로마제국의 식민지 전통을 전시하였다. 앙토넹 아르토[23]가 발리섬의 연극을 접하고, 현대연극을 혁명적으로 전화시켜 가는 계기가 되었던 것도, 이 박람회였다. 1931년 식민지 박람회는 19세기 이래 박람회의 식민지 전시의 최종적인 귀결이었다. 이미 나치즘이나 스탈리니즘의 대

23 Antonin Artaud; 1896~1948, 프랑스 시인이자 연극인. 어렸을 때부터 뇌막염으로 고생하여 그의 삶은 고통과 광기로 점철한다. 잔혹극의 대표적인 인물-역자주

두라고 하는 상황 아래에서 19세기적인 제국주의는 과거의 일이 되고 있었다. 그렇지만 그럼에도 박람회는 마지막까지 '제국'의 장엄한 디스플레이 장치이고자 했던 것이다.

5. 재패니즘과 제국주의

앞서 살핀 런던에서 열린 일영박람회의 '출품'이 보여주듯이, 일본 역시 아시아의 제국주의 국가로서 20세기 이후 구미의 박람회에서 볼 수 있었던 것과 동일하게 식민지주의를 자국의 박람회에 적극 받아들인다. 여기서 일본이라는 사회와 박람회의 만남이라는 면을 살펴보면, 어떤 굴절한 전환이 내포되어 있음을 알 수 있다. 이미 밝힌 것처럼, 메이지 이래 일본의 해외만국박람회 출전을 관통해 온 것은 재패니즘에 의한 유혹, 즉 구미인들의 이국취향에 호소하는 형태로 일본의 이미지를 연출하는 방식이었다. 그 최초의 계기가 된 1867년 파리 만국박람회와 1873년 빈 만국박람회의 일본 출품에 대해서는 이미 다루었다. 이 방식은 그 후로도 계속 답습되어, 예를 들어 1876년 필라델피아 만박에서는 기와를 얹은 2층짜리 여관풍의 일본관과 일본정원이 딸린 다도실풍의 건축물이 세워졌다. 또한, 1878년 파리 만박에서는 도로카데로에 세워진 순일본풍 주택이 인기를 끌었으며, 1893년 시카고 만박에서는 뵤도인호오도[平等院鳳凰堂]를 본 딴 일본관이 세워졌다. 나아가, 1900년 파리 만박에서는 호류지콘도[法隆寺金堂]가, 1904년 세인트루이스 만박에서는 킨카쿠지[金閣寺]와 닛코요우메몬[日光陽明門]을 모델로 한 일본 취향의 파빌리언이 건설된다.

이러한 구미인의 재패니즘에 호소하는 전시는 제3장에서도 논한 것처럼 세계를 부감하는 구미사회의 시선에 앞장서서 일본이 솔선수범 자기 자신을 관찰의 객체로서 제시하는 행위였다. 즉, 여기에는 어떤 종류의 응석이 분명 존재하였던 것으로 보인다. 그런데 이러한 응석 안에는 일본이 구미의 '근대'가 발신하는 제국주의적인 시선을 다시 보면서, 이를 상대화해 간 것이 아니라, 일본 스스로도 똑같이 또 다른 '근대'로서 자기를 시선으로 삼던 구미와 마찬가지로 주위의 사회를 응시하기 시작한 것이다. 이 굴절된 시선으로의 전환을 가장 명료하게 보여주었던 것은 일본의 국내박람회와 해외박람회에 일본의 출품물 가운데 나타나기 시작한 식민주의적 경향이다. 앞으로 이 경향이 어느 정도 표출되었는지 검토하기로 하자. 이를 위해서는 먼저 1893년 시카고 만박까지, 즉 일본이 이 만국박람회가 그린 세계상 속에서 수동적인 자기를 연출하면서도 은밀하게 제국주의적인 시선을 품기 시작하였던 지점까지 거슬러 올라갈 필요가 있다.

시카고에서 대규모 만국박람회가 개최된다는 정보는 이미 1890년(메이지 23) 4월에는 일본에 들어왔다. 그리고 6월 시카고로부터 담당자가 방일해 일본의 참가를 타진한다. 바로 이 무렵 도쿄 우에노에서는 제3회 내국권업박람회가 열리고 있어서, 전국에서 상공업자가 상경해 있었는데, 그들을 상대로도 시카고 만박에 출품을 권하는 권유회가 열렸다고 한다. 그리고 다음 해인 1891년 3월에는 미국으로부터 정식 참가요청이 일본정부에 전달되어, 제국의회에서는 다음과 같이 긴급동의가 제안되어 시카고 만박에 참가하는 안이 결정된다.

> 미국은 우리 국산을 즐겨 소비하여, 우리 수출품 3분의 1 이
> 상은 매번 미국인이 구입하는 바인데, 마침 이차에 기호에 맞
> 춰 우리의 풍부한 물품을 진열하여 이로써 크게 수출액의 증
> 가를 도모할 필요가 있다. 하물며 열국들이 만든 핵심품을 모
> 으고, 정수만을 고른 만국대박람회에서 외국인들에게 알게
> 모르게 우리 국산의 진가로 널리 알리는 데 우리 수출품의 판
> 로가 어찌 미국에만 국한되겠는가.[24]

메이지 정부로서는 만국 참가의 최대 목적은 수출의 확대에
있었다. 이를 위해, '무역품의 일대 선전장'인 박람회에 일본의
이미지를 가장 효과적으로 연출해 가는 것이 필요하였다. 구체
적으로 일용품은 '무역의 표본이 되고 광고가 된다'는 목적으로
장차 필요가 예측되는 상품을 가격과 설명서를 붙여서 출품하
였으며, 또한 미술공예품은 '절묘한 기술을 선보이고 명예를 높
인다'는 목표로 '일시적인 이익을 노리는 상품'이 될 만한 출품
은 가능하면 배제한 채, '국가적인 관념을 가지고 우리나라의
물산을 회장에 표출'하는 것이 요구되었다.

이렇게 일본정부는 부여받은 구획인 회장 중앙의 연못에 떠
있는 섬에 '아담하고 화려한 장관을 자랑하는 집을 지어 동양
의 일대제국인 일본의 실상을 표현'할 필요로, 우지[宇治]의 호
오도[鳳凰堂]를 모델로 한 파빌리언을 건설한다. 이 '호오덴[鳳凰
殿]'은 3채의 일본풍 가옥을 합친 건물이었는데, 각 채는 제각기
헤이안[平安], 무로마치[室町], 에도[江戶] 시대의 전형적인 양식
으로 만들어졌다. 맞은편 좌측에는 호오도를 본 딴 헤이안 귀
족들 저택에 가까운 건물이, 좌측에는 무로마치 시대의 서원과

24 臨時博覽會事務局
臨時博覽會事務局報
告, 1895, 27쪽. 시카고
만국박람회의 일본 전
시에 관해서는 吉見俊
哉,「文明への眼, 未開
への眼-シカゴ萬博と
日本館」, 吉田光邦 감
수,『萬國博の日本館』,
INAXギャラリー, 1990,
45-52쪽 등을 참조.

다실을 겸한 건물이, 정면에는 에도 시대 다이묘[大名] 저택을 본 딴 듯한 건물이 배치되어, 한 눈에도 일본의 전통건축과 장식의 변천을 볼 수 있게끔 짜여져 있었다. 때때로 이들 일본 파빌리언은 시카고 박람회를 찾은 사람들에게 강한 인상을 심어준 것 같다. 예를 들어, 파빌리언 건설에 앞서서 현지에서 지친사이[25]가 열렸는데, 이 의식이 시카고 시민들에게 매우 기묘한 풍습으로 비쳐진 듯, '개미떼처럼 몰려와 빙둘러 구경하는데 거의 설자리가 없을 지경'이었다고 하며, 건설 중에도 공사현장을 보려고 구경꾼들이 끊임없이 밀려들었다. 박람회가 개회하자, 호오덴은 많은 미국인들이 직접 목격한 최초의 일본건축이 되었다. 이 가운데에는 시카고의 젊은 건축가들도 다수 포함되어 있으며, 프랭크 로이드 라이트[26]가 처음 일본건축을 접한 것도 바로 이때였던 것으로 여겨진다. 실제로 화이트 시티의 장엄하고 화려한 파빌리언군에 비하자면, 호오덴은 고작 부속건물에 지나지 않았지만, 오히려 '부속물'일지라도 미국인들에게는 더욱 호의적으로 받아들여졌던 것이다.

　호오덴만이 아니다. 시카고 만박에서 일본은 모든 부분에 출품하였는데, 이들 출품물에 대한 평가는 대체로 좋았다. 예를 들어, 공예품에는 도자기와 칠보, 견직물, 칠기, 죽세공 등이 다수 전시되었으며, 여성관에서는 일본여성의 생활을 소개하는 코너도 마련되었다. 박람회를 찾은 사람들은 일본의 전시를 통해 이 나라가 예의가 바르고, 효도라고 하는 전통적인 가치를 지키면서 구미사회를 모범으로 삼아 기술을 발전시켜 가는 모습을 목격하였다. 이로 인해 동양의 작은 나라 일본은 유럽 문명의 첨병으로, 아시아 제국을 '문명화하는 배후의 역할

25 地鎭祭; 토목·건축 공사에 앞서서 토지신에 대한 제사의식-역자주

26 Frank Lloyd Wright; 1867~1959, 자연과 주택의 공존을 추구한 세계적인 주택건축가. 91년 생애 동안 800건이 넘는 설계를 하였는데 그 대부분이 주택이다. 일본의 제국호텔도 그의 작품-역자주

을 수행하길 기대받는다. 즉, 구미의 '문명'에 순종하는 아시아의 소국(小國)이기에, 일본은 백인들의 유토피아로서 바람직한 아이 역을 연기해 나갈 수 있었던 것이다. 이런 의미에서 전술한 '호오덴'의 입지는 시카고 만박의 사회진화론적인 층위 가운데 매우 상징적인 위치에 있었다고 할 수 있다. 그 입지는 바로 화이트 시티의 뒤편 연못을 끼고 걸어가면 미드웨이로 빠져나가는 중간 지점에 해당한다. 다시 말해, 구미사회의 아이 역인 일본이 미드웨이로부터 화이트 시티에 이르는 '진보'의 단계 속에서 차지하는 위치와 훌륭히 맞아떨어진 것이다. 하지만 머지않아 일본이 실제로 아시아 제국주의국가로서 팽창을 시작하자 구미인들이 느끼는 일본이라는 나라에 대한 감정은 더욱 복잡해져 간다.

이 변화는 이윽고 찾아왔다. 아니, 오히려 일본측에서는 이미 이 시카고 만박에 참가할 시점에 빈 만박과는 분명하게 다른 의식이 싹텄다고 해도 좋다. 1895년 즉 청일전쟁의 해에 간행된 시카고 만박 참가보고서에서는 공예관에서의 전시에 관한 항목에서 일본의 전시구획이 영국, 프랑스, 독일, 오스트레일리아, 벨기에, 미국과 같은 큰길 쪽에 접해, 면적으로도 이들 나라의 다음인 점이 강조되었는데, 이는 일본이 구미열강과 동등한 지위를 얻었음을 보여준다는 의식이 드러난 것이다.[27] 이러한 '제국'의 우월의식은 1904년 세인트루이스 만박 무렵이 되면 더욱 뚜렷한 모습을 갖추게 되어, 구미측도 동양의 이 신흥국가를 특별히 취급하기 시작한다. 즉, 이 세인트루이스 만박에서 한편에는 '일본'은 아직도 인류학 부문 속에서 아이누 촌락이 전시되어, '일본의 엔니치[緣日]'라고 이름 붙은 쇼도 선보

27 앞의 보고, 525쪽.

인 것처럼 구미로서는 주목할 만한 세계의 일부였지만, 다른 한편에서는 마침 박람회 기간 중에 전해진 러일전쟁의 뉴스가 이 나라에 대한 인종적 편견을 특수한 방식으로 돌려놓게 만들었다. 라이델에 따르면, 인류학 부문의 책임자였던 맥기(McGee)는 일본의 군사력을 일본인의 인종적 다양성에 귀착시켰다고 한다.[28] 즉, 그때까지의 백일우월주의가 '일본'이라는 이질적인 존재로 인해 수정된 것이 아니라, 이 우월주의의 틀 안에 '일본'이 '동양의 영국'으로서 받아들인 것이다. 그리고 이는 일본이 메이지 이래 염원하였던 것이기도 하였다.

실제로 이 동양의 제국주의국가는 러일전쟁 무렵부터 그때까지 구미의 만국박람회에서 본 것과 동일하게 식민주의적 전시방식을 적극적으로 국내 박람회에 도입해 간다. 이런 점에서 하나의 중요한 전환이 된 것은 1903년(메이지 36) 오사카 텐노지[天王寺]에서 435만 명이나 되는 입장객을 모으면서 열렸던 제5회 내국권업박람회이다. 이 내국박람회 개최를 즈음해서는 '제국은 이미 힘으로 세계를 놀라게 하였고, 열강의 대오와 나란히 고등의 지위를 차지하였으며, 군사면에서는 조금도 1등국으로 양보할 구석이 없으며, 생산에서도 세계와 경쟁할 수밖에 없다'라는 주장을 노골적으로 밝혀, 이와 같은 제국의식이 이른바 그 반작용으로서 자신들의 지배하에 있는 문화에 대한 차별적인 관심을 불러왔다.[29] 이러한 내국박람회의 회장에는 이미 일본의 식민지가 된 지 9년이 지난 대만의 '풍속문화산업의 진상을 내외의 사람들에게 보여주고, 크게는 관내 제반의 발달을 도모한다'면서, 극채색의 누문과 익랑을 가진 대만관을 건설하여, 농업 및 원예로부터 토속, 번속에 이르는 15개 부문을 전시

28 Rydell, R. W., 앞의 책, pp. 180-181.

29 〈風俗畫報〉 269호, 1903, 1쪽.

한다. 그런데 이 박람회에는 학술인류관이라고 불리는 전시관이 등장하는데, 이것은 '내지에 가까운 이인종을 모아, 그 풍속, 기구, 생활의 모양 등을 실제로 보여준다는 취향으로 홋카이도의 아이누 5명, 대만 생번 4명, 류구 2명, 조선 2명, 지나 3명, 인도 3명, 동 키린인종 7명, 자바 3명, 바루가리 1명, 터키 1명, 아프리카 1명 등 도합 32명의 남녀가 각 나라의 주거를 본 뜬 일정의 구획 안에서 단란하게 일상의 거동을 보여준다는 것으로, 파리 만박과 미국 박람회에서 원주민 촌락과 같은 차별주의적 시선의 장치였다.[30]

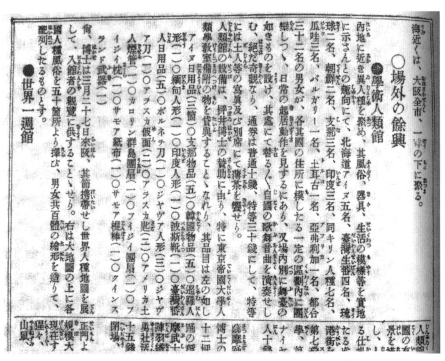

그림 5-3 〈풍속화보〉 269호(1903) 조선인을 전시하였다는 기록이 보인다 (이태문 소장)

평화기념도쿄박람회의 만몽관(滿蒙館)에 대
중국측의 항의와 이에 따른 취방각(聚芳閣)
로 이름을 바꾼 것에 관해서는 〈讀賣新聞〉
'22년 4월 17일.

일본내 조선인 전시는 당시 큰 사회문제가 되
는데, 참고로 관련 기록을 소개하면 다음과 같
다. ▲水晶舘內에韓國婦人一名이有ᄒᆞ되狀貌ᄂ
ᆫᆼᄒᆞ다稱ᄒᆞ깃고綠色純仁上衣와白質에紫色蝶
의日本織物로本國製度의下裳을着ᄒᆞ고口에悲
ᄒᆞ吟ᄒᆞ고椅子에坐ᄒᆞ얏ᄂᆞ되其歷史를問ᄒᆞᆫ則大
ᅔ妓名은翠香이오年은二十四라ᄂᆞ되三百圓에
ᄒᆞ하야此에覊留ᄒᆞ얏노라ᄒᆞ고色甚悽悵ᄒᆞ니
一種動物에不過ᄒᆞᆫ狀態이라此를本國留學生
義金을捐ᄒᆞ야贖還ᄒᆞ기로提議ᄒᆞ얏다ᄒᆞ나本
手中에金力이不有ᄒᆞᆷ으로此를贖還키不能ᄒᆞ
大遺憾이로다 (崔應斗, 東京勸業博覽會盛況
『萬歲報』1907年6月23日) / 風便乍聞則第一
本舘에朝鮮動物二個가有ᄒᆞ되大段可笑云ᄼᄼ
ᄼ셔揚ᄼ過去ᄒᆞᄂᆞ지라…(中略)…一邊에ᄂᆞ我
子一名이髮은薙ᄒᆞ고宕巾에添笠씨고쥬衣를
고椅坐에偃坐ᄒᆞ엿ᄭᅵ問其姓名則但云大邱住
라ᄒᆞ고서ᄂᆞ俛而不答ᄒᆞ며一邊은女人一名이
ᄂᆞ女裳을쎠서되兩眸ᄆᆞ니여ᄂᆞ고我國婦人服
ᄒᆞ고椅子에偃坐ᄒᆞ얏ᄂᆞ되其前面에ᄂᆞ欄干을
ᄒᆞ야他人의出入을不許ᄒᆞ더라. (『大韓每日申
907年6月6日) / 釜山民 鄭德奎와 大邱 朴某
은 일본인의 유혹에 말려들어 東京으로 들어
이 두 사람은 30세도 되지 않았으나 모두 어
었다. 이때 일본인들은 그들을 한국 복장으
였다. 정덕규는 상투에 망건을 싸매고 큰 삿
씌워 廣袖袍를 입게 하고, 박씨의 딸은 낭자
게 한 후 窄袖衫과 長裙을 입혀 모두 옷폭이
것을 사용하였다. 이렇게 한 후 그들을 의자
터앉게 하였다. 그것은 우리 나라 사람을 우
ᄂᆞ 것으로, 꿈틀거리는 동물처럼 博覽會에 출
것이다. 그러나 그 두 사람은 그 이유를 알지
하고 다만 그들의 말만 듣고 묵묵히 앉아서
루를 지내었다. 이때 각국 사람들은 이 광
구경하고 일본의 잔악한 행위에 놀라지 않는
ᅵ 없었다. 그리고 이때 마침 閔元植이 시찰
ᅵ 그곳을 가보고 큰 충격을 받아 다른 대가
불하고 그들을 귀국시켰다 (『매천야록』제5
ᅵ 11년丁未(1907년)-역자주

제5회 내국박람회에서 선보인 대만관은 그 후
박람회에서도 몇 번이고 등장한다. 특히, 이러한
식민지 파빌리언이 일본 박람회에서 급속하게 그
수를 늘린 것은 1914년(다이쇼 3) 도쿄 다이쇼박람
회 이후이다. 이때에는 대만관 외에 화태관, 만주
관, 척식관, 조선관이 개설된다. 예를 들어 화태
관에서는 '내지인에게 낯선 신영토를 소개하는 것
을 목적으로' 섬의 풍경을 파노라마로 보여주는
전시가 이루어졌으며, 만주관에서는 여순이나 대
련의 역명과 그 지방의 특산을 보여주는 남만주
철도의 대모형이 호평을 받았다. 나아가, 1922년
(다이쇼 11) 평화기념 도쿄박람회가 되면, '남태평
양 토인들의 생활을 이야기해주는 여러 물품'을
모은 남양관과 '시베리아 토인의 풍속생활상 표본
을 모은' 시베리아관도 보태진다.[31] 이렇게 볼 때,
앞으로 전개될 일본의 군사적 침략을 미리 선보
이듯 해당 지역의 파빌리언을 세웠던 것을 알 수
있다.

다른 한편, 식민지주민의 전시도 많은 박람회
에서 행해졌던 것 같다. 예를 들어, 1907년(메이
지 40) 도쿄권업박람회에서는 조선관 옆에 세운 수
정관에서 '여러 사람들에게 흥미를 북돋고자' 조
선인 남녀 두 사람을 옅은 황색 복장으로 배회시
켰다고 하는 기록이 있으며,[32] 도쿄다이쇼박람
회의 남양관(南洋館)에서도 '자바, 싱가포르, 쿤탄

(Khuntan), 와일드사카이, 벵골(Bengali), 칼링가(Kalinga) 등 6인종에 남자가 18명, 여자 7명'을 옮겨놓았다.[33] 그리고 해외 박람회에 눈을 돌리면서, 전술한 것처럼 1910년 일영박람회에서는 회장의 "두 곳에 '아이누' 촌락(약 900평)하고 대만 촌락(약 1,300평)을 만들어, 그 중 한 곳은 아이누 부락에서 옮겨 온 초가집 몇 개로 마을을 꾸며, 아이누 사람들을 각각 살게 해 그 일상생활을 지내도록 설비하였고, 다른 한 곳은 반샤[34]를 따라서 생번의 생활집을 만들고, 번사의 상황과 비슷하게 생번인들이 이곳에서 생활하며, 때때로 서로 모여 춤을 춘다든지"라는 기록을 공식보고서에서 찾아볼 수 있는데, 일본 국내와 식민지 소수민족의 전시가 공공연히 해외를 향해 행해졌음 엿볼 수 있다.[35]

[33] 〈風俗畫報〉 457호, 1914, 62쪽.

[34] 蕃社; 제2차 세계대전 이전 대만에서 한민족 이외의 선주민인 고사족(高砂族) 혈통을 기반으로 하는 지연적 집단을 가리켜 이렇게 불렀다·역자주

[35] 農商務省, 『日英博覽會事務局事務報告』, 하권, 1912, 873쪽.

그림 5–4 메이지기념박람회(1914, 후쿠오카) 한일합병을 알리는 벽보를 보고 있는 조선인과 일본인을 인형으로 재현하였다 (이태문 소장)

그림 5-5 시국박람회 제1시국관에 전시된 도시독가스 살포에 관한 훈련상황 (이태문 소장)

이상과 같이 20세기에 들어서면 일본의 박람회도 단지 새로운 '문명'을 엿보고, 기술을 습득해 가는 장 이상의 의미를 갖게 되었다. 청일·러일전쟁으로 인한 식민지 획득과 자본주의의 발전을 배경 삼아, 일본의 박람회는 이 기회에 식민지의 '미개'와 거리를 두고 '제국'으로서 자국의 지위를 확인하는 장치가 된 것이다. 이러한 박람회의 제국주의적 경향은 1930년대 중국침략을 정당화하는 군사 프로파겐더로서 박람회가 이용되는 가운데 더욱 두드러진다. 이 시기 만몽(滿蒙) 군사박람회(1932~33년), 빛나는[輝く] 일본대박람회(1936년), 성전(聖戰) 박람회(1938년), 대동아건설 박람회(1939년) 등이 군부와 신문사에 의해 차례차례 개최되었다. 이 가운데 예를 들어 38년 성전박람회에서는 약 2만 평방 미터의 니시노미야[西宮]구장 스탠드를 이용해, 만주에서 일본군이 진격해 가는 모습을 재현한 거대한

파노라마가 설치된다. 사람들은 식민지 침략의 과정을 현장감 있게 모의 체험함으로써 더욱더 국가의 환상 속으로 빠져들었던 것이다. 이러한 쇼와 전기의 박람회 가운데에서도 1940년 (쇼와 15) 올림픽과 동시개최를 목표로 계획한 도쿄만국박람회는 이 나라의 박람회와 제국주의의 관계를 극한까지 밀고 나가려고 했던 예임에 틀림없다.

　원래 일본에서 만국박람회를 개최하려는 구상은 농상무 대신 사이고 쓰구미치[36]가 1890년에 아세아대박람회를 개최할 필요로 건의서를 제출할 무렵까지 거슬러 올라갈 수 있다. 이 구상은 재정적인 이유도 있고 해서 실현되지 못했지만, 1900년대에는 러일전쟁의 승리로 만국박람회 개최의 기운이 높아지자 사이온지[西園寺] 내각을 기반으로 1912년에 일본대박람회를 여는 계획이 발표되었다. 경비는 약 1,000만 엔, 중심 회장은 진구가이엔[神宮外苑]을 예정으로, 해외에 참가를 요청하였는데 그것 역시 개최 4년을 앞두고 경비 삭감을 이유로 중지가 결정된다. 다음으로 만국개최의 움직임이 본격화한 것은 1930년경의 일이다. 먼저 1926년 관동대지진의 부흥을 기념해 만국박람회를 개최하자는 의견이 민간에서 먼저 제안되었고, 그 다음 해에 결성된 만박협의회는 정부에게 1935년, 만국박람회를 도쿄와 요코하마에서 개최하기를 제안한다. 상공성(商工省)은 이에 찬동하였고, 국회도 다음 해에는 만박 개최의 건설안을 가결한다. 그러나 이 계획도 만주사변의 발흥과 정세불안 속에서 연기할 수밖에 없어, '기원 2600년' 기념제전의 주목 행사로 1940년 만국박람회와 올림픽을 동시에 개최하자는 안으로 대체되었던 것이다.

36 西鄕從道; 1843~ 1902, 메이지 시대 군인 이자 정치가-역자주

이 1940년 도쿄 만박의 준비작업은 35년 이후 직접 정부의
주도 아래 진행된다. 회장은 제1회장을 도쿄의 쓰키시마[月島]
매립지,[37] 제2회장을 요코하마 야마시타[山下] 공원으로 정하고,
제1회장에는 건국기념관을 중심으로 공예관, 기계관, 전기관,
농업관, 화학공업관, 광산관, 외국관, 해외발전관 등 38개의 전
시관이, 제2회장에는 수산관을 비롯한 3개의 전시관이 건설될
예정이었다. 건국기념관은 설계를 공모하여 신사 모양으로 건
설한 위에 탑을 올리는 국가주의적 색채가 짙은 안이 당선작으
로 뽑힌다. 또한, 회장에 식수할 약 30만 그루의 나무가 준비,
그리고 1938년에는 테마 송도 결정되었으며, 복권이 딸린 회수
권 방식의 입장권도 판매되어 국민들 사이에는 만국박람회 무
드가 무르익었다. 이 만국박람회의 통일 테마는 '동서문화의 융
합'이었는데, 부제 가운데는 '아마 세계 각국이 예외 없이 이 일
본 정신의 진수를 체득하여, 그 마음을 새기게끔 된다면, 국제
평화는 어느새 실현되어, 세계는 영구히 안주낙토(安住樂土)의
실현을 목격하게 될 것이 분명하다'는 식의 견해도 있었다.[38]

같은 시기 이탈리아에서도 무솔리니가 파시스트혁명 20주년
을 기념하여, 1942년에 로마 만국박람회(ＥＵＲ)를 개최하려고
했다는 사실은 잘 알려져 있다. 회장에는 ＥＵＲ회의장과 이탈
리아 문명관이 건설되어, 개최 직전의 단계까지 갔다. 나아가
비슷한 시기 히틀러도 또한 슈피어[39]의 장대한 구상을 근거로
베를린 대개조를 단행하여, 그것이 달성단계였던 1950년에 독
일 제3제국의 총력을 기울인 베를린 만국박람회를 개최하려고
생각하였다. 이처럼 '파시즘을 널리 알리는 정치의 심미주의'(벤
야민)는 올림픽과 더불어 만국박람회에서도 고도의 국가적 형

38 北垣喜次郎,「日本萬
國博覽會の重要性, 特に
舉國一致の協力を要望
す」,『萬博』21호, 1938,
11-15쪽. 그리고 永山
定富,「萬博の開設と其
重要問題」,『萬博』4호,
1936, 18-22호.

39 Albert Speer; 1905~
1981, 건축가. 군수장관
을 역임. 히틀러의 신임
을 얻어 수도 베를린 개
조계획을 담당한다-역
자주

태를 이끌어낸 것이다. 실제로 1940년의 도쿄만국박람회는 중일전쟁의 확대와 국제적 긴장이 고조되는 속에서 단념된다. 하지만 이것이 의미하는 것은 '평화의 만국박람회가 전쟁에 의해 저지되었다'는 것이 아니라, 청일·러일전쟁 이후 지속되어 오던 이 나라의 제국주의적 팽창이 드디어 박람회라고 하는 환상의 장치를 훨씬 뛰어넘는 규모까지 파국적으로 진행되었다는 것이다. 박람회는 결코 제국주의적 침략과도 파시즘과도 모순되는 건 아니었다.

6

변용하는 박람회 공간

1970년 오사카 만국박람회 때 폭염 아래의 혼잡
(자료제공: 아사히신문사)

1. 오사카 만국박람회는 '축제'

 이 책 앞부분에서 밝힌 것처럼 '박람회의 시대'라고 부를 만한 시기가 있었다고 하면, 그것은 1851년 런던 만박에서 막을 올리고, 1940년 전후로 거의 막을 내렸다고 할 수 있다. 나치즘과 스탈리니즘이 정면에서 마주하였으며, 또한 파시즘에 대한 항의의 장이 되기도 하였던 1937년 파리 만박, 공전의 상업주의 제전이 되었던 1939년 뉴욕 만박, 같은 시기에 개최된 샌프란시스코 만박, 올림픽 동시개최를 꾀하였던 1940년 도쿄 만박구상과 무솔리니에 의해 장대한 규모로 준비되었던 42년 로마 만박구상 등, 제2차 세계대전 직전의 세계는 여러 정치체제가 제각기 자신들이 꿈꾸는 세계상을 향해 대중들을 동원하는 유력한 장치로서 만국박람회를 개최하거나 준비하였다. 하지만 세계대전이 끝나고, 냉전구조가 정착되어 감에 따라 박람회의 정치문화적 영향력은 줄곧 작아져간다. 물론 종전 후에도 1958년 브뤼셀 만박, 1962년 시애틀 만박, 1964년 뉴욕 세계박람회, 1967년 몬트리올 만박 등 수 차례에 걸쳐 만국박람회가 개최되기는 하였다. 그렇지만 이들은 어느 박람회이건 세계대전 이전까지 만박이 보여주었던 동시대 대중들에 끼친 영향력을 지니고 있지 않다. 이전 박람회가 독점하고 있었던 대중에 대한 시선을 상품세계로 맞춰나가는 문화장치로서의 기능은 종전 이후엔 오히려 견본시나 TV-CF로 바뀌어 나간 것이다.
 이러한 가운데 1970년 오사카에서 개최된 '일본만국박람회'(통칭 오사카 만박)는 제2차 세계대전 후 만국박람회로서는 이례적일 만큼 엄청난 동원력과 사회적 영향력을 보여주면서 열렸다. 연인원 6,000만 명을 넘어선 입장자는 물론, 대중의식의 동원이라는 점에서 전세기말부터 20세기초 만국박람회에도 필적할 강력한 힘을, 적어도 양적으로는 발휘하였던 것이다. 이러한 사실은 한편으로는 구미에서의 박람회 전개와 일본에서의 전개 사이에 가로놓인 30년간의 시간차에 기인한다고 생각할 수도 있다. 실제로 일본에서 처음으로 본격적인 박람회로 내국권업박람회가 개최된 것은 런던 만박이 있은 지 거의 30년 뒤였다. 또한, 이 나라에서 '환상의 만국박람회'가 계획된 것이 '박람회의 시대'가 막 끝날 무렵이었던 1940년이었으며, 오사카 만박은 여러 의미에서 30년 전의 이 만박 구상을 이어왔다. 하지만 다른 의미에서 오사카 만박은 세계대전 이전까지의 만국박람회와는 크게 다르며, 바로 종전 후 일반화되어가던 박람회의 변모 속에서 태어난 것이었다. 오사카 만박은 일본에서 펼쳐진 박람회 문화의 전개와 세계사적 만국박람회의 변모가 교차하는 지점에서 출현한 것이다. 이 장에서는 오사카 만박이 내포하는 이 두 가지 면을 밝힘으로써 지금까지 구미 만국박람회와 일본의 국내박람회를 따로따로 살펴왔던 것을 20세기말 일본의 현재에서 이해하는 실마리를 찾아보고자 한다.

그런데 1970년 오사카에서 만국박람회를 개최하려는 움직임이 본격화된 것은 도쿄 올림픽 전년도인 1963년경부터이다. 이미 이전부터 통산성이 올림픽에 이어 국가 프로젝트로 만국박람회 개최를 검토하고 있었다고 하는데, 직접적으로는 1963년 10월 일본정부가 파리 박람회 사무국으로부터 만국박람회 조약에 관한 비준을 요청받은 것이 계기였다고 한다. 이를 계기로 다음 해 정부 내에 만국박람회 일본유치가 제안되고, 오

사카를 비롯해 효고[兵庫], 시가[滋賀], 지바[千葉] 등이 개최후보
지로 거론되기 시작한다. 그리고 약 1년간 유치경쟁 끝에 1965
년 9월, 오사카의 만박 개최가 정식으로 승인된다. 이러한 초
기 단계에서 지적할 수 있는 것은 오사카 만박의 개최가 무엇
보다도 1964년 도쿄 올림픽의 관서판으로, 그 경제효과에 대
한 기대에서 비롯된 것이라는 점이다. 당시 관서 경제계에는
만박의 개최로 인해 '회장 내외의 정비에 어마어마한 건설수요
가 예상된다. 이로써 토목건설을 시작해 철강, 시멘트, 기계 등
모든 업종이 혜택을 입는 것에 머물지 않고, 도로와 항만, 도시
의 재개발 등 공공시설은 영구히 남아, 이들을 포함한 만국박
람회를 위한 모든 투자가 경제계를 순환시켜, 경제규모의 확대'
를 가져다 줄 것이라는 목소리가 끊임없이 들렸다.[1] 많은 비용
의 공공투자가 오사카의 경제기반을 강화하고, 도쿄에 대항할
수 있는 경제적 발전을 가져올 것이라고 여겨졌던 것이다. 따
라서 경제적 효과에 대한 기대를 별도로 할 때, 당초 정치가도
경제인도, 만국박람회협회조차도 오사카 만박이 지향해야 할
모습에 대해서는 명확한 비전을 갖고 있었던 게 아니었다.

그리고 이러한 골을 메우려고 저명한 지식인이나 건축, 미
술, 연극계에서 활약하던 당대의 저명한 예술가들이 만박 준
비에 대거 동원되게 된다. 그들은 그 예술적 '전위성'으로 이 공
전의 떠들썩한 축제에 '문화'와 '예술'의 의상을 입혀 나간다. 먼
저, 그 선두 주자가 된 것은 대학의 지식인들이었다. 만국 개최
의 움직임이 본격화된 지 수년 동안 이 박람회의 기본이념을
둘러싸고 많은 발언이 이루어진다. 우선, 만박협회의 정식발족
에 앞장서서 가야 세이지,[2] 구와바라 타케오[3]를 정·부위원장

[1] 淺野長平,「經濟規模
の擴大に期待」,『萬國
博讀本 一九六六年版』
(週刊東洋經濟臨時增
刊), 1966, 16쪽.

[2] 茅誠司; 1898~
1988, 물리학자. 도쿄대
총장-역자주

[3] 桑原武夫, 1904~
1988. 프랑스문학자. 문
예평론가-역자주

으로 하는 테마위원회가 구성되어, 1965년 11월에 '인류의 진보와 조화'라는 전체 통일 테마가 결정된다. 테마위원회 위원이기도 하였던 도요타 사카타[豊田雅孝] 씨의 '인류는 진보만으로는 안 된다. 거기에 '화(和)'의 정신이 없으면, 복(福)이 화(禍)로 변하고 말 것이라는 것을 시사하고, 강조하고자 한 것으로 일본 최초, 아니 동양 최초의 만박 테마로서 일단 잘 맞아떨어진다'라는 발언에도 있듯이, 이 테마에는 이전 거품으로 사라졌던 환상의 박람회 테마 '동서문화의 융합'과도 비슷한 발상이 깔려 있다.[4] 또한, 예를 들어 1966년에 열린 어느 잡지의 좌담회에서는 우메사오 타다오[5]가 오사카 만박의 테마는 일본 독자적인 것이며, 이것을 기회로 '경제인과 지식인이 대립관계에 서는 것이 아니라, 오히려 첫 대규모 공동작업'을 수행해야 한다고 밝혔다. 진보주의의 소산인 만국박람회를 일본에서 개최한다는 중요성과 이에 즈음해 지식인의 역할이 강조되었고, 그를 위해서는 경제계와의 협력이 불가결하다고 여겨졌던 것이다.[6]

이러한 대학 지식인을 이어 박람회 회장의 디자인과 기간 시설 프로듀서에 종사한 것은 건축가와 화가, 디자이너들이었다. 그 중에서도 기간 시설 프로듀서인 탄게 켄조[7]와 테마 전시 프로듀서인 오카모토 타로[8]는 오사카 만박의 전체 이미지를 구체화하는 중요한 역할을 해낸다. 그리고 여기서 등장하는 것이 '축제'로서 만국박람회라는 슬로건이었다. 한편, 탄게는 오사카 만박이 '세계 인류의 축제라는 의식을 분명하게 천명한 점은 동양에서 처음 열린 만국박람회라는 것을 고려한 새로운 기원을 모색한 것'이라고 주장한다. 탄게가 말하는 '축제'란 '인간과 인간의 모임이며, 인간의 에너지를 교류하는 것이며, 인간과 인간

4 豊田雅孝,「萬國博に期待するもの」, 앞의 잡지, 15쪽.

5 梅棹忠夫; 1920~, 민속학자. 국립민족학박물관 고문-역자주

6 座談會,「テーマ'人類の進步と調和'をめぐって」, 앞의 잡지, 18-25쪽.

7 丹下健三; 1913~, 건축가. 도쿄대 교수 역임 후 자신의 이름을 딴 탄게켄조 도시건축설계연구소를 세움-역자주

8 岡本太郎; 1911~1996, 화가. 도쿄미술대학 출신. 올림픽 메달 등을 디자인-역자주

의 지혜와 창조성의 나눔과 환희이다'.[9] 그러한 '축제'의 장 가운데 '축제광장'을 배치하였던 것이다. 한편, 오카모토는 탄게 이상으로 분명하게 '축제'로서의 오사카 만박이라는 생각을 밝혔다. 예를 들어, 그는 구와바라 다케오와의 대담에서 "만박은 축제이지 … 나는 축제라는 건 그것으로 어떻게 하겠다던가, 그 후에 멋진 걸 하겠다든지 이런 것이 아니라, 절대적인 소비가 본질이라고 생각해 … 캐나다 만박 등에서도 뭔가 사람들에게 가르치려고 하는 경향이 있었는데, 박람회는 여러 과학지식을 거기서 배운다라는 성격이 있는 건 아니라고 보네. 오히려 놀람과 기쁨이 섞여 존재하고, 과거의 낡은 개념과 과학지식을 비워버리는" 고양이야말로 만국박람회의 본질이라고 이야기한다.[10]

이러한 주장에 영향을 받았는지 예를 들어 마이니치신문은 새로운 산업기술의 전시를 주심안으로 하는 만국박람회가 한계에 달하였다는 점을 지적하면서, 이 한계를 돌파하는 활로가 오사카 만박이 목표로 하는 '축제'로서의 만국박람회라는 방향에 있음을 논하였다. '단지 보여주기식이나 딱딱한 철학이 아닌, 박람회를 알몸으로 사람들이 어깨동무를 하고 마음껏 뛰고 춤추는 축제로 하자'라는 오사카 만박은 '최후의 기술박람회'이자 '최초의 인간박람회'가 될 수 있을지 모른다는 것이다. 게다가, 이러한 매스 미디어의 논조에 맞춰서 이시하라 신타로,[11] 마유즈미 토시로[12]부터도, '인간은 축제에 대해서 어떻게든 의미를 붙이려고 드는데, 축제는 그냥 축제일뿐이다 … 수많은 인류가 만국박람회라는 하나의 행사를 위해 낭비하고, 넋을 잃는 게 얼마나 유익할런지'라든가, '일본인은 너무 사양하거나 모든 일을 어렵게 생각하려고 경향이 있는데, 내가 한마디 하

9 丹下健三,「萬國博
會場計畵: 企畵から
計畵へ」,〈建築雜誌〉
Vol.85, No.1021, 1970,
203-204쪽. 그리고『萬
國博讀本 一九六八年
版』(週刊東洋經濟臨時
增刊), 1968, 22-23쪽.

10 對談,「冒險の精神
を」,『朝日ジャーナル』
1970季 6月 28日號. 그
리고『萬國博讀本 一九
六八年版』24-25쪽.

11 石原愼太郎; 1932~ ,
소설가. 현 도쿄도지사-
역자주

12 黛敏郎; 1929~1997,
작곡가. 열반교향곡, 만
다라교향곡 등이 유명-
역자주

자면 만국박람회 의미 역시 복잡하게 생각할 것 없이 시끌벅적 즐겁게 하면 된다고 본다'는 발언이 나오게끔 되었던 것이다.[13]

이 '축제'로서 오사카 만박에 프로듀서와 연출가로서 참가한 것은 지금까지 다룬 사람들만이 아니었다. 이른바 '대가'는 물론이고, 1960년대까지 반체제적이라고도 할 수 있는 활동을 해온 많은 예술가들이, 세기의 '축제' 연출가로서 동원되었던 것이다. 예를 들어, 탄게 켄조 밑에서 '축제의 광장' 등 설계에 관여한 건축가로는 이소자키 아라타[磯崎新], 우에다 아쓰시[上田篤], 기쿠타케 키요노리[菊竹淸訓], 오타카 마사토[大高正人], 가와사키 키요시[川崎淸] 등의 이름이 보이며, 철강관의 프로듀서는 마에카와 쿠니오[前川國男], 스미토모[住友] 동화관은 오타니 사치오[大谷幸夫], 타카라 뷰티리온 설계는 구로카와 키소[黑川紀章]이다. 건축가 이외에는 후지 빵 · 로봇관의 설계 프로듀서를 담당한 테츠카 오사무[手塚治蟲], 섬유관의 벽면 연출을 담당한 요코우 타다노리[橫尾忠則]를 비롯해서, 철강관에는 센다 코레야[千田是也]가 무대기획을, 타케미츠 토루[武滿徹]가 음의 연출을, 우사미 케이지[宇佐見圭司]가 빛의 연출을 담당한 쇼가, 자동차관에서는 아베 코보[安部公房]가 시나리오를 쓰고, 테시가하라 히로시[勅使河原宏]가 감독한 영상작품이 상영되었다. 가스 전시관에서는 기획 연출가 후쿠다 츠네아리[福田恆存]가 자신이 몸담고 있는 극단이 제작한 영상을 선보였으며, 스미토모 동화관에서는 이치가와 콘[市川崑]이 감독한 다케다 인형극단의 줄인형 영상이, 미도리관에서는 다니카와 준타로[谷川俊太郎]의 각본, 마유즈미 토시로의 음악으로 '아스토로라마'[14]가 상영되었다. 미쓰이 그룹관에서는 야마구치 가츠히로[山口勝弘]가 프로

13 〈每日新聞〉 1970년 3월 29일, 그리고 〈讀賣新聞〉 1970년 3월 8일.

14 천장을 이용한 돔형 극장에서 상영된 영화 작품의 제목-역자주

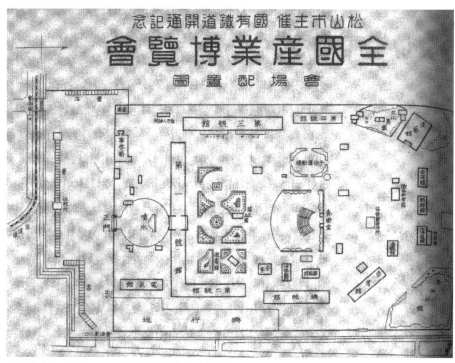

그림 6-1 전국산업박람회(1927, 마쓰야마) 회장배치도
오른쪽에 조선관 건물이 보인다 (이태문 소장)

그림 6-2 산업과 관광의 대박람회(1932, 가나자와) 본관
오른쪽에 조선관 건물이 보인다 (이태문 소장)

듀서를 하고, 음악은 이치야나기 토시[一柳慧], 인테리어는 구라마타 시로[倉俣史郎]가 담당한다. 그리고 그밖에도 수많은 예술가들이 만국박람회 회장의 건축과 조각, 영상, 음, 빛의 연출에 참가하여, 이 '축제'에 '문화'와 '전위'의 향기를 덧보탠 것이다.

물론, 이러한 예술가들의 활동을 뭉뚱그려 비판할 수는 없다. 기업 전시관 속에서도 섬유관의 영상전시처럼 높은 평가를 받은 예도 있다. 그렇지만 여러 장르와 입장을 가진 예술가들의 다양한 활동이 전반적으로 오사카 만박을 장대한 '축제'로 연출해 가려는 종합 프로듀서의 방침과 합치하였다는 것도 사실이다. 그리고 문제는 이 '축제'가 누구에 의한, 누구를 위한 '축제'인가라는 점이었다. 실제로 오사카 만박은 오카모토 타로가 주장한 것처럼 '놀라움과 기쁨이 섞여 존재'하는 축제이지는 않았다. 예를 들어, 원자폭탄 사진을 둘러싼 일련의 실랑이도 있었다. 테마관에 전시가 예정되어 있었던 원폭사진 가운데, 피해자들의 사진에 정부로부터 '너무 적나라하다'는 등 참견이 이어지더니, 전시내용의 변경을 피할 수 없었는데, 지방자치체관에서는 원폭과 전쟁을 다룬 전시물을 프로듀서의 이해 없이 일방적으로 주최측이 철거하는 사건도 일어났다. 또한, 일본관의 역사전시는 메이지부터 현대로 직접 건너뛰는 식으로 해서 전쟁의 기억을 소거한 채 'GNP 2위'라는 일본경제의 성장을 전면에 내세웠다. 더욱이 회장 입구에서 서명과 성금을 모으던 미나마타[15]의 순례단에 대해서 협회측은 성금과 서명금지의 규칙을 세워, 모금하려던 시민들의 자발적인 움직임조차 저지하는 일까지 빚어졌다. 오사카 만박은 한편에서는 이러한 이질적인 것을 배제해 가면서, '미와 사랑과 희망', '생명의 물', '창조의

15 水俣; 수은중독으로 생긴 병-역자주

낙원'이라는 캐치프레이즈를 내걸고, 기업 전시관이 천연덕스 럽게 연출한 '축제' 속에서 수많은 대중들의 환상을 포장해 나 갔던 것이다.

2. 매스 미디어의 대중동원력

'축제' 속에 동원된 것은 학자나 예술가들만이 아니었다. 연인 원 6,400만 명이라는 경이적인 수의 인간 군집이 엄청난 세력 으로 박람회장에 밀려들었던 것이다. 실제로 박람회 입장객은 3월 개막 직후는 그 정도는 아니었는데, 이윽고 순식간에 늘어 나더니 여름 휴가철에는 연일 50만 명을 넘을 만큼 가족 단위 로 법석을 떨어, 회기가 끝날 무렵에는 하루 85만 명의 입장객 을 기록하기까지 한다. 당시 신문에서는 '엑스포 비명—8만 명 으로 미래도시 마비'(3월 15일자 마이니치신문), "미래'를 향해 떼지 어 가는 사람의 물결'(16일자 아사히신문)이라는 제목으로 시작해, 9월에는 '아이들이 짓눌린다'(9월 6일자 마이니치신문), '쑤셔 넣기, 1만 명의 노숙—구미 같으면 대폭동'(7일자, 요미우리신문), '펑크난 '잔혹박람회'(7일자, 아사히신문)라는 타이틀이 이어진다.

사람, 사람, 사람들. 국제 바자회장에서 기타오사카[北大阪] 급 행선을 이어 축제 광장으로 연결되는 약 300미터쯤 되는 육교 는 말 그대로 '꽉 막힌 파이프'. 그 안에서 사람들은 단지 꿈틀 거릴 뿐. 발을 밟힌 어린이가 불에 데인 듯 비명을 지른다. 안 내원은 인파에 파묻혀 흔적도 없다. 사람들의 열기와 인간더 미 속에서 선 채로 허우적거리는 군중들은 살기 가득, 시비가 벌어진다. "아이가 짓밟힌다!"며 유모차를 도로 아래로 내던지는 아버지 … 등이 떠밀려가면서 "이런 만국박람회라면 집어치워!"라고 외치는 군중들의 히스테리한 표정에는 비싼 입장료를 지불했음에도 초과밀도시 속 모르모트(실험용 기니피그(Guinea pig))처럼 취급당한 것에 대한 분노가 담겨 있었다.[16]

이는 9월 6일자 마이니치신문의 기사이다. 이처럼 심한 혼잡은 회기말에 집중되었을 것으로 보이지만, 만박협회의 조사에서도 회장내 평균 체류시간 6시간 반 가운데, 4시간 반이 기다리는 시간이었다는 점에서도 '행렬 박람회', '잔혹 박람회'라는 별명이 붙은 것도 당연하겠다. 매일 아침 9시 개장과 동시 몰려든 군중이 일제히 돌진하는 모습은 '버팔로 대쉬'라고 불려, 그들이 땡볕 아래에서 몇 시간이고 묵묵히 길게 줄을 선 모습에 외국인들은 크게 놀랐다.

사람들은 거기서 도대체 무엇을 보았을까? 압도적인 수를 자랑하는 일본인이 아무 말 없이 단지 긴 행렬을 이룬 채, 가까스로 파빌리언 안으로 들어가면, 다음 파빌리언 앞에서 줄을 서기 위해 전시도 충분히 구경하지 못하고서 관내를 서둘러 빠져나갔다. "일본 사람들, 스탬프와 사인을 받으러 회장에 온 것으로밖에 생각되지 않는다. 그렇게 힘들여 입장해서 전시물엔 거의 관심이 없고, 미국관을 고작 4분만에 지나치는 사람이 있다"(9월 9일자, 요미우리신문)는 미국관 담당자의 이야기, "입장하자마자 조명이 어두운 곳에 벌렁 드러누워 시끄럽게 코를 고는 이들도 적지 않다. 무엇을 위해 줄을 섰던 것인지"(9월 7일자 요미우리신문)라는 소련관 홍보 담당자의 이야기 등이 이어진다. 파빌리언에 밀려든 사람들이 답변할 채비를 갖춘 담당자에게 질

16 《每日新聞》, 1970년 9월 6일.

문을 던진다든가, 처음 보는 사람들끼리 교류하는 것은 거의 없었다. "뭘 보았는지 통 알 수 없다. 커다란 건물이 있었고, 사람들이 뒤죽박죽 뭘 사든지 비싸기만 해"라며 불만을 털어놓는 군마[群馬]에서 온 남성이나, "뭘 보았냐고 물어보면 무리이지. 나야 '만박'을 보러 왔으니까"(9월 7일자, 요미우리신문)라고 답하는 시즈오카[靜岡]에서 온 남성의 발언은 당시 일본인의 평균적인 만국박람회 체험을 말해준다고 하겠다.

뭐든지 차분히 볼 수 없고, 또한 서로 교류하는 것조차 불가능한 오사카 만국박람회. 그렇지만 그 오사카 만박에 일본 인구의 반이 넘는 사람들이 모여들어, 적극적으로 참가하였던 것이다. 왜일까. 오사카 만박에 몰려든 엄청난 군중들에 대해 생각할 때, 그 전제로서 입장객의 적지 않은 부분이 조직적으로 동원된 사람들이었다는 점을 고려할 필요가 있다. 이때 결정적인 역할을 한 것은 국철과 농협, 학교, 거기에 여행업자들로 이루어진 제도적인 시스템이다. 실제로 국철이나 농협은 철저한 조직적 동원을 꾀하였는데, 예를 들어 "도야마현[富山縣] 농협의 경우는 농업인구 약 10만 명 가운데 6만 5천 명을 만국박람회에 보냈다. 어느 마을에서는 그 지방 유력자가 역 앞에서 만국박람회 출발식을 열고서 격려하였다. 마치 전시 중 출정병사를 보내는 풍경"(9월 9일, 아사히신문)이었다고 한다. 학교에서도 교사들의 '자주 수업'에는 엄격한 문부성이, 될 수 있는 대로 수업에 오사카 만박을 집어넣으라고 지도하였으며, 교사들의 만박여행도 '휴가'가 아닌 '연수'로 처리하게끔 하였다. 그리고 수학여행도 곧잘 만박 관람을 여정에 끌어넣었다. 노구치 타케히코[17]는 이와 같은 조직적인 동원 메커니즘을 중시하여, 오사카

17 野口武彦; 1937~ , 국문학자. 고베대학 교수-역자주

만박에서 "국가권력이 의도한 것은 '축제'도 아니며, '놀이'도 아닌 이른바 '축제'와 '놀이'에 민중을 동원하는 종합연습"이었다고 지적한다. "이를 위해 만국박람회에 관한 모든 정보의 독점·정보전달회로의 점유·정보량의 관리·조작 등이 최대 규모로 운영되었던 것만이 아니다. 제공된 정보는 부동산업계, 교통업계, 여행업계, 호텔업계 등 상호 상승효과를 통해 수요를 빚어내어 국내 민중을 기묘한 미래종교의 성지순례에 동원하는 기반을 만들어낸"것이다.[18]

하지만 이러한 조직적인 동원 메커니즘은 이 나라의 대중들 스스로 일상의식과 환상성으로 분리하기 어려울 만치 잘 융합되어 있었다. 예를 들어, 수학여행 가운데 만박 관람의 경우에도 반드시 국가에 의한 '위로부터의' 동원만이었다고는 하기 힘들다. 사실 도쿄에 사는 어느 주부는 '만국박람회 훑어보기식 수학여행은 잔혹'하다는 신문투고에서 "사진, 텔레비전에서 본 건축의 기발함, 흥미, 미래를 상징하는 회장, 중년이 지난 나와 같은 주부조차 보러 가고 싶은 호기심이 일어난다. 하물며 뭐든지 흡수하여 발전시키는 중학생이야말로 견학시키고 싶은 곳이다"(3월 22일자 아사히신문)라고 적고 있다. 대중의 환상이 '오사카 만박'으로 모여들게 하기 위해서는 앞서 밝힌 것처럼 동원이 가능한 조건이 사람들의 일상의식에 뿌리내리지 않으면 안 되었던 것이다. 따라서 문제는 바로 이 일상의식의 수준에 잠재하고 있는 자발적인 동원 기제이다. 여기서 결정적이라고 할 만큼 큰 역할을 한 것이 앞에서 인용한 '사진, 텔레비전에서 본 건축의 기발함, 흥미, 미래를 상징하는 회장'이라는 발언에서도 알 수 있는 것처럼, 신문, 잡지, 텔레비전 등 매스 미디어이다.

18 野口武彦,「七〇年代の奇怪な白晝夢」,『朝日ジャーナル』, 1970년 6월 28일호, 32-37쪽.

실제로 각 신문은 개막 전부터 거의 전면적으로 만박을 지원하는 태세를 갖추고서, 몇 번이고 오사카 만박의 '새로움'과 '흥미로움'을 소개하는 특집을 꾸몄으며, '만국박람회를 성공시키자', '인간회복을 목표로 하는 만국박람회'라는 사설을 싣기도 하였다. 특히, 오사카마이니치신문, 오사카아사히신문, 오사카요미우리신문 등의 경우엔 3월 하순에는 각각 300건 이상, 회기 중에는 매월 80건이 넘는 만국관련 기사로 지면을 장식하였다. 물론 '서쪽은 신문 만박, 동쪽은 주간지 만박, 일본 전체는 텔레비전 만박'이라는 말 그대로, 일본 관동지역에서는 그렇게까지 신문보도가 성황을 이룬 것은 아니었지만, 그래도 '만박'이라는 글자가 지면에서 보이지 않는 날은 없었다. 그리고 이와 같은 대량의 만박 보도의 기본에는 오사카 만박이 "국가적 대사업으로 외교적인 의의는 크다. 아무리 써도 지나치지 않는다"(4월 7일자 신문협회보)라는 자세가 있었다. 분명히 당시 신문의 만박 보도는 모든 것이 꼭 예찬적인 것은 아닌데, 머지않아 비판적인 내용도 눈에 띄게끔 된다. 그렇지만 "이는 개막 전에 만국박람회협회의 간부 입에서 나온 말인데, '비판기사라도 좋으니 써주길 바란다'라고 한 것이다. 우리들은 그 말에 휩쓸릴 생각은 없었지만 … 만국박람회에 대해 자기 자신으로서는 꽤 비판적인 입장을 갖고 있다고 생각했었다. 그런데 지금 생각해 보면 협회는 비판기사조차 PR의 하나로 계산하고 있었던 셈인데, 어째 생각이 물렀던 것 같다"는 어느 기자의 회고가 담고 있듯이, 회장의 혼잡이나 전시 내용에 대한 비판을 포함한 기사가 있어도 전체적으로는 사람들의 의식을 이 거대한 '축제'를 향해 집중시키는 보완적인 효과를 가졌던 것이다.[19]

19 座談會, 「マスコミの大作'萬博の虚像'」, 『マスコミ市民』No. 42, 1970, 32쪽.

더 나아가, 신문보도 이상으로 결정적인 역할을 소화한 것은 텔레비전이었다. 개회식이 열린 3월 14일, NHK는 2시간 반짜리 특별프로그램을, 민간방송은 공동제작으로 3시간에서 4시간 반에 걸친 특별프로그램을 짜서, 만국박람회장으로부터 총력을 기울인 실황중계를 실시한다. 그리고 일반인 입장이 시작된 다음날 15일부터는 NHK는 '만국박람회를 연결하여'(3~9월, 월~금요일), '내셔널 데이로의 초대'(3~9월, 월, 수, 금요일), '만국박람회 아워(hour)'(4~8월, 화요일) 등을, 니혼텔레비는 '미세스 엑스포'(3~9월, 월~금요일), '엑스포 초대석'(4~9월, 일요일) 등을, TBS는 '만국박람회 하이라이트'(3~9월, 매일), '이것이 만국박람회다'(3~9월, 일요일), '스타와 함께 만국박람회 평판기'(3~9월, 일요일) 등을, 후지텔레비전은 '엑스포 수요 스튜디오'(4~9월, 수요일) 등을, NET에서는 '안녕하세요! 만국박람회'(3~9월, 월~금요일) 등 정규 프로그램이 방영되어, 전국의 안방에 만국박람회 회장의 화려한 영상을 속속 전파에 실어 날랐던 것이다. 실제로 3월 15일부터 한 달 동안 NHK를 볼 때 오사카 만박을 테마로 한 프로그램 방송은 1,510분에 이르며, 이는 이 기간의 전체 방송시간 가운데 약 4.5%에 해당한다.[20] 이 수치는 뉴스 프로그램 등에서 다룬 부분을 포함하고 있지 않기 때문에 아마 실제로는 텔레비전으로 내보낸 전체 영상의 5%를 넘는 만박 관련의 영상이 전국의 가정에 보내졌을 것으로 여겨진다. 더욱이 이러한 상황은 앞서 소개한 정규 프로그램의 대부분이 9월까지 방영되었다는 것에서도 알 수 있듯이 다소의 감소는 있을지라도 기본적으로는 회기 내내 큰 변화가 없었던 것이다.

20 『週刊TVガイド』 1970년 3월~4월호 집계.

그림 6-3 평화기념도쿄박람회(1922, 도쿄) 전경과 우에노 공원 일대 조망도 (이태문 소장)

    적어도 대중의 일상의식 동원이라는 관점으로 보자면, 오사카 만박에서 매스 미디어는 비판자도 단순한 협찬자도 아닌 오히려 주최자였다. 오사카 만박에 대한 동시대의 많은 비판들이 그냥 지나쳐버린 것은 이러한 미디어가 해낸 잠재적인 효과의 결정적 중요성이지는 아닐까. 당시, '축제'의 연출가를 면한 지식인들 다수는 만박 개최가 1970년 안보상황으로부터 대중들의 관심을 돌리기 위해 지배체제가 놓은 덫이라고 비판하였다. 예를 들어, 미야우치 요시히사[21]는 오사카 만박이 "70년 안

21 宮內嘉久; 1927~ , 도쿄대 건축학과 졸. 건축 관련 편집자. 건축평론가-역자주

22 원문에는 카무플라주 (프랑스어 camouflage) 를 사용-역자주

23 宮内嘉久, 「萬國博 −藝術の思想的責任」, 『現代の眼』 1968년 9월 호, 188-195쪽.

24 針生一郎; 1925~ , 도 쿄대 미학과 졸업. 미술 비평가, 민중예술운동 가. 최근 그가 출연한 다 큐멘터리 영화 〈日本心 中〉이 화제-역자주

25 針生一郎, 「くるった イデオロギー」, 『朝日 ジャーナル』 1969년 1 월 19일호, 5-10쪽.

26 多木浩二; 평론가, 그 의 저서 『천황의 초상』, 『전쟁론』 등이 유명-역 자주

27 多木浩二, 「萬博反對 論」, 『展望』 1969년 1월 호, 172-177쪽.

보투쟁에 대한 절호의 은폐[22] 혹은 방파제로서 계산되어 자리 매김 되었다"고 지적하였으며,[23] 하류 이치로[24]도 오사카 만박 이 경제성장과 대국 내셔널리즘을 과시하는 '현교(顯敎)'와, 대중 의 의식을 넘쳐나는 환상 속에 봉인하여 1970년 안보의 예봉 을 비껴 가는 '밀교(密敎)'의 양면을 가지고 있다고 비판하였다.[25] 이들 비판은 분명히 오사카 만박이 이루어낸 정치작용을 정확 하게 꼬집고 있다. 미일안보조약이 자동 연장되었던 6월, 안보 반대의 데모를 아랑곳하지 않고 박람회는 이미 3,000만 명을 동원하면서 그 여세를 더해 가고 있었으며, 이른바 혁신세력은 만박에 대해 명확한 반대자세를 끝까지 취하지 못했다. 생각건 대 만박 개최가 1970년이라는 해를 '안보'의 해에서 '만박'의 해 로 의도적으로 바꾸었다는 점은 의심할 여지가 없다.

그런데 오사카 만박이 더 깊숙하게 내포하고 있는 것은 이와 같은 일시적인 정치 효과를 넘어선 문제이다. 타키 코지[26]는 당 시 오사카 만박의 성격을 '부르주아 이데올로기에 의한 문화 재 편과 강화를 꾀한 행사로, 그 의도의 기저에 지적 엘리트를 체 제 쪽으로 끌어들여, 테크놀로지와 커뮤니케이션에 대한 지배 를 확립해 버리려는 것이며…'라고 말한 것처럼 도식적으로 정 리할 수 있을 지라도, 문제는 이러한 특질이 적어도 일상적으 로는 보이지 않는 점에 있음을 지적한다.[27] 오사카 만박에서 짚 고 넘어가야 할 것은 그것을 마치 중립적인 '축제'이지 않을까 받아들이고 있었던 대중들의 일상의식 그 자체이며, 그러한 일 상의식의 형성에 깊이 관련되어 있던 매스 미디어의 지속적이 고도 잠재적인 효과이다. 박람회는 그 비정치적인 겉보기(외관) 에 의해, '정치'로부터 사람들의 눈을 돌려버리게 한 것이 '정치

적'인데 그뿐만이 아니라 그 동원과 전시 시스템 자체에 일종의 '정치'를 내포하고 있다. 우리들이 이 책에서 캐묻지 않으면 안 되는 것은 바로 그러한 일상의식 속의 '정치'인 것이다.

3. 기업 파빌리언과 '미래도시'

이상 1970년 오사카 만박에 초점을 맞추면서 거기에 연출가로서 동원되었던 지식인과 예술가, 그리고 관객으로서 벌떼처럼 모여들었던 군중들 및 동원 시스템으로서 매스 미디어라는 두 가지 측면에서 검토해 보았다. 언뜻, 여기서 논의된 골자가 매우 특이한 일본적인 것처럼 보이기도 한다. 특히, 국철이나 농협, 학교, 그리고 매스 미디어에 의한 대중동원은 한편에서는 메이지 이래의 국가적 동원 시스템으로서 다른 한편에서는 다이쇼 이후의 미디어와 이벤트가 융합한 시스템으로서 발전해 왔던 것이다. 하지만 이러한 동원 면의 특징을 별도로 할 경우, 오사카 만박이 보여준 여러 경향은 결코 일본만의 특수한 것이 아니라, 그야말로 20세기 만국박람회 변용의 연장선상에 위치지을 만한 것이다. 이 점을 좀 더 분명히 하기 위해서는 구명해야 할 또 한 가지의 사실, 즉 만박 회장의 전시에 주목할 필요가 있을 것이다.

오사카 만박의 대부분 전시에서 일관되게 보이는 주요 관점은 이 박람회장을 '미래도시'의 실험장으로 삼고자 한다는 점에 있다. 실제로 회장 건설이 본격화되던 1969년경부터 만박의 형용사로서 가장 빈번하게 사용된 것은 이 '미래도시'라는 표현이다. 이와 같은 발상은 원래 1966년 니시야마 우쬬[28]를 비

28 西山卯三; 건축가, 일본의 주거생활과 건축의 문제를 추구-역자주

29 西山卯三,「萬國博
會場計畵: 調査から
企畵へ」,〈建築雜誌〉
Vol.85, No.1021, 1970,
197-198쪽.

30 吉田昭作,「萬國博
はさまざまな意識革命
をもたらす」,『萬國博
讀本 一九七〇年版』(週
刊東洋經濟臨時增刊),
1970, 18-19쪽.

롯한 건축가들이 제출한 회장 계획이 만박회장을 '미래도시의 코아(핵심)'가 되는 것을 기본방침의 하나로 삼는 데에서 출발한다. 그 당시 니시야마를 비롯한 사람들은 '인간다운 생활을 도시화 속에서 발견해나가는 것'을 미래도시의 과제로 한 뒤, 그 조건으로 (1) 물을 제대로 순환하여 사용하는 청결·쾌적한 회장을 만들어내는 일, (2) 입장객들이 연기자로서 주체적으로 참가할 수 있는 광장을 만드는 일, (3) 회장을 제어하는 컴퓨터 시스템을 입장객들에게 가시적으로 전시하는 일, (4) 사람들의 흐름을 각자 자유롭게 행동하여도 혼란이 일어나지 않게끔 처리하는 일 등 네 가지를 들었다.[29] 이윽고, 나무를 심듯 들어선 교통 시스템과 움직이는 보행로, 지역냉방과 경비 및 안내의 집중관리, 대형 지붕과 공기 구조로 대표되는 새로운 건축공법, 나아가 수많은 영상전시가 착착 회장에 도입되어 가면서, 이들 모두가 '미래도시'라는 단어 하나에 묶여진다. 개막 무렵에는 온갖 잡지와 신문에서 '만국박람회의 미래학'이라는 특집이 꾸며졌으며, '에스컬레이터, 움직이는 보행로, 모노레일, 소음 없는 전기자동차, 그리고 파빌리언 내의 모든 에어컨과 풍우 및 일조대책을 충분히 갖춘 전천후 전시관 순례는 사람들의 몸과 마음의 피로를 극도로 적게 해 줄 것이며, 스트레스의 해소에 도움이 될 것이다'라고 안이한 낙관론이 거창하게 펼쳐졌던 것이다.[30]

분명히 현실은 건축가와 테크노크래트를 중심으로 시도되어진 이 '미래도시'의 실험장은 적어도 회장 전체의 레벨에서는 밀려드는 군중들에 의해 멋지게 무너졌다. '미래도시'의 구조는 이와 같이 모여드는 수많은 군중을 즐겁게 하고, 지치지 않게끔 효율적으로 처리해 나가는 데 완전히 실패하였던 것이다.

그 참담한 실패는 기본시설의 설계를 통해 '사람을 움직임에서 보자면, 이는 축제의 공간이라고는 하지만 결코 도시의 공간이지는 않았다'고 반성할 정도였다.[31] 그럼에도 불구하고 최신 테크놀로지가 가능하게 한 '미래도시'의 이미지가 오사카 만박의 회장 풍경과 전시에서 중핵적인 위치를 차지하였다는 점에서는 변함이 없다. 그리고 이러한 이미지를 전시의 주요한 매장으로서 역할을 담당하였던 것이 회장 내 가득 들어선 국내외 기업 파빌리언군이었다. 이들 기업 파빌리언군은 전 전시구획의 거의 반을 차지하여, 파빌리언의 수는 30관, 외자계는 코닥, IBM, 펩시콜라 등 4곳의 회사로 대부분 국내 대기업에 의한 것이었다. 그 가운데에는 쓰미토모[住友] 동화관, 미쓰이[三井] 그룹관, 미쓰비시[三菱] 미래관, 히타치[日立] 그룹관, 마쓰시타[松下]관, 도시바[東芝] IHI관, 산요관, 후지[富士]그룹 파빌리언, 후루카와[古河] 파빌리언, 산토리관, 쿠보타관, 리코관, 후지 빵·로봇관, 자동차관, 철강관, 화학공업관, 섬유관, 전력관, 전기통신관 등 재벌계 기업그룹을 중심으로 산업별 연합이나 공사까지 모든 종류의 기업이 포함되어 있었다. 박람회 회장에서는 이들 기업전시의 많은 수가 일제히 테크놀로지에 의한 '풍요로운 미래'를 그려내었던 것이다.

구체적인 예로, 미쓰비시 미래관에서는 '50년 후의 일본'을 테마로 전시가 구성되어, 기상 컨트롤대가 우주위성으로 태풍을 소멸시키는 모습이라든지 해저의 유전과 광산을 탐사하는 해저개발기지, '개인공간과 공동공간이 멋지게 조화를 이룬' 21세기의 도시가 움직이는 보행로에 인접해 소개되었다. 전기통신관에서는 '컴퓨터와 통신, 방송의 결합이 빚어낸 새로운 미래

31 曾根幸一・中津原努,「觀客の流動について」,〈建築雜誌〉Vol.85, No.1030, 1970, 779쪽.

그림 6-4 평화기념도쿄박람회(1922, 도쿄) 호수 전경과 가운데 조선관 건물이 보인다 (이태문 소장)

그림 6-5 같은 박람회 제2회장 만몽관, 왼쪽으로 보이는 조선관 앞에 사람들이 붐비고 있다 (이태문 소장)

사회의 전망'을 그려내려고 거대한 스크린을 이용한 다원방송과 자유로운 무선전화 사용이 실시되었다. 자동차관은 미래도시에서 1일 240시간 분의 활동이 가능하게끔 신경가속제가 발명되었다는 상정 아래, 바쁘게 돌아가는 사람들의 모습을 보여주는 동시에 미래의 교통 시스템 모델로서 컴퓨터의 지시대로 움직이는 소형자동차의 환상(環狀) 코스도 설치되었다. 또한, 강관 유니트를 프리패브(prefab)식으로 짜맞추고, 스텐레스제 캅셀을 끼어 넣은 타카라 뷰티리언[32]은 미래의 주거공간 모델로 고안되었다. 부엌 유닛 내지 화장실 유닛으로 구성된 1층은 미래의 주택을 암시하며, 2층에는 컴퓨터를 이용한 미용상담이 실시되었다. 후지팡·로봇관에서는 '로봇의 숲', '로봇의 거리', '로봇의 미래'라는 섹션에 따라 다종다양한 미래의 로봇들이 늘어섰다. 나아가 마쓰시타관에는 5,000년 후의 미래를 향해 현대생활의 여러 물품들을 넣은 타임 캡슐이 전시되었다.

예를 들기에는 끝이 없다. 확실히 이와 같이 기업 파빌리언과 미래의 이미지가 범람하였다는 사실은 오사카 만박을 거론할 때 지나칠 수 없는 특징이었다. 그리고 그때 자주 이용되던 것이 전위적인 영상표현이다. 그 예로 후지그룹 파빌리언은 거대한 반원통형 공기구조의 돔 안에 다면영상 '멀티비전'과 '만다라'로 불리는 컴퓨터로 제어되는 슬라이드가 비춰졌다. 미와[三和] 그룹의 미도리관에서는 '아스트로라마'[33]로 이름붙인 직경 30미터짜리 돔에 천장과 벽을 전부 이용해 영상을 보여주었다. 토시바 IHI관에서는 500명을 수용하는 관람석이 회전하면서 위아래로 움직이고, 그 주변의 9면 스크린에 세계의 영상이 비춰지는 '글로벌 비전'을 보여주었다. 그밖에도 참으로 많은 기업관이 전위예술가들이 손을 빌어 영상전시를 시도하였던 것이다. 요시다 미쓰쿠니[34]는 이러한 기업 파빌리언의 전시에 대해서 '성장경제 속에서 줄곧 확대되어 온 일본의 기업 이미지는 진보와 확대였으며, 이때 전위예술은 기업의 미래를 향한 진보에 가장 적합한 것으로 여겨졌다'고 지적하였다.[35]

32 일본어로 보물을 뜻하는 타카라(寶)의 이름을 따서 보물처럼 아름다운 곳이라는 파빌리언-역자주

33 http://sa_ss.tripod.co.jp/Photo/midori_kan.htm-역자주

34 吉田光邦; 문화인류학, 교토대학교수, 만국박람회 연구의 권위자-역자주

35 吉田光邦, 『改訂版萬國博覽會』, 223쪽.

오사카 만박은 고도성장을 구가하는 일본의 대기업으로서는 거대한 안성맞춤의 광고전시장이었다. 이는 결코 빗대는 말도 과장하는 말도 아니다. 오사카 만박이 문자 그대로 기업 이미지를 향상시키기 위한 '광고전시장'이었음을 잘 보여주는 예는 무대 전면에서 활약하는 전위예술가들 배후에 덴추[電通]를 비롯한 주요 광고대리점이 이 무렵부터 기업의 전시기획 전체에 깊이 관계하기 시작한 점이다. 오사카 만박의 경우 예를 들어 전력관, 가스 파빌리언, 와코루 리카미싱관,[36] 쿠보타관은 덴추에 의해, 후루카와 파빌리언은 하쿠호도[博報堂]에 의해, 히타치 그룹관은 도큐[東急] 에이전시에 의해 직접 연출된다. 이들 외에도 표면에 나타나지 않지만, 광고대리점이 뒤에서 전시기획과 출품조직의 운영에 관여한 부분은 적지 않았을 것으로 추측된다. 국가와 지방자치단체의 감독 아래 이전 란카이야를 대신해 광고대리점이 연출의 중심을 이루었으며, 기업파빌리언이 첨단기술을 이용한 전위적인 영상으로 '풍요로운 미래'의 이미지를 그려갔다. 그와 같은 체제가 오사카 만박으로부터 시작되었던 것이다.

한편, 지금까지 살핀 기업 파빌리언의 '미래' 연출은 오사카 만박을 뒤이어 열렸던 일련의 박람회, 가령 1975년 오키나와 해양박람회나 1981년 고베 포트피아, 1985년 쓰쿠바 과학박람회, 거기에 1980년대말 붐을 이룬 각종 지방박람회와 1990년 오사카 꽃과 나무 박람회[37]까지 꿰는 특징을 이루어간다. 특히, 1985년의 쓰쿠바 과학박람회는 미쓰비시미래관, 스미토모관, 미쓰이관, 철강관, 전력관, 가스 파빌리언, 자동차관, 마쓰시타관, 히타치 그룹관, NEC관, 후지쓰 파빌리언, 도시바관, 미도

36 http://www.bekkoame. ne.jp/~kakikuke/ banpakuwacol.html-역자주

37 원문은 하나토미도리 (花と綠)인데, 미도리를 나무로 옮겼다-역자주

리관, 후오우[芙蓉] 로봇 시어터 등 82개에 이르는 기업 파빌리언이 즐비하게 들어선다. 그리고 여기서도 오사카 만박과 마찬가지로 영상전시와 로봇이 주역을 차지, 첨단기술이 가능의 세계로 이끄는 '미래'가 장밋빛으로 가득 그려졌던 것이다. 그 예로, 후지쓰 파빌리언은 컴퓨터 그래픽을 이용한 천장에 비추는 입체영상이 화제가 되었고, NEC관은 영상과 컴퓨터, 레이저 디스크를 결합하여 관객이 진로를 선택하면서 우주여행을 영상으로 체험할 수 있는 장치를 만들어냈다. 미도리관에서는 상하좌우로 펼쳐진 5면의 스크린에 바이오 테크놀로지의 '밝은 미래'를 비추었고, 미쓰비시 미래관에서는 50명 규모의 좌석에 앉은 관객들이 이동하면서 2030년의 미래세계를 영상 체험하였다. 이와 더불어 마쓰시타관은 고대어를 말하는 로봇과 초상화를 그려주는 로봇, 후오우 로봇 시어터에서는 축구를 하는 로봇과 청소 로봇 등이 대거 등장하였다.

파빌리언 명칭 자체가 말해 주듯이 이들 기획은 오사카 만박의 전시방식을 그대로 발전시켜간 것에 지나지 않는다. 예를 들어, 기업 파빌리언 28관 가운데 26관이 해당된다고 보는 영상전시의 원형이 오사카 만박의 넘치던 영상에 있음을, 그리고 일련의 로봇 전시 원형 역시 오사카 만박의 후지팡 로봇관 무렵부터인 점은 의심할 여지가 없을 것이다. 분명히 기술은 이전보다 고도화된 점은 있지만, 기본적인 사고는 전혀 바뀌지 않은 것이다. 그리고 이런 점은 쓰쿠바 과학박람회를 실질적으로 연출해 간 것이 덴추를 비롯한 주요 광고대리점이었다는 점과 불가분의 관계가 있다. 그들은 오사카 만박에서의 경험을 살려가면서, 박람회를 절호의 기업 CI전략 공간으로 인식, 대기업에게 적극적으로 출품을 권하였다. 이런 식으로 하여 쓰쿠바 박람회의 기업 파빌리언 가운데 덴쓰가 담당한 곳은 18관, 하쿠호도는 4관 합계 22관과 함께 전체 약 80%에 해당하는 기업전시를 이들 두 광고대리점이 담당하게끔 된다. 게다가 이들 광고대리점은 쓰쿠바 박람회의 방식을 그 후 전개되는 지방 박람회에서도 그대로 활용하였는데. 이런 점으로 볼 때 쓰쿠바 과학박람회에서 오사카 꽃박람회에 이르는 80년대 후반의 박람회는 실질적으로는 이들 광고대리점이 연출한 거대한 기업 광고 캠페인이었다고도 할 수 있을듯 싶다.

4. 상업주의에 담긴 '미래'

한편 오사카 만박에서 볼 수 있는 기업의 광고전략과 미래지향적 이미지의 결합은 이때 처음 출현하였던 것은 아니다. 오히려 이런 점은 금세기 만국박람회의 커다란 변천 과정 위에서 자리매김되었어야 했다. 본디 박람회는 탄생할 당초부터 기업가들에 의해 자기 회사의 상품을 광고하는 장치로서 기능을 갖추고 있었다. 1851년 런던 만국박람회는 물론 그 이전 파리의 산업박람회에서도 많은 상공업자 입장에서는 박람회란 광고를 위한 장치이자, 특히 출품물이 상을 획득하면 그것이 출품자로서는 둘도 없는 좋은 선전자료가 되었다. 이와 더불어 당시 박람회장에 기업들은 파빌리언을 세우기 시작하였다. 1876년 필라델피아 만박에서는 싱거 편직기가, 1893년 시카고 만박에서는 군수업 그룹들과 화이트 스타 기선이 파빌리언을 건설하였으며, 1889년과 1900년 파리 만국박람회에서는 군사산업에서 상업까지 모두 포함한 각종 기업 파빌리언이 출현한다. 나아가 1915년 샌프란시스코 만박에서는 미서부를 기반으로 하는 많은 철도회사들이 교통관 부근에 파빌리언군을 가득 건설하기도 하였다.

그럼에도 불구하고, 이들 박람회에서 기업전시는 어디까지나 국가적 전시에 대한 보조적인 역할을 해낸 것에 지나지 않았다. 적어도 제1차 세계대전 이전의 만국박람회에서는 전시의 주역은 역시 국가였으며, 민간기업은 그 일익을 담당하는 것으로 그쳤던 것이다. 그런데 1930년대 이후 이러한 국가와 기업의 관계가 어떤 변화를 보이기 시작한다. 그 조짐은 '진보의 한 세기'를 테마로 1933년, 1934년 연이어 개최되었던 시카고 만박에서 나타났다. 이때 회장에는 제너럴 모터스하고 클라이슬러, 포드 등 자동차 산업을 시작으로 그때까지 최대 규모인 9사의 기업이 자사 파빌리언을 건설하여, 만국박람회의 상업주의적 성격을 강화시켰던 것이다. 예를 들어, 시어즈 로백사는 150피트의 탑을 세워 주위를 압도했으며, 화이어 스톤사는 타이어 제조공정을 전부 보여주는 파빌리언을 건설하였고, 싱클레어 석유회사는 실물 크기의 움직이는 공룡을 관내에 전시하였다. 그리고 이 당시 이들 기업 파빌리언의 대두와 발맞춰 적은 예산으로 건축할 필요성이 강조되어, 시설의 대부분이 프리패브 방식으로 세워져 나갔으며, 회장 전체의 색채가 효과적으로 디자인되어간 점도 변화로 꼽을 수 있다.

이와 같은 변화 가운데 한 가지 더 강조해 두고 싶은 점은 제4장에서 논하였던 다이쇼 시대의 일본 박람회와 같은 모델 하우스 전시가 이 무렵의 박람회에서도 대대적으로 도입되었다는 사실이다. 시카고 만박에서는 '주거와 산업미술' 부문의 하나로 시카고 호반에 13동의 모델 하우스가 세워진다(이 가운데 9동은 프리패브식 건축). 그 중에서도 조지 후렛트 캑에 의한 '내일의 주택'은 그 미래적인 디자인으로 박람회의 주력 품목이 되는 인기를 끌었다. 이는 철골로 기본 틀을 잡고서 12면체의 3층 구조로 세웠는데, 지하층에는 차고, 레크레이션실 등이 설치하였고, 1층과 2층 주거 부분의 벽은 모두 유리로 처리하였다. '살기 위한 기계'를 표방하는 기능주의를 구현시킨 것 같은 이 주택에는 회기 동안 약 75만 명에 이르는 사람들이 찾았다고 한다. 이보다 더 중요한 것은 '제너럴 하우스'라는 상징적인 이름을 가진 신흥기업의 출품주택이다. 이 기업 프로젝트는 프리패브 주택의 발전을 예견한 젊은 건축가 하워드 픽서가 박람회 전반에 건립한 것으로 장차 주택생산을 자동차와 같은 원리로 산업화해 가는 것이 가능하다는 생각에서 '제너럴 모터스' 건너편에 자리잡고서 이 이름을 붙였다. 제너럴 하우스의 출품주택은 단층 짜리 핵가족용 주택 모델로 지붕하고 벽에서 창틀이나 문까지 전부 규격화되었다. 그리고 이 모델을 기본형으로 18가지 타입으로 바꿀 수 있음을 명시, 그 각각의 타입은 'K2 H4 O'와 같이 화학식 스타일로 구분되었다.[38]

지금까지 살핀 것들은 모두 이 시기, 특히 미국에서는 만국박람회가 '국가'와 '생산'의 박람회라기보다는 '기업'과 '소비'의 박람회로 변모되어 갔음을 보여준다. 그리고 이러한 변모는 시카고 만박에서 6년 후인 1939년과 다음 해인 1940년, '내일의 세계'를 테마로 개최되었던 뉴욕 만국박람회에서 더욱 결정적

38 Horrigan, B., "The Home of Tomorrow", Corn J. J., Imagining Tomorrow, The MIT Press, 1986, pp. 137-163.

인 틀을 갖추게 된다. 거기서는 제너럴 모터스, 클라이슬러, 포드, 화이어 스톤, 웨스팅 하우스, RCA, 제너럴 일렉트릭, ATT, 아메리컨 담배, US 스틸, 듀퐁, 코카콜라, 코닥 등을 시작으로 대기업만 하더라도 34개의 기업 파빌리언이 광대한 회장에 들어섰다. 이는 회장 내 전체 건축물 112관(레스토랑 등은 제외)의 거의 2/3를 차지하여, 국가 파빌리언 22관을 크게 웃돌았다. 그것도 이들 기업 파빌리언군은 회장의 중심에 해당하는 정면의 심벌 존을 둘러싸고, 방사상으로 퍼져나갔다. 즉, 박람회장의 중심부분을 독점하였던 것이다. 이에 비해 외국 파빌리언군은 회장의 북단 한 쪽을 차지한 게 고작이었다. 물론 제2차 세계대전 전야로 국제관계가 최악에 다다른 당시 상황을 감안할 필요가 있겠지만, 뉴욕 만박의 기업 파빌리언의 절대 우위 현상에는 제2차 세계대전 이후로 이어지는 기업의 광고전략과 만국박람회의 결합이 선행적인 형태로 보여주었던 것이다.

이 뉴욕 만박에서 인기의 주역을 누린 것은 테마관과 제너럴 모터스관에서 전시되었던 두 개의 미래도시 파노라마였다. 먼저, 테마관은 '트라이론'이라는 높이 22미터 짜리 가늘고 긴 삼각추의 탑과 '페리스페어'라는 직경 60미터짜리 구형 파빌리언으로 구성되었다. 페리스페어의 내부에는 관람을 위한 복도가 몇 겹이고 빙빙 둘러싼 중앙 홀에 2039년의 도시를 표현한 거대한 파노라마가 펼쳐졌다. '데모클라시티'로 불린 이 미래도시는 1만 스퀘어 이상의 면적을 가지고, 150만 명이 거주하는 방사상의 커뮤니티이다. '센터톤'이라는 이름의 중심 업무지구의 주간 인구는 25만 명, 중앙에는 관리 중추부분으로 100층짜리 초고층 빌딩이 치솟아 있다. 주위에는 70개나 되는 위성도시가 펼쳐지고, 센터톤에서 근무하는 여러 종류의 노동자와 관리직 사람들이 거주한다. 그 중에는 인구 1만 명의 주택전용 커뮤니티와 인구 2만 5천 명의 경공업과 주택이 혼합된 커뮤니티도 포함되어 있으며, 시가지 사이에는 광대한 녹지가 확보되어 있다. 그리고 이 일대에 전력을 공급하는 수력발전소도 멀리 자리잡고 있다. 테모클라시티의 조명은 하루의 변화를 5분반으

그림 6-6 위: 1939~40년 뉴욕 만국박람회 제너럴 모터스관의 미래도시 파노라마 (The New York World's Fair 1939/1940) 아래: 1939~40년 뉴욕 만국박람회 웨스팅 하우스관에 묻어진 타임 캡슐 (Imagining Tomorrow)

로 표현하여, 관객은 주위의 복도가 한번 도는 것으로 이 미래 도시의 전모를 전부 훑어볼 수 있었다.

제너럴 모터스관의 미래도시는 더욱 자극적으로 이 박람회의 최대 흡입력 있는 전시였다. 헐크 T. 킬스테드가 지적한 것처럼 데모클라시티가 에베네더 하워드의 전원도시 구상을 모델로 삼았다고 한다면, 제너럴 모터스관의 모델이 된 것은 오히려 르 콜비제의 '빛나는 도시'이며, 동시에 H. G. 웰일즈의 SF소설의 장면이었다.[39] '1960년의 도시'를 테마로 하여, 노먼 · 벨 · 게디스가 디자인한 이 미래도시에는 격자 모양으로 구획한 도심부에 유선형의 초고층 빌딩과 저층 빌딩이 들어섰으며, 고속도로, 차도, 보행로는 명확히 분리시켰으며, 공원이 1/3의 면적을 차지, 빌딩의 옥상은 정원과 헬리콥터 비행장으로 이용하게끔 하였다. 언뜻 첫 인상은 현재의 도쿄와 신주쿠 서쪽 지역의 초고층 빌딩가 풍경과 흡사하다. 그리고 여기서는 관람을 위해 매우 기발한 자동화 시스템이 도입되었다. 즉, 관객은 벨트 컨베어로 이동하는 스피커가 달린 좌석에 앉은 채로 15분간 이 도시 파노라마를 빙 두른 관람코스를 주유할 수 있게끔 설비되었는데, 이 시스템은 하루에 2만 7천 명의 입장객을 처리할 수 있었다. 더욱이 이 관람 코스가 끝나는 종점 가까이, 좌석이 '1960년의 도시'의 전형적인 교차점에 다가가면, 스피커에서는 '곧이어 우리들은 멋진 1960년의 세계 바로 그 교차점에 도착합니다. 1939년은 이미 20년 전의 일입니다. 모든 시선을 미래로!'라는 안내방송이 흐르며, 관객들은 좌석에서 내려 건물 밖으로 나가게끔 되어 있다. 그렇게 하면 거기에는 바로 안내방송 그대로 파노라마에서 본 것과 똑같은 교차점이 파

[39] Kihlstedt, F. T., "Utopia Realized: The World's Fairs of the 1930s", 앞의 책, pp.97-118.

빌리언 가운데 있는 정원에 건설되어 있었던 것이다.

제너럴 모터스관은 수많은 뉴욕 만박의 기업 파빌리언 가운데에서도 가장 성공한 예인데, 기본적으로는 같은 방식의 미래 도시적 전시는 그 밖의 여러 기업 파빌리언에서도 공통적으로 볼 수 있었다. 예를 들자면, US스틸관은 몇 층이고 겹겹이 올린 도로망과 초고층 빌딩으로 구성된 미래도시의 디오라마를, 관객들이 그 가운데 어느 초고층 빌딩의 발코니로부터 내려다 보는 식으로 설정하였다. 에디슨관에서는 무수한 마천루와 고층 빌딩이 이어지는 뉴욕의 미래를 그린 거대한 디오라마 '빛의 도시'가 전시되었다. 또한, RCA관은 미래의 시청각 미디어로서 텔레비전이, 듀퐁관은 나일론이 대중의 눈앞에 등장하였다. 더 나아가 보덴관은 회전판 위에 있는 소에서 자동적으로 우유를 짜내 가정에 공급하는 시스템을 실험하였으며, 웨스팅 하우스관은 설거지 기계가 얼마나 주부를 가사노동으로부터 해방시켜주는지 실연을 통해 선보였다. 그리고 이 웨스팅 하우스관 정면에는 이 박람회의 미래감각을 한층 더 상징적으로 보여주는 예로 타임 캡슐이 전시되었다. 5,000년 간 밀폐상태를 유지할 수 있는 특수금속으로 만들어진 길이 7.5피트의 탄환 모양의 캡슐에는 칫솔과 모자와 같은 일용품에서 합금이나 옷감의 견본, 유화의 마이크로 필름과 뉴스 필름, 거기에 800통의 미래에 붙이는 편지까지 미국적인 생활양식을 보여주는 모든 종류의 물품이 들어갔다.

이상과 같은 뉴욕 박람회의 미래 이미지는 특히 이 시대 소비생활의 변화와 깊은 관련을 맺고 있었다. 그것은 일찍이 세계대전 후 미국에서 보급되어가던 텔레비전과 세탁기, 냉난방

등 가전제품이 이때 등장하였기 때문만은 아니다. 바야흐로 박람회의 구성 그 자체도 '생산'보다도 '소비'와 '생활'을 축으로 이루어졌다는 것이다. 박람회 개최에 앞서서 테마위원회는 모든 전시를 (1) 생산과 분배, (2) 교통, (3) 커뮤니케이션과 비즈니스, (4) 식료, (5) 의약과 공중위생, (6) 과학과 교육, (7) 커뮤니티 등 7개 부문으로 구분하여 영역을 결정한다. 이 분류는 테마위원회 자체가 밝힌 것처럼, 근대생활의 기능적 구성에 따른 것이며, 역점을 생산과정보다도 소비과정에 두었다. 디자인위원회의 주요 멤버이기도 하였던 미하엘 헐(Michael)은 뉴욕 만박이 그때까지 '생산자의 박람회'였던 시대로부터 '소비자의 박람회'로 시대가 전환되었음을 알려준다고 밝힌 바 있다.[40] 단순히 기술적 진보를 전시하는 것이 아니라, 바야흐로 '미국적 생활양식'의 전시가 요구되었다. 넘칠 정도로 풍부한 상품을 이용해, 얼마만큼 새로운 '미국적 생활'을 구축해 갈까. 그것을 구체적으로 전시하고, 욕망을 환기시켜 나가는 장치로서 박람회를 이해하였던 것이다. 그리고 이러한 '소비자의 박람회'라는 인식이 1929년의 대공황을 거치면서 소비를 구조적으로 환기해 갈 시스템을 갖춰나가던 미국 자본주의의 요청과 합치하였다는 점은 말할 필요도 없다.

이와 같은 시대상황 아래 1920, 30년대 미국에서 무엇보다도 더욱 각광을 받던 직업이 두 가지 있다. 하나는 광고 어드바이저들이며, 다른 하나는 인더스트리얼[industrial, 산업] 디자이너들이다. 어느 쪽이든 여태 예술의 전문가가 속박되어 있었던 전통으로부터 자유로웠으며, 대중의 기호를 이해하는 동시에 그들에게 새로운 미의식을 넓혀 가는 '근대의 사도'(M. 마쳇트)

40 Cusker, J. P., "The World of Tomorrow: Science, Culture and Community at the New York World's fair", The Queens Museum, Dawn of a New Day, New York U.P., 1980, pp.3-15.

로서 받아들여졌다. 어드바이저들의 활약 무대가 잡지와 라디오의 세계였다고 하면, 인더스트리얼 디자이너들의 본령이 충분히 발휘되었던 곳은 박람회이다. 그들은 1933년 시카고 만박 무렵부터 박람회와 관련하기 시작하여, 1939, 40년의 뉴욕 만박에서는 회장 구성에서 개별 전시에 이르기까지 박람회의 모든 면에서 결정적인 역할을 해간다. 한 예로 그와 같이 활약한 이들의 한 사람으로 제너널 모터스관의 디자인을 담당한 게디스를 들 수 있는데, 그는 1933년 시카고 만박에서도 건축위원회의 고문으로 관여하였다. 또한, 뉴욕 만박의 테마위원회와 디자인위원회의 위원을 겸직하면서, US스틸관을 비롯해 수많은 파빌리언의 전시에도 관여한 월터 D. 티그는 시카고 만박에서 포드관의 디자인을 담당하였던 인물이다. 이와 더불어, 데모클라시티의 전시를 담당한 헨리 도레휘스, 커뮤니티 부문의 중심 전시를 담당한 길버트 로드, 교통부문의 레이먼드 로웨 등등. 당시를 대표하는 인더스트리얼 디자이너들이 이 박람회에 깊이 관계하면서 소비사회의 새로운 미의식을 대중화하는 데 기여하였던 것이다.

5. 만국박람회에서 놀이동산으로

1939, 40년 뉴욕 만국박람회는 기업 파빌리언의 숲이라고 해도 좋으며, 미래도시의 이미지, 인더스트리얼 디자이너들의 활약이라고 해도 좋은 한 마디로 제2차 세계대전 후 박람회와 대중소비문화의 확대를 미리 보여주는 참으로 중요한 박람회였

다. 사실 이렇게 보자면, 그 30년 뒤에 일본인을 열광시킨 오사카 만박은 적어도 전시와 연출이라는 점에서는 뉴욕 만박을 좀 시대가 흐른 뒤 약간 손을 본 것에 지나지 않은 것이라고 말할 수 있겠다. 예를 들어, 뉴욕 만박의 웨스팅 하우스관이 시도한 타임 캡슐과 오사카 만박 때 마쓰시타관의 타임 캡슐이 닮았다는 점은 너무 분명하다고 하겠으며, 미쓰비시 미래관의 미래도시를 펠리스페어와 제너럴 모터스의 미래도시와 대비시켜 보는 것도 불가능하지 않다. 그리고 오사카 만박의 전위예술가들이 기대를 받았는데, 이는 뉴욕 만박 때 활약한 인더스트리얼 디자이너들의 역할에 해당한다는 점도 쉽게 유추할 수 있다. 1920년대 경제발전을 전제로 대공황의 악몽으로부터 해방될 듯이 열렸던 뉴욕 만박과 1960년대 고도성장을 거치면서 지금보다 더 높은 발전을 꿈꾸며 열린 오사카 만박. 양쪽 모두 19세기 시작된 만국박람회의 시대가 그 다음 단계 초점을 '국가'와 '생산'에서 '기업'과 '소비'로 옮겨져, 대기업이 연출하는 '풍요로운 미래'의 광고장치가 되어간 과정을 상징적으로 보여준다.

하지만 1939, 40년의 뉴욕 만박에는 좀 더 직접적인 사생아가 있었다. 이 만국박람회로부터 사반 세기 뒤인 1964, 65년 다시 뉴욕에서 열렸던 또 다른 뉴욕 만국박람회(세계박람회)이다. 이 박람회는 입지와 회장 구성에서 전시내용에 이르기까지 명백히 앞서의 만박을 의식하였다. 그것은 회장에 같은 플러싱 미도우 파크(Flushing Meadows Park)가 사용되었기 때문만은 아니다. 회장 계획도 전쟁 전의 것이 그대로 재이용되었으며, 심벌 존에 건설되었던 거대한 지구의(地球儀) '유니스페어'도 지난번의 펠리스페어를 본 뜬(形骸化) 재현이라고 할 만한 것이었다.

그리고 1939년 인기를 모은 많은 기업 파빌리언이 거듭 같은 장소에 등장해 예전의 아이디어에 살짝 손을 본 것과 같은 전시를 행한 것이다. 그 예로, 제너럴 모터스관에서는 이전과 똑

그림 6-7 왼쪽 위: 1933년 시카고 만국박람회 쇼 케이스처럼 생긴 타워 (The Anthropology of World's Fairs)
오른쪽 위: 1964~65년 뉴욕 세계박람회 회장 (Remembering the Future)
아래: 1939~40년 뉴욕 만국박람회에 등장한 금전출납기 모양의 파빌리언 (같은 책)

같이 좌석에 앉은 채 15분간 한 바퀴 도는 미래 파노라마가 준비되어 있었다. 파노라마의 장면은 월면조사에서 해저탐험, 정글 탐험, 미래의 인공농장으로 이어졌으며, 마지막 미래도시에 이르는 장치로 각각의 장면에는 제너럴 모터스가 만든 자사의 '미래 기계'가 활약하였다. 마찬가지로 웨스팅 하우스관도 다시 타임 캡슐을 파빌리언의 정면에 묻었다. 그다지 뚜렷한 연속성이 없는 경우에도 1964, 65년의 뉴욕 세계박람회의 회장에는 이전과 다를 바 없이, 참으로 많은 기업 파빌리언이 들어섰으며, 그 광고적 의장(意匠)을 경쟁하였던 것이다.

그렇더라도 이 1964, 65년의 뉴욕 세계박람회에서 눈에 띄는 상업주의의 범람은 이전의 상태를 훨씬 뛰어넘었다. 그 예로 클라이슬러관을 살펴보자. 1939년 박람회장에 세워졌던 클라이슬러관은 정면 입구의 양쪽에 독수리 날개 모양의 탑이 솟아 있었는데, 그 외에는 매우 평범한 직방형 건물이다. 이에 비해, 1964년에 같은 회장에 등장하였던 것은 길이 80피트, 높이 20피트의 거대한 자동차 모양을 한 파빌리언으로 건축물이라기보다는 광고탑이라고 할 만한 것이었다. 클라이슬러관만이 아니다. 1964년 박람회장에는 거대한 타이어 모양의 파빌리언과 달걀 모양의 벽면에 회사 이름을 빼곡이 새긴 IBM의 파빌리언, 달 표면을 그대로 지붕에 옮긴 듯한 파빌리언, 소프트 크림의 틀을 딴 레스토랑 등등, 유희의 요소를 최대한 끌어들인 건물들이 넘쳤다.(단, 1939년 회장에도 거대한 레지스터형의 파빌리언이 등장하기는 하였다) 아이린 셰퍼드는 1964, 65년 뉴욕 세계박람회를 지배하였던 것은 일종의 팝(Pop) 감각이었다고 지적한다.[41] 실제로 이때 뉴욕주 파빌리언에는 앤디 워홀,[42] 로이 리키텐스

[41] Sheppard, I., "Icons and Images: The Cultural Legacy of the 1964/65 World's Fair", The Queens Museum, Remembering the Future, Rizzoli, 1989, pp.167-192.

[42] Andy Warhol; 1928~1987, 미국 팝아트의 대표적인 화가. 상업디자이너로 활약하다가 화가가 되었는데, 신문에 실린 사진이나 영화배우의 브로마이드 등 매스미디어의 매체를 실크스크린으로 캔버스에 전사(轉寫) 확대하는 수법으로 현대의 대량소비문화를 찬미하는 동시에 비판한 것으로 유명해졌다-역자주

43 Roy Lichtenstein; 1923~1997, 미국 팝 아티스트. 오리온주립대학 미술학부를 졸업 후 대학교수를 역임. 1960년대부터 만화를 그리기 시작하면서 초기 추상표현주의 화풍을 대중예술로 승화시켰다-역자주

44 James Rosenquist; 1933~ , 미국 팝 아트스트. 그는 일상적인 이미지를 확대하여 이를 다시 복잡하게 조합한 대형 캔버스에 옮겨 자신만의 독특한 세계를 만들어갔다. 1972년 이후로는 판화에도 적극적으로 몰두하였다-역자주

45 CRobert Indiana; 1927~ , 미국 팝 아티스트. 1961년경부터 뉴욕에서 작품 활동을 시작. 주로 교통표지판이나 가스회사의 상표와 같은 간결 명료한 기하학적 추상미를 통해 문화적인 상징성과 서민적 소탈함을 추구하였다-역자주

46 CKitsch; 속악한 것, 가짜 또는 본래의 목적에서 벗어난 사이비 등을 뜻하는 미술 용어. 1870년대 독일 남부에서 당시 예술가들 사이에 '물건을 속여 팔거나 강매한다'는 뜻으로 쓰이다가 갈수록 의미가 확대되면서 저속한 미술품, 일상적인 예술, 대중 패션 등을 의미하는 폭넓은 용어로 쓰이게 되었다-역자주

47 CThomas, B., Walt Disney, Simon & Schuster, 1976. 玉置悅子·能登路雅子 역, 『ウォルト·ディズニー』, 講談社, 1983, 319-324쪽. 그리고 能登路雅子, 『ディズニーランドという聖地』, 岩波新書, 1990, 124-166쪽 참조.

타인,[43] 제임스 로젠퀴스트,[44] 로버트 인디애나[45] 등 팝 아티스트들의 벽화가 걸렸었는데, 뉴욕 세계박람회는 그러한 하이 아트로서 팝을 뛰어넘어 박람회장 전체가 수많은 팝과 키치[46]의 상업주의적 일대 전시장이 되었던 것이다.

이와 같은 상업주의적 팝 감각, 즉 비판정신이 결여된 소비사회에 적합한 팝 감각을 고도의 테크놀로지를 이용해 전시에 반영시켜, 뉴욕 세계박람회의 전시 프로듀서 가운데 독보적인 존재가 된 인물이 있다. 바로 월트 디즈니이다. 이미 1955년부터 로스앤젤리스 부근에 개원한 디즈니랜드 역시 순조롭게 발전하여, 거대한 엔터테인먼트 산업으로 입지를 굳혀가던 디즈니는 전쟁 전 박람회의 인더스트리얼 디자이너를 대신해 뉴욕 세계박람회에서는 가장 영향력이 있는 프로듀서로 명성을 얻었다. 보브 토마스에 따르면, 디즈니는 박람회 개막을 4년 앞둔 시점부터 자기 스튜디오 안에 특별 팀을 편성해 대기업을 방문하게 한 뒤, 세계박람회의 파빌리언 연출에 관한 이야기를 꺼냈다고 한다.[47] 그 결과 제너럴 일렉트릭관의 '칼셀 오브 프로그레스', 포드관의 '매직 스카이웨이', 펩시 콜라관의 'It's a small World', 일리노이주관의 '미스터 링컨과의 위대한 순간' 등 4가지가 디즈니 스튜디오가 연출한 전시로서 등장하여 박람회의 인기를 독점해 간다.

중요한 점은 이들 파빌리언 전시에 관여하는 가운

데 얻게 된 시설과 기술이 그 후 디즈니랜드와 월트디즈니 월드 속에 훌륭히 활용되었다는 사실이다. 예를 들어, 제너럴 일렉트릭관의 전시는 원형 스테이지 주위를 관람석이 빙빙 돌면서, 19세기말 전기가 없었던 시대로부터 전기 제품이 집안 가득 넘치는 가까운 미래까지 가정생활의 변화를 차례차례 각 장면에서 보여주는 식이었는데, 박람회가 끝난 다음 디즈니랜드로 옮겨 지은 뒤 6년 후에는 디즈니 월드로 다시 옮겨진다. 포드관의 전시는 석기시대로부터 우주시대에 이르는 인류의 진보를 보여주는 코스를, 포드의 신형차를 타고서 관객들이 주유하는 식인데, 이러한 라이드식 관람 시스템은 이미 '카리브의 해적'을 비롯한 디즈니랜드의 수많은 어트랙션에 도입된다. 그리고 이 포드관에서도 인형의 움직임과 음성을 컴퓨터 제어로 일치시켜, 3차원 아니메이션적 장면의 연출을 가능하게끔 하는 기술이 이용되었는데. 일리노이주관의 링컨 인형에는 이 기술이 크게 앞서가 박진감 있는 리얼리티를 획득하였다. 이 기술, 즉 '오디오 아니마트로니크스'는 그 후 디즈니랜드와 디즈니 월드의 어트랙션에는 없어서는 안 될 존재가 되어 간다. 더욱이 이들 기술은 보트를 탄 관객이 합창하는 세계의 어린이들 사이를 빠져나가는 펩시 콜라관의 전시에도 십분 활용되었다. 이 전시 'It's a small World'가 캘리포니아와 도쿄 디즈니랜드에도 건설되어, 지금까지도 인기 어트랙션으로 건재하다는 사실은 누구나 알고 있는 바이다.

박람회의 회장에서 개바로딘 전시 테크놀로지를 테마 파크에 도입했다. 그렇지만 디즈니의 기획은 거기서 그친 게 아니다. 일설에 따르면, 디즈니는 뉴욕 만박 회장의 자리에 제2 디즈니랜드를 건설하려 했다고 한다. 결국, 이 구상은 실현되지 못했지만, 그 대신 그가 죽은 후 플로리다의 광대한 부지에 월트 디즈니 월드를 오픈한다. 그리고 여기에는 캘리포니아 디즈니와 똑같은 '꿈과 마법의 왕국'만이 아니라, 미래도시의 커뮤니티 원형으로서 EPCOT센터로 불리는 시설이 개설된다. 그런데 이 EPCOT센터는 사실 뉴욕 박람회를 디즈니식으로 재구성하여, 테마 파크로 상설화시킨 것에 지나지 않는다. '퓨처 월드'라고 이름 붙인 주회장의 중앙에는 '우주선 지구호'라고 알루미늄으로 그 표면을 만든 거대한 지구의가 놓여 있었다. 그 외관은 이전의 펠리스 페어와 유니스페어와 꼭 닮았다. 그리고 이 거대 지구의의 주위에는 이 역시 뉴욕 박람회와 마찬가지로 방사상으로 대기업이 제공하는 파빌리언이 늘어섰다. '에너지의 우주'(엑슨 제공), '움직임의 세계'(제너럴 모터스 제공), '호러이즘'(제너럴 일렉트릭 제공), '이미지네이션으로의 여행'(코닥 제공) 등등 이들 파빌리언이 공통적으로 보여준 것은 테크놀로지의 진보에 따른 자연과 사회를 한층 더 완전하게 관리한다는 테마이다. 예를 들자면, '에너지의 우주'관에서는 스크린에 지구의 역사가 비춰진 뒤 객석이 한 줄씩 분리되어 움직이면서 폭발하는 화산과 공룡 사이를 돌아다닌다. 그리고 마지막에 거대한 스크린 앞에 다다르면, 좌석은 다시 정열하고 에너지 개발의 미래적 비전이 영상으로 비추어지는 식이다.

한 마디로 하자면, 디즈니가 그 테마 파크에서 보여주었던 것은 박람회적 전시공간과 헐리우드적 영상기술의 결합이었다. 이런 결합을 통해 테마 파크와 박람회는 수많은 거대 자본의 입장에서 볼 때 유효한 문화장치가 되어간다. 실제로

6장 변용하는 박람회 공간   289

EPCOT센터의 각 파빌리언을 볼 때, 제공기업과 어트랙션의 관계가 결코 자의적이지 않았다는 점에 주의할 필요가 있다. 디즈니로서는 미래의 커뮤니티란 모든 분야에서 거대기업이 대중의 이미지를 컨트롤하여 예정대로 조화로운 세계로 이끌어 간다. 조금은 오웰의 『1984』를 연상시키는 듯한 장소인 셈이다. 하지만 다른 곳에서 디즈니에 의한 헐리우드식 영상기술의 도입은 박람회적 세계상의 존재방식에도 커다란 변화를 가져다주었다. 가령, 디즈니랜드에는 그때까지 박람회에서는 기본적이었던 부감하는 시선이 소실되었고, 관객은 연속적으로 변화하는 장면 속에서 자기 자신을 연기해 나가도록 요청 받는다. 아직 그런 점에는 박람회와 박물관, 동식물원 등에서는 당연한 것으로 여기는 외부의 현실과의 참조관계가 공상화되고만다. 이들 변화가 내포하고 있는 문제는 매우 중대한데, 여기서 간단하게 해명될 성 싶지 않다. 필자는 이 점에 대해서 별도의 글을 통해 자세히 논하였는데,(『시뮤러클의 낙원』, 多木浩二・內田隆三 편, 『零의 修辭學』, 리브로포토, 1992년), 당장 이 책에서는 디즈니랜드 이후의 테마 파크가 만국박람회로부터 면모된 한 형태로 볼 수 있다는 점을 확인해 두는 정도에서 그치고 싶다. 박람회적 세계상에서 테마 파크적 세계상으로. 이 변화에는 분명히 현대 자본주의가 우리들의 상상력을 길들여 가는 과정에서 어떤 중요한 전략상의 전환이 담겨져 있는 것이다.

종장

박람회와 문화 정치학

1937년 파리 만국박람회 에펠탑을 끼고 대치하고 있는
독일관과 소비에트관 (The Anthropology of World' Fairs)

1. 제국주의, 소비사회, 대중오락

대항해 시대에 탄생한 하나의 시선. 이 시선에 주목하는 것으로 이 책의 탐구가 시작되었다. 15세기부터 18세기에 걸쳐서 서서히 조직화되어 가던 이 세계에 널리 퍼져가던 시선은 자기를 순수하게 목격하는 주체로서, 지켜보는 타자를 소외시키고, 타자로부터 소외된 이 간극의 세계를 규율·훈련하는 투명하고 추상적인 시계(視界)의 확장을 이루어 갔다. 그것은 인문·자연과학적인 지의 수준에서 보여지는 세계를 재구성해 갔지만, 동시에 도시 속의 좀 더 대중적이고 오락적인 여러 사회영역에도 조금씩 침투하여, 우리의 일상적 생활세계가 존립하는 기반 그 자체마저 재구성해 왔던 것은 아닐까?

이 책이 박람회에 초점을 맞춘 것은 이러한 근대의 규율·훈련적인 시선이 오락적인 일상생활의 영역까지 침투한 사실을, 아마도 박람회만큼 명료하게 보여주는 예는 없지 않을까 생각하였기 때문이다. 박람회는 대항해 시대로부터 박물학의 시대로의 발전, 그리고 동식물원이나 표본진열관의 체계화와 공개화의 길을 걷던 그 흐름을 받아들이면서, 유럽의 여러 국가들이 박물학적 시선의 공간을 새로운 자본주의의 이데올로기 장치로서 직접 연출해 나가고자 할 때 등장하였다. 따라서 박람회라는 공간의 '계보학'을 따져가다 보면, 시선의 제도로서 '근대'가 한편에서는 국가와 기업, 그리고 온갖 사회조직의 모든 연출의도와 맺어지면서, 다른 한편에서는 여기에 관객으로서 모여드는 사람들이 어떠한 신체감각 위에 수용되어 갔는지가 분명해질 것이다. 그리고 또 한 가지, 박람회가 전형적으로 보여주는 시선의 공간이 어떤 형태로 도시의 일상영역에 침투해 갔는지도 밝혀지지 않을까? 이것이 이 책의 기본적인 문제설정이었다.

이러한 전망을 토대로 분석을 진행시켜 가기 위해, 우리들은 이 책에서 논의의 축이 되는 세 가지 전략적 논점을 설정하였다. 즉, 제국주의의 프로파겐더 장치로서의 박람회, 소비문화의 광고 장치로서의 박람회, 대중오락적 흥행물로서의 박람회라는 세 가지 테마이다. 제1장에서 제6장까지의 서술은 기본적으로 구미의 만국박람회와 일본의 국내박람회, 이들 두 가지 계보를 관련지어가면서 앞의 세 가지 테마가 드러난 양상과 상호 겹쳐지는 부분을 읽어내려는 시도였다고 하겠다.

첫 번째로 제국주의와의 관계를 말하자면, 우리들은 박람회가 단지 '산업'의 디스플레이가 아닌, 어디까지나 '제국'이라는 틀 속의 '산업' 디스플레이였다는 점을 거듭 확인하였다. 예를 들어, 제1장에서는 수정궁이 구현해 간 철과 유리의 균질공간이 유럽의 식민지 지배를 전제로 발전해 온 온실과 공통된 사회·기술적 기반 위에 성립하였음을, 그리고 18세기말 이후 구미의 대도시에서 증식해 가던 오락 장치의 대부분이 점점 넓어져가던 세계를 부감(俯瞰)해 가려는 동시대의 대중적 욕망에 뿌리를 두었음을 지적하였다. 제2장에서는 일련의 파리 만국박람회가 제공하였던 것이 바로 손쉽게 떠나는 세계관광의 경험이었음을, 그리고 이와 같은 경험의 공간은 머지않아 구미의 모든 도시로 퍼져 간 사실도 밝혔다. 이밖에 제5장에서는 만국박람회의 '제국'을 디스플레이 하는 기술의 발전에 대해 언급하였는데, 특히 '인간의 전시'와 사회진화론적 이데올로기에 관해 검토하였다.

이와 같은 만국박람회의 제국주의적 시선의 작용 속에서 매우 양의적(兩義的)으로 등장한 것은 '일본'이었다. 제3장은 '일본'이 만국박람회에 등장하게 된 방식 자체가 아득히 먼 극동의 어느 나라에서 온 주민을 구미인의 호기심이라는 시선 아래 전람하게 하였으며, 객체화시켜 가는 과정이었음을 보여주었다. 그렇지만 그것은 아직 이 나라의 사람들이 서구의 세계를 보는 시선을, 역으로 그 주변부에서 지켜보면서 열렬하게 섭취해 가고자 하는 과정이기도 하였다. 이렇게 일본은 구미의 만국박람회에 출품할 때에는 전통공예와 재패니즘의 나라, 즉 비근대의 나라로 위장하면서 국내와 식민지 박람회에서는 '구미열강'과 동등한 근대국가로서 행세해 간다는, 이중의 자기를 익혀갔던 것이다. 그 후자의 측면이 일본 국내의 박람회와 해외박람회의 참가가 특히 두드러졌던 것은 러일전쟁을 즈음해서이다. 이후 쇼와 10년대 노골적인 전쟁 프로파겐더에 이르기까지 일본은 만국박람회에서는 여전히 일본 빛깔을 보여주는 전시를 계속 이어가면서, 박람회를 제국주의의 프로파겐더 장치로서 널

그림 종장-1 시정40주년 대만박람회(1935, 대북) 회장배치도 제1회장 가운데 조선관을 세웠다 (이태문 소장)

리 이용해 갔던 것이다.

두 번째로 박람회와 소비사회의 관계는 이 책이 가장 역점을 두고 서술한 부분이다. 박람회는 무엇보다도 19세기 대중이 처음으로 근대의 상품세계와 만난 장(場)이다. 그리고 이때의 상품 디스플레이 전략은 곧이어 백화점과 다양한 광고 미디어 속으로도 확산되어, 일상화되어 가는 성질을 가지고 있었다. 제1장에서 우리들은 런던 만박이 그 분류 시스템의 혼란에도 불구하고, 근대산업이 낳은 다양한 상품으로 가득 넘치는 세계의 모습을 압도적인 양을 통해 보여주었음을 개관하였다. 제2장에서는 그러한 상품세계의 디스플레이 전략이 일련의 파리 만박에서 더욱 체계화된 것과 함께 오스만에 의한 도시개조사업과도 연동하면서, 파리의 백화점 안에서 발전해 가는 과정을 검토하였다. 이런 과정은 부분적이기는 하지만 필라델피아와 시카고 만박과 도시와의 관계에서도 언급할 만하다. 그리고 제3장에서도 메이지 내국권업박람회가 그 파생형태로 권공장을 탄생시키고, 머지 않아 이들이 오복점에서 진화한 초기의 백화점으로 교체되어 가는 양상을 다루었다.

하지만 박람회에서 백화점으로 전개되는 것은 박람회적 시선의 공간이 소비사회적인 리얼리티와 깊이 관련을 맺게 될 무렵의 한 경로에 지나지 않는다. 박람회가 무엇보다도 '상품이라는 물신(物神)의 영장(靈場)'이자, 그 스펙터클성 안에 상품세계를 환상화시켜 가는 자본주의의 문화 장치라고 하자면, 그것은 백화점 이외에도 여러 방식으로 도시와 관련을 맺으면서 '상업적 일상'을 빚어냈을 것이다. 제4장과 제6장에서는 이러한 박람회의 상업적 차원의 전개를 한편에서는 다이쇼 시대의 일본에 초점을, 다른 한편은 1930년대 만국박람회에서 1970년대 오사카 만박에 이르는 그 전개에 초점을 맞춰 검토해 보았다. 즉, 먼저 제4장에서는 백화점, 전철, 신문사라는 사물·사람·말의 유통을 매개로 하는 넓은 의미의 문화산업과 박람회의 불가분의 관계를 검토하였다. 한편, 제6장에서는 1930년대 이후 만국박람회에서 인더스트리얼 디자이너와 영상 프로듀서의 참가를 기반으로 자본주의가 가능하게 하는 '풍요로운 미래'가 전위적인 방식으로 그려져 갔음을 논하였다. 이 체제는 1970년대 오사카 만박까지 일관되게 이어져, 오사카 만박의 열광과 1970년대 이후 일본의 박람회 현상도 이러한 관점에서 재검토할 필요가 있음을 시사하려는 의도였다.

그런데 제국주의와 소비사회라는 박람회가 그 역사를 통해 작동시켜 온 이들 두 가지 차원은 박람회의 대중성을 받쳐왔던 또 다른 차원, 즉 구경거리로서의 박람회라는 차원과 끊임없이 융합되어 왔다. 실제 우리는 제1장에서 수정궁의 탄생이 동시대의 런던에서 유행하였던 구경거리의 변용으로 볼 수 있을 만큼 깊은 관련이 있지 않을까를 살폈다. 또한, 제2장에서도 1867년 이후 파리 만박이 회장 내에 유원지적 요소를 끌어들였고, 1889년과 1900년에는 그러한 오락성, 볼거리가 정점에 달하였음을 보여주었다. 나아가 제4장에서는 일본의 국내박람회에서도 똑같은 오락화 경향이 1903년 제5회 내국박람회 이후 본격화되어 갔다는 사실도 밝혀졌다. 그리고 이러한 박람회의 오락화를 전제로 일본에서는 '란카이야'로 불리는 박람회 전문업자들이 탄생하여, 박람회 개최에 중요한 역할을 맡아가게 되는데, 이들 란카이야의 활동에 대해서도 간단하지만 다루었다.

　이상과 같은 분석을 통해 적어도 분명해진 것은 박람회는 결코 단순한 산업기술이나 공예 디자인의 발전사로만 다룰 만큼 중립적인 공간이 아니라는 사실이다. 박람회는 그 본질이 매우 정치적이라면, 이데올로기적이기도 한 문화의 전략적인 공간인 것이다. 이 공간이 품고 있는 정치적인 작용을 온전하게 다루기 위해서는 앞서 언급한 세 가지의 차원을 추출하는 데 그치지 말고, 박람회가 이들 차원을 어떻게 상호 관련지어가면서 동시대의 어떤 대중의식을 어떠한 언설과 공간의 시스템 아래 동원하였으며, 제국의 환상 안에 그리고 그 제국이 가능하게 만든 상품세계의 환상 속에 구조적으로 짜 넣었는지를 묻지 않으면 안 된다.

　예를 들자면 우리들은 런던 만박이 개최된 1851년이라는 해가 영국 노동자를 얼마만큼 혁명하는 군중에서 소비하는 대중으로 변모시켜 갔는지에 대해서 논하였다. 19세기 박람회가 더욱 강력하게 빨아들인 것은 도시의 중산계급인데, 그렇다고 하더라도 수백만 명에서 수천만 명에 이르는 만국박람회의 입장객 수는 노동자와 농민도 다수 포함한 광범위한 국민층의 동원을 생각하지 않을 수 없는 수치이다. 만국박람회가 일찍이 인간의 탐욕에 구경거리적 요소를 도입해 간 것도 이 행사가 일부 산업자본가와 중산계급만의 잔치가 아니라, 좀 더 하층계급 사람들의 의식까지도 힘껏 동원하였음을 나타낸다고 하겠다. 그리고 이와 같이 계급을 넘어서 환상의 공동공간이 창출되어 가는 데 무엇보다도 효과적이었던 것이 '제국'이라는 틀거리였다. 실제로 제5장에서 보여준 것처럼, 1893년 시카고 만박이 출현시킨 것은 '계급'과는 관계없는 '인종'에 기초를 둔 유토피아였으며, 그것은 계급대립이 격화하고 있었던 이 시대 미국 사회에 글자 그대로 이데올로기적으로 작용하였다. 그리고 제2차 세계대전기에 한편에서는 도쿄 만국박람회와 로마 만국박람회, 베를린 만국박람회의 구상이 파시즘의 유토피아 속으로 국민을 강렬하게 동원하려고 하였으며, 다른 한편에서는 뉴욕 만박이 대기업의 유토피아적 비전 안에 미국 국민을 유혹하였던 점도 이미 언급한 대로이다.

한편, 일본의 내국권업박람회를 분석하는 과정에서도 우리들은 메이지 국가가 이 나라의 국민을 어떻게 출품인으로서, 또한 구경꾼으로서 조직적으로 동원해 갔는지를 검토하였다. 제3장에서 살펴보았듯이, 이렇게 동원된 사람들 사이에 박람회가 빚어낸 것은 전시된 상품을 상호 비교하여, 선별해 가는 시선이었다. 출품인의 기능은 이 비교·선택하는 시선이 가능한 공간 아래에서 서열화 되어 간다. 이는 출품인 자신들조차도 자기에 대한 전혀 새로운 경험이었다. 그 가운데 초기 내국박람회의 경우, 이와 같은 메이지 국가에 의한 연출이 얼마나 침투력을 가졌었는지에 대해서는 의문의 여지가 있다. 오키나와에서 어떻게 조직적으로 동원되어온 사람들은 오키나와 지사의 물음에 대해 별로 순조롭지 않은 답변이 돌아왔을 뿐이었다. 아직 사람들은 자주 에도 시대 카이초나 구경거리와도 비슷한 방식으로 박람회를 받아들였다. 그렇지만 변화는 착실하게 진행되어 갔는데, 박람회의 개최 횟수와 입장객 수가 급증해 가던 다이쇼 무렵이 될 때까지는 이러한 비교·선별하는 시선과 시선을 받는 자기에 대한 경험은 이전과는 비교할 수 없을 정도로 확산되어 일상세계에 깊이 침투해 갔던 것이다.

따라서 박람회와 이에 동원된 대중의 관계를 살피면서 주목되는 것은 문화적 제도로서의 '근대'가 사람들의 정체성을 어떻게 바꿔나갔는가, 그리고 사람들은 그 신체적 감각과 기억을 통해 이러한 제도의 작용에 어떻게 반응하고 반발하며 복종해 갔는가라는 점이라고 본다. 그런 의미에서는 나라마다 박람회가 전성기를 구가하였을 시기는 바로 그 사회가 고도화된 자본주의로 변모해 가던 전환기에 해당된다는 점이 중요하다. 제2장에서 언급한 것처럼 파리 만박이 화려하게 몇 번이고 개최되던 제2제정에서 제3공화제에 걸친 시기는 바로 프랑스에서 자본주의가 성숙하여, 소비 영역도 끌어들이게 된 무렵이었다. 그밖에 20세기에 들어서자, 만국박람회의 중심지가 프랑스에서 미국으로 옮겨지는데, 이 시기의 미국이 사상 유래가 없는 공전의 대량소비문화로 꽃피웠음은 잘 알려진 바이다. 나아가 일본에서도 박람회의 개최 횟수가 급증하고, 신문사나 전철, 백화점이 이에 뛰어들게 된 다이쇼 시대는 바로 자본주의적 소비문화가 대도시에 꽃을 피운 시대였다. 그리고 1970년대 오사카 만박의 축제 기분은 확실히 그때까지의 고도성장에 가져다 준 잔치 기분을 이어간 것이기도 하다. 박람회는 혁명하는 군중을 소비하는 대중으로 변모시킨다. 이 명제는 박람회를 성립시켜간 시대적 배경까지 포함해 수많은 근대사회에 정확히 맞아떨어진다.

2. 권력장치의 박람회

지금까지 몇 번이나 강조한 것처럼 이 책의 기본적인 관심은 박람회를 기술이나 건축, 디자인의 발달사 속에 자리매김하려는 것에 있지 않다. 혹은 국가나 기업이 박람회에 의해 대중을 어떻게 '조작'해 왔는지를 밝히는 데 있는 것도 아니다. 사건이 일어나는 공간인 박람회가 잉태한 어떤 미시적인 권력의 작용, 미셸 푸코의 말을 빌리자면 권력의 기술론을 분명히 하는 것이 이 책의 기본적인 목적이었다. 따라서 제국주의와 소비사회, 대중오락이라는 지금까지의 발판이 되어온 이들 세 가지 논점에 대해서도, 어디까지나 작업상의 가설에 지나지 않았음을 거듭 강조해 둘 필요가 있다.

푸코에 따르면, '권력'이란 특정의 국가에서 국민의 귀속이나 복종을 보증하는 기관의 총칭도 혹은 특정의 지배집단에 의한 사회 전역에 대한 영향력도 아니다. 그것은 오히려 '무수한 힘의 관계이며, 그것들이 행사되는 영역에 내재적'인 작용의 총체이다. 그것은 '모든 순간에, 모든 지점에서라고 할까 그보단 오히려 어느 한 점에서 다른 점으로 관계가 있는 것이라면, 어느 곳에서도 발생한다'는 것이며, 결국은 '특정의 사회에서 착종하고 있는 전략적 상황에 부여된 명칭인 것이다'.[1] 이와 같은 푸코류의 권력개념으로 보자면, 우리들은 특정의 집단이 전유할 지도 모르는 특권이 아니라, 그러한 공간이 짜내는 작용의 한 올한 올이야말로 제대로 읽어낼 수 있어야 한다. 감옥과 학교, 교회의 청문회 등과 마찬가지로 박람회 역시 똑같이 미시적인 권력이 작용하여, 그 주체를 읽어 가는 공간이라고 볼 경우 최종

1 Foucault, M., *La Volonte de Savoir*, Editions Gallimard, 1976. 渡辺守章 譯,『知への意志』(性の歷史 I), 新潮社, 1986, 119-132쪽.

적으로 의문을 던져야 하는 것은 국가와 기업이 박람회에서 얼마나 제국주의와 소비 이데올로기를 대중에게 밀어붙였는가가 아니라, 박람회라는 공간이 그 언설−공간적 구성에서, 거기에 밀려든 사람들의 세계에 관여하는 방식을 어떻게 구조화해 갔는가라는 점이다. 즉, 국가와 기업이 박람회에서 추구하였던 정치적인 효과가 아니라, 박람회가 그 구성에서 작동시켜 간 권력의 미분적 작용이야말로 묻지 않을 수 없는 것이다.

이런 관점으로 볼 때 '박람회의 정치학'이라는 이 책의 표제에는 '박람회에 대한 정치학'의 의미 위에 '박람회가 작동시킨 정치학'이라는 의미가 담겨 있다. 엄밀히 말하자면, 표제의 의도는 '박람회의 정치학의 정치학'에 있다고도 하겠다. 본디 전자의 '정치학', 즉 '박람회가 작동시킨 정치학'에 관해서도 이 책의 관점과는 별도로 박람회가 조직되어 가는 과정에서 이에 관여하는 집단 간에 작동하는 권력관계로 이해할 수 있음은 말할 필요가 없다. 실제로 박람회는 막대한 예산이 투여되는 거대한 공공사업이자, 제2제정기의 파리 만박이 전형적으로 보여준 것처럼 그 조직과정 자체가 강도 높은 정치적 성격을 띠고 있다. 그렇지만 우리들이 이 책에서 밝히고 싶었던 것은 이러한 모든 정치과정론적 문제만이 아니라, 박람회라는 사회적 텍스트가 상연되어 갈 때 이 텍스트와 독자로서 관객 사이에 작동하는 정치적 관계였다. 이밖에 그 후자의 '정치학', 즉 이 책의 연구시점을 가리키는 용어로서도 이것이 과연 '정치학'일까, 아니면 '사회학'이 적당한 것일까, 혹은 '수사학'이나 '해석학'이라고 하는 편이 옳지 않을까의 문제는 아직 정리되어 있지 않다. 필자는 타카시 후지타니[2]의 용어를 빌려 '역사적 민족지(民族誌);

2 タカシ・フジタニ; 1953년 생, 사회학자, 캘리포니아대학 교수-역자주

그림 종장-2 축나고야박람회(1928, 나고야) 조선관 전경 (이태문 소장)

Historical Ethnography)'로 부르고 싶은데, 불행하게도 이 명칭은 그다지 보편성을 획득하기에는 이른 감이 있다.[3]

어떻게 부르든 중요한 것은 이런 식의 명칭 자체보다도 연구시점의 이론적 구성이다. 특히 여기서 명기해 두지 않으면 안 되는 것은 박람회라는 공간에서 작동하는 권력 특유의 성격이다. 이 권력은 분명 푸코가 언급한 규율·훈련의 권력과 깊은 관련을 맺고 있지만, 동시에 이미 밝힌 것처럼 스펙터클성을 불가결의 요소로 내포하고 있으며, 여러 종류의 국가제전과 이벤트, 더 나아가서는 전근대사회의 의식이나 의례와도 공통되는 면을 많이 지니고 있다. 예를 들어, 버튼 베네딕트(Burton Benedict)는 『박람회의 인류학』이라고 제목을 붙인 논문에서 만국박람회가 인류학적 의미에서 '의례'로 부를 만한 공간임을 주

3 Fujitani, T., *Japan's Modern National Ceremonies*, PHD Disertataion, 1986.

장한다. 즉, '만국박람회는 모든 종류의 권력관계가 기존의 것이든 기대되는 것이든 거기에 표현되는 일련의 거대한 의례의 한 종류로서 볼 수 있다.' 그것은 산업과 정치의 세계에서 우월적인 지위를 획득하려고 경기자가 맹렬하게 경쟁하는 경기대회이며, 그 안에는 모든 형식의 심벌이 이용되고, 다른 경기자를 압도하려는 요란한 시도가 이루어진다. 이렇게 베네딕트는 지적하며, '의례'로서 만국박람회를 미개사회의 증여[4]와 대조시키고 있다.[5]

베네딕트가 만국박람회와 미개사회의 증여 문화를 대비시킨 것은 좀 납득하기 힘들지만, 그럼에도 박람회를 분석하는데 아브너 코헨[6]이나 클리포드 기어츠[7]가 논한 상징적 이론 및 극장적(劇場的) 권력 이론이 원용할 수 있는 그의 지적은 유익한 논의였다. 이미 코헨은 근대생산사회에서 권력관계는 목적을 지닌 합리적인 행위의 투쟁으로 움직이며, 상징적인 차원을 감가(減價)시켜 간다고 하는 '세속화'의 이론에 반대하여, 근현대의 복합사회에서도 전근대사회와 마찬가지로 상징적 행위가 권력 작용과 깊이 연동하면서 사회구성의 근간적 차원을 만들고 있다고 주장하였다. 코헨이 말한 사회인류학적 분석이 노린 것은 이 복합사회에 작동하는 '상징행위와 권력관계 사이의 변증법적 제관계의 분석'이다. 이 상징행위는 본질적으로 극적 구조를 가지고 있으며, "각 드라마는 거기에 참가하는 사람들의 마음을, 그 기분이나 감정을 조건에 맞춰, 그 신념이나 가치, 규범을 거듭 반복하여, 그렇게 함으로써 집단이 그 존재를 짊어지는 기본적인 정언명법(定言命法)을 만들어내고 다시 고쳐 나가면서 변용시키려는 행위이다. 이와 동시에 참가자들의 몇 명 내지 많은 이들이 그 드라마가 포함하고 있는 '메시지'에 작고 큰

4 贈與; 원문은 포트래치(potlatch)로 북미 인디언 사이에 보이는 답례의 풍습-역자주

5 Benedict, B., ed., The Anthropology of World's Fairs, Scolar Press, 1983, pp.1-16.

6 Abner Cohen; 1921~2001, 문화인류학자. 그의 저서 『이차원적 인간(Two-Dimentional Man)』, 1974)이 유명-역자주

7 Clifford Geertz; 1926 ~, 문화인류학자. 그의 저서 『네가라: 19세기 발리의 극장국가(Negara: The theatre State in Nineteenth-Century Bali, 1980)』가 유명-역자주

변경을 덧붙이고자 그 드라마의 상징을 조작·수정 내
지 변화시키려는 면도 있다.'[8]

코헨의 논의는 빅터 터너[9]의 사회극 모델과 어빙 고
프만[10]의 드라마터지적 방법[11] 등 동시대에 나타난 일련
의 이론과 함께 사회의 상징성과 권력작용에 대해 고민
하는 새로운 가능성의 시야를 열어주었다.[12] 하지만 여
기서 볼 수 있는 '정치적인 것'과 '상징적인 것'을 독립의
변수로서 분리하는 시점과, '권력'을 단지 행사되는 영향
력으로 다루고 있는 점은 역시 철저하지 못한 면이 있다
고 비판받을 만하다. 왜냐하면, 이러한 글자 그대로 '2
차원적'인 구분은 '정치적인 것'이나 '권력'을, 설령 분석
하는 가운데 '상징적인 것'과 관계짓더라도 그 자체가 기
능적인 작용으로 개념화되고 말기 때문이다. 잘 알려
진 것처럼, 기어츠가 『네가라(Negara: The theatre State in
Nineteenth-Century Bali, 1980)』를 비롯한 저작에서 비판하
였던 것도 바로 이러한 '정치'와 '권력'을 둘러싼 기능적
개념 그 자체였다.

그는 고전적인 파리의 극장국가를 전형으로 삼아, '정
치적인 것' 그 자체가 '상징적인 것'이 될 수 있음을 설득
력 있게 보여주었다. 물론, 여기서 기어츠의 논의를 상
세하게 언급할 여유는 없지만, 그가 조준한 비판이 '정
치'를 지배자에 의한 통치기능의 차원으로 환원하여, '신
화와 문장(紋章), 그리고 작법(作法)에서 궁전이나 칭호,
의식에 이르기까지 정치적 상징성이란 그 아래에 숨은,
아니면 그 위에 우뚝 솟은 목적 달성을 위한 도구에 지

8 Cohen, A., *Two-Dimensional Man*, U. of California Press, 1974. 山川偉也·辰巳淺嗣 역, 『二次元的人間』法律文化社, 1976. 219쪽.

9 Victor Witter Turner; 1920~1986, 영국 출신으로 미국에서 활동한 정치인류학, 연극인류학의 권위자. 연극을 통한 정치적 기능에 주목한 학자. 그의 저서 『분열과 지속(Schism and Continuity in an African Society: A study of Ndembu Village Life, 1957)』과 『고뇌의 드럼(The Drums of Affliction: A study of Religious Processes among the Ndembu, 1968)』, 『상징과 사회(Dramas, Fields, and Metaphores, Ithaca, 1974)』가 유명-역자주

10 Erving Goffman; 1922~1982, 미국 사회학자. 개인들의 일상 생활 속에 숨겨진 의례(儀禮)의 면을 분석한 문화인류학자. 의례는 사회를 통합하지만 계층화된 양식으로 계급구조를 지니며 잘 빚어진 무기로 보고 있다-역자주

11 Dramaturgy; 극작술, 즉 대본을 만드는 방법-역자주

12 이러한 전개를 개관한 성과로는 靑木保, 『儀禮と象徵性』, 岩波書店, 1984. 栗原彬, 『管理社會と民衆理性』, 新曜社, 1982. 그리고 吉見俊哉, 「演じるを讀む」, 『演じる』 제3권, ポーラ文化硏究所, 1991, 191-239쪽 등을 참조.

그림 종장-3 도호쿠산업박람회(1928, 센다이) 제2회장 조선관 (이태문 소장)

13 Geerz, C., *Negara: Theatre State in Nineteenth-Century Bali*, Princeton U.P., 1980. 小泉潤二 역, 『ヌガラ』, みすず書房, 1989, 143-163쪽.

나지 않는다'고 이해하는 식으로 정치관 전반에 걸쳐 있음을 확인해 두고 싶다. 극장국가 파리에서 국가와 정치, 그리고 상징과 의례라는 것은 하나이다. 여기서 서열의 어법은 정치적 연기자들의 관계에 질서를 부여하는 문맥의 역할을 하는 것만이 아니라, '그들이 함께 상연한 연극과 공연할 때의 무대장치, 그리고 상연의 큰 목적에도 스며들어 있었다. 국가는 확고한 현실로서 그 역량을 상상의 활력으로, 즉 불평등을 매혹적으로 보이게 하는 기호론적 힘에 의해 획득되는 것이다.'[13] 이 극장국가의 권력으로서는 그것이 보여주는 연극적인 거동은 지배를 위해 거짓부렁을 하는 게 아니라, 그것 자체가 권력의 본질이었던 것이다. 이러한 권력개념은 전술하였던 사회의 '착종되어 있는 전략적 상황에 부여되는 명칭'으로서 권력을 상징적인 차원에서 얻어진 것이라고 볼 수 있겠다.

기어츠가 밝혔듯이 극장적 권력의 개념은 근현대의 권력작용을 다루어 가는 데 어디까지 유효할 것인가? 분명 이 권력 모델은 기능론적 권력 모델과 대립하는 위치에 있는 이념형의 하나인데, 현실의 국가와 정치가 이처럼 순수하게 상징적이라고 하는 것은 그들이 순수하게 기능론적이라고 생각하는 것만큼 올바르지 못하다. 하지만 예를 들어 기어츠와도 맥이 통하는 연극적 사회론을 전개한 조르지 바랜티에[14]는 테크노크라트[15]가 세상사를 관리하고, 컴퓨터로 선택이 이루어지는 현대사회에서도 정치는 본성적으로 '고도로 코드화되어, 의례의 규칙에 의해 운용되는 습관행위, 〈상상적인 것〉과 그 연극화된 투사(投射)' 속이어야만 제대로 발휘된다고 말한다.[16] 혹은 데이비드 케르처[17]도 대통령선거로부터 혁명운동에 이르기까지 현대에서도 정치적인 의례야말로, 뭐가 정치적 현실일까를 정의내리고 있다고 밝힌다.[18] 이들 주장을 받아들인다면, 근대의 권력작용을 풀어나갈 때에도 인류학적 의례와 상징의 이론을 널리 응용해 갈 수 있을 것이다. 물론, 그것으로 모든 설명이 해결되는 것은 아닐지라도 일정 범위 안에서 사회는 상징과 의례의 원리에 따라 여전히 편성된다는 뜻이다. 그리고 박람회는 이러한 상징적인 권력이 발동하는 전형적인 의례공간의 하나라고 할 수는 있지 않을까?

좀 더 나아가자면, 지금까지 이 책에서 분석해 온 것처럼 19세기 이래 박람회에서 작동한 권력은 기어츠나 코헨, 혹은 베네딕트가 포착한 의례와 상징의 권력과는 질적으로 다른 것이 아니었을까? 틀림없이 박람회에도 '상징'이라고 부를 만한 것이 등장하지 않았던 것은 아니다. 그렇지만 박람회에서 전시되

[14] Georges Balandier; 1920~ , 프랑스 사회학자. 그의 저서 『무대 위의 권력(Le pouvoir sur scenes)』이 유명-역자주

[15] technocrat; 기술자 출신의 관료-역자주

[16] Balandier, G., Le pouvoir sur scenes, Editions Andre Balland, 1980. 渡辺公三 역, 『舞臺の上の權力』, 平凡社, 1982, 145-186쪽.

[17] David I.and Kertzer; 1948~ , 미국에서 활동하는 정치학자-역자주

[18] Kertzer, D. I., Ritual, Politics, and Power, Yale U.P., 1988. 小池和子 역, 『儀式·政治·權力』, 勁草書房, 1989.

었던 수많은 물건과 사람은 '상징'이라기보다 오히려 '기호'로 부르는 편이 더 어울리는 것들이었다. 즉, 여기서는 '상징'이라는 말이 함의하는 의미작용의 다의성이 결여되어 있는 것이다. 박람회에 전시되었던 모든 존재는, 그 비유적인(metaphorical) 의미의 두터움을 잃고서, 차이성과 동일성이라는 씨줄과 날줄로부터 이루어진 '표(表)'[19] 속에서 배열된다. 박람회라는 공간의 힘은 예를 들자면 고딕 양식의 대성당과 같이 상징을 장엄하게 만들어 감으로써 주어지는 것이 아니라, 이러한 차이성과 동일성의 매듭을 조금씩 변화시켜가면서 드러나는, 그 장대함과 소박함에 유래한다. 그것은 터너가 그린 것처럼 전감각을 동원하는 의례의 공간 속이 아니라, 감각을 특권화하면서 그 시선만을 철저하게 동원하려고 하는 스펙터클한 공간인 것이다.

3. 스펙터클의 사회이론을 향해

추측컨대 바로 이 점에 이 책의 논의를 좀 더 일반적인 사정(射程) 거리를 가진 사회이론으로 발전시켜 갈 수 있는 실마리가 있을 것 같다. 실제로 우리들이 지금까지 직접 분석대상으로 삼아 온 것은 박람회라는 개최물의 역사였지만, 이론적인 초점은 오히려 박람회에 전형으로서 발현되어 가는 근대적인 시선의 공간 편성과 그 변모과정에 맞춰져 있었다. 이러한 시선의 공간은 지금까지 밝힌 것처럼 박람회만이 아니라 동물원과 식물원, 박물관과 미술관, 그리고 각종 전람회와 표본(견본) 전시회, 백화점과 쇼핑몰, 덧붙여 수많은 광고의 형태로 지금도 우

19 원문은 프랑스어 타브로(tableau)-역자주

리의 일상에 넘치고 있다. 박람회를 문제로 삼으면서 명백해진 것은 이러한 도시의 여러 스펙터클에 공통적으로 깔려있는 권력작용이며, 이 사회공간이 성립되고, 증식되어갔다는 역사적 의미이다. 뒤집어 말하자면, 박람회에 대한 이 책의 연구는 이들 스펙터클의 면면에 대한 사회학적 혹은 정치학적 연구, 앞서 소개한 용어로 표현하자면, '역사적 민족지(民族誌, Historical Ethnography)'에 접속되지 않으면 안 된다. 거기서 유추할 수 있는 연구의 전개 영역은 여러 가지이겠지만, 우선 이 책에서 마지막으로 지적해 두고 싶은 것은 만국박람회와 올림픽의 구조적인 동형성(同型性)이다.

사회공간의 구조로 보자면, 만국박람회는 산업의 올림픽이며, 올림픽은 스포츠의 만국박람회였다. 즉, 만국박람회에서 세계 각국의 산업·공예기술의 수준이 전시되었던 것과 마찬가지로, 올림픽에서는 이러한 각국의 운동기술 수준이 전시된다. 스포츠라는 관념이 두르고 있는 베일을 벗기고 생각하면, 올림픽은 다름 아닌 디스플레이의 공간인 셈이다. 이런 지적은 근대 올림픽의 아버지 피에르 드 쿠베르탱이 제2제정기의 파리 만국박람회에서 중심적인 역할을 해낸 생시몽주의자 프레데릭 르 프레로부터 큰 사상적 영향을 받았다는 점에서도, 그리고 근대 올림픽 부흥의 구상 자체가 1889년 파리 만박의 경험으로부터 많은 영향을 받았다는 점에서도 방증될 수 있다. 존 J. 매카룬[20]에 따르면, 쿠베르탱은 1889년 파리 만국박람회의 개회식에서 강한 감명을 받고서 이윽고 입장행진이나 국기계양, 국가제창, 개최국 원수의 개회선언, 그리고 메달 수여식 등의 주요 요소를 만국박람회에서 올림픽 속으로 끌어넣었다고 한다.[21]

[20] John MacAloon; 시카고대학 교수, 현대스포츠의 문화적 의미를 탐구하는 인류학자-역자주

[21] MacAloon, J. J., This Great Symbol, U. of Chicago, 1981. 柴田元幸·菅原克也 역,『オリンピックと近代』, 平凡社, 1988, 180-197쪽 및 265-281쪽.

그림 종장-4 히로시마 쇼와산업박람회(1929, 히로시마) 조선관 (이태문 소장)

올림픽과 만국박람회의 관계에 관해서는 좀 더 부언해 두고 싶은 점이 있다. 즉, 1896년 제1회 아테네대회를 이어 제3회 올림픽이 글자 그대로 만국박람회의 '여흥'으로 개최되었다는 점이다. 1900년 파리 대회는 같은 해의 만국박람회와 함께, 1904년 세인트루이스 대회는 마찬가지로 같은 해의 세인트루이스 만국박람회와, 그리고 1908년 런던 대회 역시 같은 해 열린 불영 박람회와 깊은 관계가 있었다. 그리고 이들 행사는 어느 경우이든 그 주역은 모두 박람회로 올림픽에는 부수적인 관심밖에 기울이지 않았다. 그도 그럴 것이 파리 만박의 부속회장에서 개최되었던 파리 올림픽의 경우엔 해머던지기 선수가 던진 해머가 나무에 부딪친다든지, 입상자는 100프랑을 지불하지 않으면 메달을 받지 못한다는 식이었는데, 지금 생각하면

정말 어처구니없는 일들이 벌어졌었다. 1904년 세인트루이스 대회에서는 올림픽 경기장은 박람회 회장의 북서쪽 끄트머리에 항공기 전시장과 나란히 들어섰는데, 거기서는 올림픽만이 아니라 만국박람회에 전시되었던 식민지 촌락의 '주민'들이 출전하는 운동회도 열렸다. 이 경기 대회는 올림픽의 선전을 목적으로 기획된 것으로 인류학 부문과 필리핀촌, 혹은 '파이크 (Pike)' 거리에 전시되었던 '비백인(非白人)'들이 다수 동원되었다고 한다.[22] 우리들이 이 책에서 문제로 다루어온 것과 같은 사회진화론의 이데올로기는 분명 올림픽 속에서도 통용되는 성격이었던 것이다.

올림픽은 그 후 제5회 스톡홀름대회 때 비로소 박람회로부터 독립, 조금씩 그 규모를 확대시켜 가는데, 그럼에도 불구하고 1920년대까지는 전혀 만국박람회를 능가하는 국제적인 이벤트라고 할 만한 것이 못되었다. 올림픽과 만국박람회의 이와 같은 관계가 역전한 것은 역시 1936년 베를린 올림픽부터이다. 이때 정권의 자리에 오른 지 이미 3년이 지난 나치총통 히틀러는 유대인에 대한 잔인한 박해와 주변 국가를 침략하려는 의도를 은폐해가며, 자신들의 '제국'을 신성화할 절호의 기회로 올림픽을 철저하게 이용하였던 것이다. 이를 위해 그가 실시한 것은 대회의 스펙터클화이다. 즉, 바로 이 베를린 올림픽대회에서 성화 봉송과 시상대, 장엄한 올림픽 스타디움의 건설과 멋지게 연출된 개회식 등 올림픽 전통이 고안되었던 것이다.[23] 그리고 제2차 세계대전 후가 되면, 모든 국가가 환상영역에서 패권을 다투는 국제적인 이벤트로 만국박람회가 아닌 올림픽이야말로 그 중심적인 공간으로 성장해 간다. 이런 상황이

22 Rydell, R. W., 앞의 책, pp.166-167.

23 Mandell, R. D., The Nazi Olympics, U. of Illinois Press, 1971. 및 Segrave. J. O. & D. Chu, eds., The Olympic Games in Transiton, Human Kinetics Books, 1988. Davis, D. H., Hitler's Games, Richard Scott Simon, 1986. 岸本 完司 역, 『ヒトラーへの 聖火』, 東京書籍, 1988 등을 참조.

지금까지도 이어지고 있다는 것은 예를 들어 1992년 세빌리아 만국박람회가 같은 해 열린 바르셀로나 올림픽의 조연 역할에 만족해야 했던 사실에서도 분명해진다.

이와 같은 역전이 일어난 요인을 물론 한 가지로 집약시키는 것은 불가능하다. 산업적 기능에서 운동적 기능으로 초점이 이동한 것은 근대의 시선이 우리들 신체를 좀 더 직접적으로 포착하게끔 되었다는 것을 보여준다고도 생각할 수 있다. 하지만 이 관점에서 더욱 중요한 것은 이러한 무게 중심의 이동에는 20세기 정보 미디어의 발달이 불가결의 전제조건이 되었다는 점이다. 사실, 1936년 베를린 올림픽에서는 성화 봉송에서 개회식, 경기까지가 상세하게 라디오를 통해 중계되었으며, 이때 세계 처음으로 소규모이지만 텔레비전 중계방송도 이루어졌다. 그리고 무엇보다도 베를린 대회와 미디어의 결합을 잘 보여주는 것은 레니 리펜슈탈[24]의 영화 〈민족의 제전〉이었다. 올림픽은 이들 미디어로 매개되어진 축제로 스타디움에 모여든 십여만 명의 관중보다 몇 백배 더 많은 사람들이 함께 공유할 수 있게끔 되었던 것이다. 그리고 이 미디어의 복제능력이야말로 만국박람회를 훨씬 능가하는 현대의 스펙터클로 올림픽이 치고 올라올 수 있게 만들었던 것이다. 이렇게 말하지만 박람회가 그 개최기간을 통해 회장 내에 수천만 명의 관객을 수용할 수 있었던 것에 비해 올림픽의 경우 각 경기를 직접 관람하는 관중을 수용할 수 있는 수준은 기껏해야 수십만 명에 불과하였다. 하지만 이것이 미디어를 통해 전세계에 동시 복제될 경우, 올림픽은 만국박람회보다도 훨씬 드라마틱한 행사로, 강력하게 사람들의 의식을 동원해 갈 수 있는 것이다.

24 Leni Riefenstahl; 1902~ , 독일 출신 감독으로 기록영화의 새로운 장을 열었다-역자주

바로 이런 점, 즉 영상적 및 전자적인 미디어의 발달과 침투야말로 19세기와 20세기를 나누는 하나의 결정적 지표이다. 근대 올림픽에 대한 매력적인 연구를 하고 있는 매카룬은 올림픽을 게임, 의례, 제전, 스펙터클이라는 네 가지 틀을 통해 다기적으로 만들어진 문화적인 퍼포먼스로 파악하면서, 근대 올림픽이 발전해 감에 따라, 이 네 가지의 틀 속에서 특히 스페터클의 차원에 우월성이 부여되는 것은 왜일까라는 의문을 던지고 있다.[25] 이 의문은 정당한 질문인데, 이 점에 대한 매카룬의 해답은 반드시 명료한 것만은 아니다. 매카룬은 어느 쪽인가 하면, 스펙터클의 우월에는 오히려 근대 특유의 특징을 찾을 필요가 있다. 근대사회는 장소적으로 고립되어있던 사회를 넘어 점차 확대되는 무한의 공간 속에 모든 존재를 빚어내고, 유통시켜 왔다. 이러한 확대를 가능하게 만들고, 또한 이에 촉진되기도 하였던 것이 세계를 디스플레이된 기호의 질서로서 바라보는 시선이다. 이와 같은 사회통제 그 자체는 기본적으로 근대를 통해 변화하지 않는다. 그런데 20세기는 이 근대의 시선 공간을 미디어에 맡기는 것으로 지구 규모의 미디어 스펙터클의 시대를 구현해 갔던 것이다.

지금 필요한 것은 만국박람회이든 올림픽이든 혹은 수많은 박람회와 경기대회, 국가 이벤트와 매스 이벤트이든 19세기 이후 현재에 이르기까지 문화 변용을 관통해온 스펙터클적 권력의 전개를, 이 권력이 작동하는 공간을 낳고, 때로는 이를 변형시키기도 하였던 사람들과의 변증법적인 관계 속에서 더욱 치밀하게 읽어내는 일이다. 예를 들어, 여기서 만국박람회와 올림픽의 동형성으로 언급한 것은 좀 더 친근한 레벨에서 살피

25 MacAloon. J. J., *Rite, Drema, Festival, Spectacle*, Institute for the Study of Human Issues, 1984. 光延明洋他 역, 『世界を映す鏡』, 平凡社, 1988, 387-442쪽.

자면 메이지 이래 일본의 소학교에서 열린 전람회와 운동회의 동형성과도 이어진다. 그렇다고 하면, 이 책에서 얻은 전망에서 출발해, 근대사회의 일상성 구조가 특히 의례와 스펙터클이 복잡하게 얽혀 있었던 문화적이면서 게다가 정치적인 퍼포먼스 아래에서 어떻게 변용되어 왔는지를 지역적 레벨에서 국제적 레벨까지를 포함한 중층성(重層性)이라는 면에서 분명해져가는 것도 결코 불가능한 것만은 아닐 것이다. 그때 일본사회에 초점을 맞출 경우, 당연히 근대천황제를 둘러싼 문제가 피해갈 수 없는 문제군을 구성한다는 점도 예측 가능하다. 어쨌든 우리는 아직 출발점에 겨우 선 것에 지나지 않는다. 박람회는 사회적으로 지어낸 뛰어난 텍스트이며, 이 텍스트를 읽어내려는 작업은 다름 아닌 우리가 지금 다루고 있는 '근대'라는 시대의 무게를 하나 둘 벗어가기 위해 하나의 매듭을 응시해 가는 수밖에 없는 것이다.

20세기말 박람회의 시대는 끝나려고 하고 있다. 그렇게 시대를 구분하는 것을 상징하듯이 1992년 올해 스페인의 세빌리아에서 '발견의 시대'를 전체 주제로 하는 만국박람회가 열린다. 물론 콜럼버스의 '신대륙 발견'으로부터 꼭 500년을 맞이하는 해를 기념한 행사이다. 주최자들은 콜럼버스의 '발견'은 그 후 5세기 동안 그리고 오늘날도 계속해서 프로세스의 출발점이었다고 주장한다. 그를 위해 이 세빌리아 만박에서는 15세기 지리상의 '발견'에서 산업혁명기의 여러 '발견', 그리고 오늘날의 통신 테크놀로지와 환경, 에너지 기술의 '발견'까지 단계적으로 전시된다고 한다.

우리들도 역시 15세기 '발견'의 시대로부터 이 책의 논의를 출발시켰으며, 세빌리아 만박이 그리려고 하는 것과는 다른 또 하나의 '발견의 시대'에 대해 언급해 왔다. 그리고 박람회는 이 5세기 동안 틀을 만들어온 '발견'의 시선이 한 묶음의 스펙터클에 결정화(結晶化)된 공간이며, 여기서 발현된 작용의 공간은 머지않아 도시의 일상으로 널리 편재화되어 가는 성격이었음을 보여주고 싶었다. '발견'의 시선은 현대에는 우리들 사회에 너무나도 깊이 뿌리내리고 있다. 그래서 박람회에 대해 말하는 것은 결국 우리가 살고 있는 이 세계에 줄곧 작동하고 있는 어떤 종류의 권력을 응시해 가지 않으면 안 된다. 이것이 우리가 이 책의 고찰을 심화시켜 가는 데 필요한 기본적인 인식이었다.

따라서 이 책이 목표로 삼아 온 것은 이른바 박람회의 '역사'를 되돌아보는 것도, 박람회의 매력에 대해서 이야기하는 것도 아니다. 박람회는 거울과도 같은 존재로 이 거울에 비춰진 다양한 상을 다룸으로써, 우리는 근대라는 시대를 일상세계의 구성 차원에서 꿰고 온 어느 힘을 떠올릴 수가 있다. 물론, 연구란 모름지기 시점과 대상의 변증법적 환원인 이상, 이 거울에 비춰졌던 여러 사실이 필자 자신의 문제의식을 명확히 만들어 가는 데 매우 유익하였다는 것은 말할 필요도 없다. 이러한 성과를 발판으로 이 책을 뒤이어 사태를 좀 더 사회이론의 입장에서 구조적으로 다루는 연구가 구상되지 않으면 안 될 것이다.

이 책을 집필하는 데 많은 선행연구, 선배와 벗들, 연구회의 도움을 받았다. 먼저 이 책은 1980년대에 들어와 영미권에서 선보이기 시작한 박람회 연구와 소비사회 연구를 많이 참고하였다. 그 중에서도 특별히 소개하고 싶은 것은 로버트 W. 라이델(Robert W. Rydell)의 『ALL THE WORLD'S FAIR』(1984, U of Chicago Pr.)와 폴 그린홀(P. Greenhalgh)의 『Ephemeral Vistas』(1988, U of Manchester)이다. 전자는 19세기말부터 20세기초까지 미국의 박람회를 다루면서, 거기서 보이는 사회진화론의 이데올로기와 인류학자의 관여를 끄집어낸 획기적인 연구이다. 박람회라는 공간의 이데올로기성을 그토록 철저하게 밝힌 것은 이 연구가 처음일지 싶다. 후자는 1850년대부터 1930년대까지 박람회를 폭넓게 다루면서, 제국주의 이데올로기와 민족학적 촌락의 전시, 내셔널리즘의 표현 등에 대해 종합적으로 검토한 역작이다. 단순히 역사적 사실의 기술이 아닌 명확한 분석시각 위에 박람회를 문제삼았다는 점에서 이 역시 획기적인 의의를 가진다. 그밖에도 이 책이 도움을 받은 선행 연구는 헤아릴 수 없는데, 특히 이들 두 책은 필자가 일본의 박람회에 대해서 진행하고 있는 연구를 발전시키는 데 많은 시사점을 던져 주었다.

한편, 국내에서도 이 책의 시점은 마에다 아이[前田愛], 타키 히로조[多木浩二], 다카야마 히로[高山宏], 이토 준지[伊藤俊治]라는 사람들의 연구에 적지 않은 영향을 받았다. 어느 의미에서 이 책은 이들 연구자가 공간성의 차원에서 전개해 온 시점을 필자 나름대로 사회성의 차원과 결합시키려는 과정에서 빚어진 결과이다. 그리고 후자의 차원에 대해서 언급하자면, '근대'에 대해 미타 무네스케[1]의 분석이 역시 필자의 원점인 사실을 다시금 확인해 두고 싶다.

또한 이 책은 필자가 지금까지 〈도시문제〉, 〈도시문제연구〉, 〈사상의 과학〉, 〈건축지식〉, 〈공간계〉, 〈그래피케이션〉, 〈INAX BOOKLET〉 등에 부분적인 형태로 집필해 온 문장을 기초로 하여, 전체를 다시 써 내려간 내용이다. 이들 잡지와 게재 당시 편집을 담당하였던 분들에게도 이 자리를 빌어 감사의 뜻을 전하고 싶다.

필자가 근무하는 도쿄대학 사회정보연구소의 여러 분야에서 활약하는 분들과 나눈 논의는 이 책의 문제의식을 발전시켜 나갈 때 실마리가 되어 주었다. 또한, 전화와 사호연구회, 찰흙판(瓦版)·신문 판화(錦繪) 연구회, 현대사회·문화연구회, 에도 도쿄 포럼, 매스미디어 사업사연구회, 중점영역연구 '정보화사회와 인간' 제5군 제3반 '정보화와 예술·도시' 연구반, 국제일본문화연구센터 '장(場)'의 일본문화 연구반, 과학언어의 변환문법연구, NTT정보문화포럼, 일본지역개발센터, 유통산업연구소 등등의 연구회 장소에 함께 하였던 분들과의 논의도 필자로서는 유익한 것들이었다. 덧붙여 사회정보연구소 도서실 및 정보미디어 연구자료센터, 메이지 신문잡지 기념문고, 도쿄대학부속 종합도서관, 국립국회도서관, 오야 소이치[大宅壯一] 문고 잡지전문도서관, 덴추 광고자료수집 사무국 등 이들을 통해서는 자료수집 때문에 신세를 많이 졌다. 깊은 감사를 드리는 바이다.

마지막으로 필자에게 '박람회'라는 테마로 집필을 제안해 주시고, 또 인내를 실험하며 원고가 끝나기를 기다리면서 가끔 따끔한 격려의 전화를 걸어 주신 주코신소[中公新書] 편집부의 하야카와 유키히코[早川幸彦] 씨에게는 정말 진심으로 감사하고 싶다. 하야카와 씨가 언제나처럼 타이밍을 잘 맞춘 정확한 질타의 격려가 아니었다면, 이 책의 완성은 앞으로 1년 이상 더 늦어졌을지 모른다.

1992년 5월
요시미 순야

부록 1 제1~5회 내국권업박람회의 디스플레이

출처 〈『제5회 내국권업박람회사무보고』 상권에서〉

	제1회 메이지 10년 도쿄	제2회 메이지 14년 도쿄	제3회 메이지 23년 도쿄
부지면적	29,807평	43,300평	40,000평
진열관건축평수	3,013평	7,563평	9,569평
개회일수	112일	122일	122일
출품점수	84,352점	31,169점	167,066점
출품인원	16,174인	31,239인	77,432인
관람인원	454,168인	822,395인	1,023,693인
포상점수	4,321점	4,031점	16,119점
경비	106,875엔	276,350엔	486,148엔
출품부별	제1구 광업및야금술	제1구 광업및야금술	제1부 공업
	제2구 제조물	제2구 제조품	제2부 미술
	제3구 미술	제3구 미술	제3부 농업·산림 및 원예
	제4구 기계	제4구 기계	제4부 수산
	제5구 농업	제5구 농업	제5부 교육 및 학예
	제6구 원예	제6구 원예	제6부 광업 및 야금술
진열관사	본관(3동)	본관	제7부 기계
	농업관	미술관	본관
	기계관	기계관	미술관
	원예관	농업관	농림관
	동물관	원예관	동물관
		동물관	수산관
			수족관
			기계관
			참고관

	제4회 메이지 28년 교토	제5회 메이지 36년 오사카	비고
부지면적	50,558평	114,017평	제5회는 수족관분 포함
진열관건축평수	8,744평	16,506평	상동
개회일수	122일	153일	상동
출품점수	169,098점	276,719점	상동
출품인원	73,781인	130,416인	상동
관람인원	1,136,695인	5,305,209인	상동
포상점수	17,729점	36,487점	상동
경비	377,256엔	1,066,611엔	상동
출품부별	제1부 공업 제2부 미술 및 미술공예 제3부 농업·삼림및원예 제4부 수산 제5부 교육 및 학술 제6부 광업 및 야금술	제1부 농업 및 원예 제2부 임업 제3부 수산 제4부 채광 및 야금 제5부 화학공업 제6부 염직공업 제7부 제작공업 제8부 기계 제9부 교육·학술, 위생및경제 제10부 미술 및 미술공예	
진열관사	공업관 미술관 농림관 동물관 수산관 기계관	농업관 임업관 수산관 공업관 기계관 교육관 미술관 통운관 동물관 수족관 대만관 참고관/온실 냉장고	

이태문 정리

연도	내국권업박람의 개설상황
1883년	보스톤 박람회 보빙사 민영익 일행이 관람, 비공식적인 참가였지만 조선물품이 전시
1889년	파리박람회에 조선물품 소개, 박물대원으로 민영찬 파견
1893년	시카고 박람회 조선정부 정식으로 참가
1900년	파리 만국박람회 한국관 설치
1902년	국내임시박람회사무소설치 건의
1903년	루이지애나박람회 참가
	오사카 제5회 내국권업박람회 조선인 전시
1904년	박람회권업과 신설
	파리만국박람회 참가
1905년	스페인박람회 참가
1906년	5월 한일(韓日) 박람회 개최(부산박람회)
	11월 철도전선(鉄道全線) 박람회, 순회전시회 성격
1907년	기차박람회 개최 (조선신보사 주최)
	9월 경성박람회 개최 (대동구락부 건물), 일한연합박람회
	도쿄권업박람회(우에노) 조선인 전시가 사회 문제화
1908년	권업박람회 준비(1910년 경희궁 개최를 목표로 준비하였으나 무산)
	일본대박람회(도쿄) 참가
1913년	경북물산공진회 개최(대구)
	서선(西鮮)물산공진회 개최(진남포)
	평남 · 황해 · 평북연합물산공진회 개최
1914년	전북물산공진회, 함남물산공진회, 경남물산공진회 개최
1915년	施政5周年記 조선물산공진회(경복궁) 조선총독부 주최, 부인박람회(부인의 날) 3회
	가정박람회 개최 (매일신보사옥 및 주변) 매일신보사 주최

1916년	대만(臺灣)권업공진회 참가, 1,200점 출품
1917년	조선양조품품평회 개최 (조선총독부 상품진열관)
1922년	조선수이출곡물공진회(全鮮輸移出穀物共進會) 개최
1922년	기차박람회 개최(조선중앙경제회가 인천 축현역에서 주최)
1923년	조선부업품공진회 개최(경복궁) 조선농회 주최
1923년	부산수산공진회 개최
	전국특산품진열회(대구)
1924년	함흥물산공진회
	북선 연락 지방물산 골진회(청진)
1925년	조선가금(家禽)공진회 개최 조선축산협회 주최
	대련(大連)권업박람회 참가
	진주공진회 개최(진주군외 一部十二郡 연합중요물산공진회)
1926년	조선박람회 개최(제1회장 왜성대 총독부 구청사, 제2회장 경복궁) 조선신문사 주최
	과자사탕(菓子・飴)품평회(경성)
	경성부생산품전람회 개최, 경성상공연합회 주최(왜성대 총독부 상품진열관)
	전남물산공진회/조선면업공진회(목포), 영동6군연합 물산품평회 개최
	함북4군 물산품평회 개최(성진)
	가내공업전람회 개최(대구)
	대일본산림대회 개최(조선총독부 신청사)
	조선산림대회 개최(경복궁 근정전)
	중부대만(台湾)공진회 참가
1927년	조선산업박람회 개최(구 경성부청사) 경성일일신문사 주최
	조선박람회 개최(도쿄, 고키칸(国技館)) 경성일보, 매일신보 주최
1928년	전라남도 북부9군 연합물산품평회
1929년	施政20周年記念 조선박람회 개최(경복궁) 조선총독부 주최
1930년	로마박람회 참가(종교박람회의 성격)
1932년	신흥만몽박람회 개최(경성훈련원) 경성일보사・매일신보사・서울프레스사 주최
1935년	조선산업박람회 개최(경복궁) 조선신문사 주최
	수산진흥공진회 개최(경상북도 포항)
1936년	납량 박람회 개최(부산)
1940년	施政30周年記念 조선대박람회 개최(청량리 철도국 부지) 경성일보사 주최

	경성 죠지야(丁子屋) 백화점에서 紀元2600年奉讚展覽會 개최 조선총독부 주최
1943년	흥아(興亞)대박람회 개최, 경상북도 대구부청사
	대구일일(日日)신문사 주최, 대동아전쟁완수 및 징병제실시기념 10/1~11/5
1955년	광복10주년기념 산업박람회(덕수궁), 시발택시 출품
1962년	군사혁명 1주년기념 전국산업박람회(경복궁), 경비조달을 위해 박람회복권 발행
	시애틀 세계박람회 참가, "우주시대의 인간"을 주제로 개최
1964~ 65년	뉴욕 세계박람회 참가, 뉴욕시 창설 300주년 및 워싱턴 대통령 취임 175년 기념
	"미래세계의 건설"을 주제로 개최
1967년	몬트리올 엑스포 참가, "인간과 세계"를 주제로 개최
1968년	샌안토니오 세계박람회 참가
	샌안토니오 건설 250주년 기념 "미대륙에서의 문화교류"를 주제로 개최
1970년	오사카 만국박람회 참가
1974년	스포켄 엑스포 참가, 첫 환경박람회. "미래의 깨끗한 환경을 기념하며"를 주제로
1975년	오키나와 해양박람회 참가, "우리가 보고 싶은 바다"를 주제로
1982년	국풍81(여의도광장)
	낙스빌 세계박람회 참가, "세계를 움직이게 하는 에너지"를 주제로
1984년	뉴올리언스 세계박람회 참가, "강의 세계, 물은 생명의 원천"을 주제로
1985년	쓰쿠바 엑스포 참가, "거주와 환경-가정 내 인간을 위한 과학과 기술"을 주제로
1986년	벤쿠버 엑스포 참가, "움직이는 세계, 만나는 세계"를 주제로 개최
1988년	브리스벤 엑스포 참가, "테크놀로지 시대의 레저"를 주제로 개최
1992년	세비야 엑스포 참가, 콜럼버스 미대륙 발견 500주년을 기념 "발견의 시대"를 주제로
	제노아 엑스포 참가, "배와 바다"를 주제로
1993년	대전세계박람회(대덕연구단지) 108개국 33개 단체 참가, 1400만 명 관람
	"새로운 도약의 길"을 주제로 개최
1998년	리스본 엑스포 참가, 바스코 다 가마의 인도항로 발견을 기념하기 위해 개최
	"미래를 위한 유산, 대양"을 주제로 개최
2000년	하노버 엑스포 참가, 새천년과 통일 독일 10주년을 기념하기 위해 개최
	"인간과 자연과 기술"을 주제로 개최
2002년	2010년 여수엑스포 유치 실패
2005년	아이찌(愛知) 만국박람회 개최, "새로운 지구 창조-자연의 예지"를 주제로

부록 3 조선 이외의 일본에 의한 식민지 박람회 개최 현황

名 稱	年 度	場 所	主 催
大連勸業博覽会	1925.8.10~9.18	大連市	大連市
滿洲大博覽会	1933.7.23~8.31	大連市	大連市
台湾博覽会	1935.10.10~11.28	中央公園	台北市
哈爾浜大博覽会	1943.7.1~8.31	道裡公園 松花江河畔	滿洲新聞社

전남물산공진회(1926, 목포)를 알리는 오사카아사히신문 11월 11일 조선판 기념호 (이태문 소장)

부록 4 식민지 시대 일본내 박람회 참가현황

名　稱	日　時	場所	規　模	予算	出品內容
제5회 內國勸業博覽會	1903.3.1~7.31.	大阪			
東京勸業博覽會	1907.3	上野			
愛知縣 제10회 關西府縣聯合共進會 福岡縣 제13회 九州冲繩八縣聯合共進會	1910.3	名古屋			
群馬縣 一府十四縣聯合共進會	1910.9				2,450여점 출품
福岡, 名古屋, 前橋 縣聯合共進會	1911.				
京都博覽會協會40周年記念博覽會	1911.4.1~5.31.				1,048점 출품
제8회 全國製產品博覽會	1912.4.1~5.31.				1,319점 출품
拓殖博覽會	1912.10.1~11.29.	東京			4,057점 출품
明治記念拓殖博覽會	1913.4.20~6.18.	大阪			2,438점 출품
東京大正博覽會	1914.3.20~7.31.	東京			3,299점 출품
奧羽六縣聯合共進會	1916.9.22~10.31.	山形			261점 출품
東京奠都五十年奉祝博覽會	1917.3.15~5.31.	東京			1,200점 출품
제1회 化學工業博覽會	1917.9.20~11.18.	東京 上野			2층짜리 조선관 건립
平和記念東京博覽会	1922.3.10~7.31	東京	532坪の敷地, 建坪400坪の2階	23万圓	生產物1,207点 参考物 636点
東宮殿下御成婚奉祝万国博覽会 参加五十年記念博覽会	1924.3.20~5.20	京都	144坪の2階	3万圓	特產物 416点
大大阪概念博覽会	1925.3.15~4.30	大阪	京都と同樣	1万6百圓	物產 330点

熊本市三大事業記念国産共進会	1925.3.20~5.3	熊本	京都と同様	1万6百圓	物産576点
銀婚式奉祝国産共進会	1925.9.15~10.31	岐阜	80坪		物産300点
大日本勧業博覧会	1926.1.20~5.18	岡山	2層		
第2回化学工業博覧会	1926.3.19~5.17	東京上野	70坪の1階	2万2千圓	物産300点
市制十年記念国産共進会	1926.3.20~4.25	大牟田	40坪	5千圓	物産400点
国産発展博覧会	1926.3.20~5.23	京都	·	·	·
皇孫御誕生記念子供博覧会	·	東京	·	·	·
電気大博覧会	·	大阪	·	·	·
姫路全国産業博覧会	1926.4.1~5.10	姫路	84坪	4千圓	物産400点
全国代表飲食品展覧会	1926.4.10~5.5	奈良	·	·	·
第11回全国特産品陳列大会	1926.4.11~4.30	長崎	·	·	·
福岡東亜勧業博覧会	1927.3.25~5.23	福岡	173坪の2階	21,899圓	物産500点
松山全国産業博覧会	1927.4.10~5.14	松山	59坪	3,425圓	物産400点
大阪毎日新聞社主催子供博覧会		大阪	·	·	·
中外商業新聞社主催産業文化博覧会	·	東京	·	·	·
山形全国産業博覧会	1927.9.11~10.20	山形	51坪	3,425圓	物産400点
大礼記念国産振興東京博覧会	1928.3.24~5.27	東京	141坪	2万2百圓	優良品300点
岡山大日本勧業博覧会	1928.3.20~5.20	岡山	128坪	12,500圓	物産460点
高松全国産業博覧会	1928.3.20~5.10	高松	52坪	3,250圓	物産350点
新日本殖産博覧会(東京毎日新聞社主催)	·	東京	·	·	·
朝鮮博覧会(京城日報社主催)	·	東京(国技館)	·	·	·
朝鮮物産展覧会(朝鮮物産協会主催)	·	大阪			

別府中外産業博覧会	1928.4.1~5.20	別府	51坪	3,630圓	物産 350点
仙台東北産業博覧会	1928.4.15~6.3	仙台	106坪	19,500圓	物産 400点
御大典奉祝名古屋博覧会	1928.9.15~11.23	名古屋	150坪	12,484圓	物産 250点
御大礼記念京都大博覧会	1928.9.20~12.25	京都	402坪	5万圓	物産 200点
広島昭和産業博覧会	1929.3.20~5.13	広島	141坪	16,930圓	物産 300点
海と空の博覧會	1930.3.20~5.31.				
全國産業博覧會	1931.3.15~5.8.	濱松市			80평 4000원
國産振興博覧會	1931.4.1~	鹿兒島市			40평 2515원
産業と觀光の大博覧會	1932.4.12~6.5.	金澤市			
祖國日向産業博覧會	1933.2.18~3.17	宮崎市			35평
橫濱復興博覧會	1935.3.26~5.24	橫濱市 (山下公園)			
萩史蹟産業大博覧會	1935.4.5~5.21				
築港記念博多大博覧會	1936.3.25~5.13	博多市			212평
躍進記念日本博覧會	1936.3.25~	岐阜市			
四日市大博覧會	1936.3~5(50일간)	四日市			
姬津線全通記念産業振興博覧會	1936	津山市			
北海道大博覧會	1937	小樽市			
汎太平洋平和博覧會	1937. 3.15~5.31.	名古屋市			
支那軍變聖戰博	1938 5.3－10.29	(日 / 大阪)西宮球場			
愛國朝鮮大展覧會	1938.7.19~8.7.				620평
大陸發展大展覧會	1939	橫浜市			

부록 5 국제박람회연보

명칭	개최년/기간	개최지	입장객수	개요/특징
런던만국박람회	1851.5.1~ 10.11.	런던 하이드 파크	630만915	세계최초의 만국박람회, 수정궁
뉴욕만국박람회	1853.7.14~ 12.13.	미국 브라이앤트공원	125만	수정궁 축소판, 큰 적자
파리만국박람회	1855.5.11~ 11.15.	파리 상제리제	516만2천	미술품 출품이 시작
런던만국박람회	1862.5.1~ 11.15.	런던 켄징턴	621만1천	일본최초의 만박 견학, 자연과학박물관 건립
파리만국박람회	1867.4.1~ 11.3.	파리 샹 드 마르스정원	680만5천	장방형 주회장, 각국관과 유원지, 레스토랑 등장
공업박람회	1871.8.1~ 9.1.	샌프란시스코		
빈만국박람회	1873.5.1~ 11.2.	빈 프랑델공원	722만5천	전망대 설치, 일본정부 첫 공식참가
켄징턴만국박람회	1874(90일간)	런던 켄징턴		
멜버른만국박람회	1875	호주 멜버른		일본정부 민간에게 의뢰하여 참가
필라델피아만국박람회	1876.5.10~ 11.10.	필라델피아 페어몬트공원	1165만	미 건국100주년기념행사
파리만국박람회	1878.5.1~ 11.10	파리 상 드 마르스정원	1610만	제3공화국 홍보, 재패니즘 유행, 에디슨 축음기 전시
시드니만국박람회	1879.9.17~ 1880.4.29.	호주 시드니	111만7천	구미 이외의 대륙에서 열린 첫행사
멜버른만국박람회	1880.10~ 1881.4.	호주 멜버른	133만297	
광천학(鑛泉學)박람회	1881.5~10.	독일 프랑크푸르트		
만국면업(綿業)박람회	1881.10~ 1882.1.	미국 애틀랜타		
만국어업(漁業)박람회	1883.5.1~ 6개월간	런던 켄징턴		
기술공업박람회	1883.9.1~ 3개월간	미국 보스톤		

식민지산물 및 일반 수출품박람회	1883.9~10.	네덜란드 암스텔담		
만국위생박람회	1884.5~ 6개월간	런던		
만국원예박람회	1884.5.17~ 5.28.	러시아 베텔스부르그		
만국삼림박람회	1884.12~ 1885.5.31.	영국 에진버러		
만국공업 및 면100년 박람회	1884.12~ 1885.5.31.	미국 뉴올리언스		
만국발명품박람회	1885.5~ 6개월간	런던 켄징턴		
만국식공(食工)박람회	1885.6~9.	독일 뉴룽베르그		
바르셀로나만국박람회	1888.4~12.	스페인 바르셀로나	3235만	가우디가 파빌리언을 설계
파리만국박람회	1889.5.6~ 11.6.	파리 샹 드 마르스공원		프랑스혁명 100주년 기념행사, 에펠탑 건설, 에디슨의 전등 박물대원으로 민영찬 파견, 조선물품 소개
만국상업박람회	1889.6~ 80일간	독일 함부르크		
만국감옥(監獄)박람회	1890~ 90일간	러시아 베텔스부르그		
상업박람회	1890	독일 함부르크		
시카고만국박람회	1893.5.1~ 10.30.	시카고 잭슨공원	2148만2천	콜럼부스 미대륙 발견 400주년 기념, 미시칸호에 인공도시(별명 화이트 시티), 고가철도 및 자동개찰기 등장, 조선정부 공식참가
파리만국박람회	1900.4.15~ 11.12.	파리 토로카드로공원	4707만6339	알 뉴보 양식, 전기궁과 수정궁 인기, 한국관 설치, 움직이는 보도 등 모든 동력은 전기를 사용
영국만국박람회	1901.5~11.	영국 글라스고		
동양농업기예(技藝)만국박람회	1902.11.3~ 1903.1.26.	프랑스/베트남 하노이		극동지역의 출품으로 이루어진 산업박람회
세인트루이스만국박람회	1904.4.30~ 12.1.	세인트루이스 포레스트공원	1969만4855	루이지애나주 등을 프랑스로부터 구입한 지 100주년을 기념한 행사, 1,576개의 건물과 철도 부설, 무선전신 실험, 비행선과 자동차 출품
루이스크라크100주년만국박람회	1905.9.1~ 10.5.	미국 포트랜드		오리건주 탐험 100주년 기념

리에주만국박람회	1905	벨기에 리에주 코인드공원		벨기에 독립75주년 기념
밀라노만국박람회	1906.4~12.	이탈리아 밀라노		
제임스타운만국박람회	1907.4~11.	미국 제임스타운		영어민족 상륙 300주년 기념
만국장식기술 및 가구박람회	1908.8.25~11.1.	러시아 베텔스부르그		대만총독부 대만찻집을 개점
알래스카 유콘 태평양박람회	1909	미국 시애틀		미국이 알래스카 유콘을 구입한 것을 기념
영일(英日)박람회	1910.5.14~10월말	영국 런던		양국의 우호관계 및 동맹을 확인하기 위한 행사
야탈리아만국박람회	1911	이탈리아 로마/토리노		독립50주년 기념
만국위생박람회	1911.5~10.	독일 드레스덴		
남태평양스마랑박람회	1912.8.20~11.22.	네덜란드 스마랑		동인도철도 개통 50주년 기념
만국발동기박람회	1912	덴마크 코펜하겐		
파나마태평양만국박람회	1915.2.20~12.4.	미국 샌프란시스코	1883만2743	파나마운하 개통 기념, 르네상스풍으로 건축통일, 예술과 스포츠 전시에 주력, 일명 샌프란시스코만국박람회
브라질100주년기념만국박람회	1922.9.7~1923.12.31.	브라질 리오데쟈네이로		소규모 만국박람회
만국현대장식미술공예박람회	1925.4.28~11.30.	프랑스 드 쟝 바리드 외	1500만	알 데코 다지인이 유행, 장식미술과 근대공예
필라델피아만국박람회	1926.5.31~11.30.	미국 필라델피아	525만2천	미국 독립 150주년 기념, 7만 대 수용의 주차장
만국과학공업해양식민박람회	1930.5.3~11.3.	벨기에 리에주/앙드와프	700만	벨기에 독립 100주년 기념, 도시계획추진, 요리제품
시카고만국박람회	1933.5.27~11.12.	시카고 미시칸호/일리노이철도부지	2256만5859	시카고시제(市制) 100주년 기념, 첫 공식테마 "진보의 세기"를 사용, 회장내버스운행
브뤼셀만국박람회	1935 150일간	벨기에 헤이젤공원	2000만	벨기에철도 개통 100주년 기념, 750개 파빌리언, 국제박람회조약 후 첫 일반박람회
파리만국박람회	1937.5.25~11.25.	파리 토로카드로 광장	3064만5천	피카소의 〈게르니카〉 평판
뉴욕만국박람회	1939.4.30~10.31.			

	1940.5.11~ 10.27.	뉴욕 후래싱매도우공원	4500만	초대 대통령 조지 워싱턴 취임150주년기념, 사상 최대규모 테마는 "내일의 세계 건설", 나이론, 플라스틱, 텔레비전, 테이프레코더 등 등장
샌프란시스코만국박람회	1939.2.18~ 12.2.	드레이저 아일랜드	2000만	금문교 완성 기념, 테마는 "평화와 자유"
로마만국박람회	1942	이탈리아		파시스트 20주년을 기념해 기획되었지만 중지
브뤼셀만국박람회	1958.4.17~ 10.19.	브뤼셀 헤이젤공원	4145만4112	테마는 "과학문명과 휴머니즘", 원자력시대 예고
시애틀만국박람회	1962.4.21~ 10.21.	시애틀 중심부	963만5067	테마는 "우주시대의 인류", 자동판매기 · 모노레일 등장. 해방후 한국 정부 첫 참가
뉴욕만국박람회	1964.4.22~ 10.17.			
	1965.4.21~ 10.17.	뉴욕 후래싱매도우공원	5166만6300	뉴욕시제 300주년 기념, 입체영상, 조약위반행사, 미국 중심의 거대산업박람회 인상
몬트리올만국박람회	1967.4.28~ 10.6.	샌트헤레나섬, 노틀담섬	5030만6648	테마는 "인간과 세계", 실험주택 〈아바타67〉
샌안토니오세계박람회	1968.4.6~ 10.6.	미국 샌안토니오	638만4482	몬트리올의 1/9 규모 테마는 "미국 대륙에서의 문화교류"
일본만국박람회	1970.3.15~ 9.13	일본 오사카	6421만8770	테마는 "인류의 진보와 조화"
스포켄환경박람회	1974.5.4~ 11.3.	워싱톤시 스포켄	518만7826	테마는 "오염없는 진보", 스포켄강 되살리기
국제에너지박람회	1982.5.1~ 10.31.	테네시주 낙스빌	1112만7786	테마는 "에너지는 세계의 원동력", 회화로봇
리버플국제정원박람회	1984.5.2~ 10.14.	영국 리버플	330만	테마는 "푸른환경만들기"
국제하천박람회	1984.5.12~ 11.11.	미국 뉴올리언스	733만5279	테마는 "강의 세계, 물은 생명의 원천"
세계교통박람회	1986.5.2~ 10.13.	캐나다 벤쿠버	2211만1578	테마는 "교통과 통신 · 인간의 발전과 미래", 뱅쿠버시 시제 100주년 기념 및 캐나다 대륙횡단 철도 완성 100주년 기념
국제레저박람회	1988.4.30~ 10.30.	호주 브리스벤	1570만	테마는 "기술시대의 레저", 호주 건국 200주년 기념
대전세계박람회	1993.8.7~ 11.7.	대전시 유성구	1400만	테마는 "새로운 도약의 길", 마스코트 꿈돌이, 개발도상국 최초의 공식 만국박람회

참고문헌

Alcock, R., *The Capital of the Tycoon*, 山口光朔 譯,『大君の都』, 岩波文庫, 1962.

Altick, R., *The Shows of London*, The Belknap Press of Harvard U.P., 1978 小池滋 監譯,『ロンドンの見世物』, 國書刊行會, 1989-90.

Anthony, J., *Joseph Paxton*: 1803-1865, Shire Publications, 1973. 靑木保,『儀禮と象徵性』岩波書店, 1984.

Appelbaum, S., *The New York World's Fair*, 1939/1940, Dover Publications, 1977.

Appelbaum, S., *The Chicago World's Fair of 1983*, Dover Publications, 1980.

荒井政治,『レジャーの社會經濟史』, 東洋經題新報社, 1989.

荒俣宏,「博物學-闇に投じた光に浮かぶ像」,『現代思想』Vol.13, No.2, 1985.

淺井香織,『音樂の〈現代〉が始まったとき-第二帝政下の音樂家たち』, 中公新書, 1989.

Badger, R., *The Great American Fair*, Nelson Hall, 1979.

Balandier, G., *Le Pouvoir sur scènes*, Editions Andre Balland, 1980, 渡辺公三 譯,『舞臺の權の力』, 平凡社, 1982.

Barthes, R., *La Tour Eiffel*, Editions Delpire, 1964, 宗左近·諸田和治 譯,『エッフェル塔』, 審美社, 1984.

Benedict, B., *The Anthropology of World's Fairs*, Scolar Press, 1983.

Benjamin, W., *Charles Baudelaire*, Rolf Tiedemann, 1974, 川村二郎他 譯,『ボードレール』(ヴァルター·ベニャミン著作集6), 晶文社, 1975.

Berger, J., *Ways of Seeing*, Penguin Books, 1972, 伊藤俊治 譯,『イメージ』, パルコ出版, 1986.

Booth, M. R., *Victorian Spectacular Theatre 1850-1910*, Routledge & Kegan

Paul, 1981.

Bowlby, R., *Just Looking*, Methuen, 1985, 高山宏 譯,『ちょっと見るだけ』, あ
りな書房, 1989.

Boyer, M. C., *Dreaming the Rational City*, The MIT Press, 1983.

Breen, D. & K. Coates, *The Pacific National Exhibition*, U. of British Columbia
Press, 1982.

Bronner, S. J., ed., *Consuming visions*, W.W.Norton & Company, 1989.

Buck-Morss, S., *The Dialectics of Seeing*, The MIT Press, 1989.

Carpenter, P. F & P. Totah, *The San Francisco Fair*, Scottwall, Associates,
1989.

Cawelti, J. G., "America on Display: The World's Fairs of 1876, 1893, 1933",
Jaher, F. C., ed., *The Age of Industrialism in America*, Free Press,
1968, pp.317-363.

Chesney, K., *The Victorian Underworld*, Maurice temple smith, 1970, 植松靖
夫·中坪千夏子 譯,『ヴィクトリア朝の下層社會』, 高科書店, 1991.

Choay, F., *The Modern City*, George Braziller, 1969, 彦坂裕 譯,『近代都市』,
井上書院, 1983.

Cohen, A., *Two-Dimensional Man*, U. of California Press, 1974, 山川偉也·辰
巳淺嗣 譯,『二次元的人間』, 法律文化社, 1976.

Corn, J. J., *Imagining Tomorrow*, The MIT Press, 1986.

Davis, D. H., *Hitler's Games*, Richard Scott Simon, 1986, 岸本完司 譯,『ヒトラ
ーへの聖化』, 東京書籍, 1988.

Dayan, D. & E. Katz, *Media Event*, Harvard U.P., 1992.

Debord, G., *Society of the spectacle*, Black & Red, 1983 (1967).

Doctorow, E. L., *World's Fair*, Ballantine Books, 1985.

Ewen, S., *All Consuming Images*, Basic Books, 1988, 平野秀秋·中江桂子 譯,
『浪費の政治學』, 晶文社, 1990.

Fay, C. R., *Palace of Industry*, 1851, Cambridge U.P., 1951.

Ffrench, Y., *The Great Exhibition*: 1851, The Harvill Press, 1950.

Foucault, M., *Les Mots et les Choses*, Editions Gallimard, 1966, 渡辺一民·佐

々木明 譯,『言葉と物』, 新潮社, 1974.

Foucault, M., *Surveiller et Punir*, Editions Gallimard, 1975, 田村俶 譯,『監獄の誕生』, 新潮社, 1977.

Foucault, M., *La Volonte de Savoir*, Editions Gallimard, 1976, 渡辺守章 譯,『知への意志』, 新潮社, 1986.

Fox, R. W. and T. J. J. Lears, eds., *The Culture of Consumption*, Pantheon Books, 1983, 小池和子 譯,『消費の文化』, 勁草書房, 1958.

Freeman, M. J. & D. H. Aldcroft, *Transport in victorian Britain*, Manchester U.P., 1988.

Fujitani, T., *Japan's Modern National Ceremonies*, PHD Dissertation, 1986.

福澤諭吉,「西洋事情」『福澤諭吉全集』第1卷, 岩波書店, 1958.

Geerz, C., *Negara: Theatre State in Nineteenth-Century Bali*, Princeton U.P., 1980, 小泉潤二 譯,『ヌガラ』, みすず書房, 1989.

Giedion, S., *Space, Time and Architecture*, Harvard U.P., 1949, 太田實 譯,『時間・空間・建築』, 丸善, 1955.

Gilbert, J., *Perfect Cities*, U. of Chicago Press, 1991.

Ginger, R., *Altgeld's America*, Markus Wiener Publishing, 1958.

Greenhalgh, P., *Ephemeral vistas*, Manchester U.P., 1988.

Greenhalgh, P., "Education, Entertainment and Politics", Vergo,P., ed., *The New Museology*, Reaktion Books, 1989, pp.74-98

芳賀徹,『大君の使節』, 中會新書, 1968.

Harris, N., *Cultural Excursions*. U. of Chicago Press, 1990.

橋爪紳也,『明治の迷宮都市』, 平凡社, 1990.

橋爪紳也・中谷作次,『博覽會見物』, 學藝出版社, 1990.

初田亨,『都市の明治』, 筑摩書房, 1981.

彦坂裕,『シティダスト・コレクション』, 勁草書房, 1987.

Himes, T. S., *Burnham of Chicago*, U. of Chicago Press, 1974.

Hobhouse, C., *1851 and the Crystal Palace*, Butler & Tanner, 1937.

Horne, D., *The Great Museum*, Pluto Press, 1984, 遠藤利國 譯,『博物館のレトリック』, リブロポート, 1990.

Howarth, P., *The Year is 1851*, Collins Clear-Type Press, 1951.

Hyde, R., *Panoramamaia!*, Trefoil Publications, 1988.

井上章一, 『アート・キッチュ・ジャパネスク』, 靑土社, 1987.

伊藤俊治, 『ジオラマ論』, リブロポート, 1986.

樺山紘一・奥田道大 編, 『都市の文化』, 有斐角, 1986.

Karp, I. & S. D. Lavine, *Exhibiting Cultures*, Smithonian Institution, 1991.

鹿島茂, 『馬車が買いたい!』, 白水社, 1990.

鹿島茂, 『デパートを發明した夫婦』, 講談社. 1991.

Kasson, J. F., *Amusing the Million*, Hill and Wang, 1978, 大井活二 譯, 『コニー・アイランド』, 開文社, 1987.

加藤秀俊・前田愛, 『明治メティア考』, 中央公論社, 1980

川北稔 編, 『「非勞働時間」の生活史』, リブロポート, 1987.

Kertzer, D. I., *Ritual, Politics, and Power*, Yale U.P., 1988, 小池和子 譯, 『儀式・政治・權力』, 勁草書房, 1989.

Kinchin, P. & J. Kinchin, *Glasgow's Great Exhibitions*, White Cockade, 1988.

北山晴一, 『おしゃれと權力』, 三省堂, 1985.

北擇憲昭, 『眼の神殿』, 美術出版社, 1989.

喜安朗・川北稔, 『大都會の誕生』, 有斐閣, 1986.

Koppelkamm, S., *Kunstliche Paradiese*, Wilhelm Ernst & Sohn, 1988, 堀内正昭 譯, 『人工樂園』, 鹿島出版會, 1991.

河野建二 編, 『フランス・ブルジョア社會の成立』, 岩波書店, 1977.

Koyre, A., *From the Closed World to the Infinite Universe*, John Hopkins Press, 1957, 横山雅彦 譯, 『閉じた世界から無限宇宙へ』, みすず書房, 1973.

Kracauer, S., *Pariser Leben Jacques Offenbach und seine Zeit*, Paul List Verlag, 1962, 平井正 譯, 『天國と地獄』, せりか書房, 1978.

久米邦武 編, 『米歐回覽實記』, 岩波文庫, 1982.

クラインス編集委員會, 『つくばEXPO讀本』, 季刊クラインス臨時增刊, 社會評論社, 1985.

倉田保雄, 『エッフェル塔ものがたり』, 岩波新書, 1983.

栗原彬,『管理社會と民衆理性』, 新曜社, 1982.

Lemoine, B., ed., *Paris 1937, Cinquantenaire,* Institut Francais d'Architecture, 1987.

Levin, M. R., *When the Effel Tower was New*, Mount Holyoke College Art Museum, 1989.

Lewis, R., "Everything Under One Roof," *Chicago History*, Vol.12, No.3, 1983, pp.28-47.

Lowe, M. D., *History of Bourgeois Perception*, U. of Chicago Press, 1982.

Loyrette, H., *Eiffel*, Office du Livre S. A., 1985, 飯田喜四郎・丹羽和彦 譯,『ギュスターヴ・エッフェル』, 西村書房, 1989.

Lumley, R., ed., *The Museum Time-Machine*, Routledge, 1988.

MacAloon, J. J., *This Great Symbol*, U. of Chicago, 1981, 柴田元幸・菅元克也 譯,『オリンピックと近代』, 平凡社, 1988.

MacAloon, J. J., ed., *Rite, Drama, Festival, Spectacle*, Institute for the Study of Human Issues, 1984, 光延明洋他 譯,『世界を映す鏡』, 平凡社, 1988.

Mainardi, P., *Art and Politics of Second Empire*, Yale U.P., 1987.

眞木悠介,『現代社會の存立構造』, 筑摩書房, 1977.

眞木悠介,『時間の比較社會學』, 岩波書店, 1981.

Mandell, R. D., *Paris 1900*, U. of Toronto Press, 1967.

Mandell, R. D., *The Nazi Olympics*, U. of Illinois Press, 1971.

Marchand, R., *Advertising the American Dream*, U. of California Press, 1985.

Marshall, P. J. & G.Williams, *Great Map of Mankind*, J. M. Dent & Sons, 1982, 大久保桂子 譯,『野蛮の博物誌』, 平凡社, 1989.

Marvin, C., *When Old Technologies Were New*, Oxford U.P., 1988.

松村昌家,『水晶宮物語』, リブポート, 1986.

McLuhan, M., *The Gutenberg Galaxy*, U. of Toronto Press, 1962, 森常治 譯,『グーテンベルクの銀河系』, みすず書房, 1986.

Mendelssohn, K., *Science and Western Domination*, Thames and Hudson, 1976, 常石敬一 譯,『科學と西洋の世界制覇』, みすず書房,

1980.
Miller, M. B., *The Bon Marché*, Princeton U.P., 1981.
南博 編,『大正文學』, 勁草書房, 1965.
宮永孝,『文久二年のヨーロッパ報告』, 新潮社, 1989.
Musée d' Orsay, ed., 1889: *la Tour Eiffel et l'Exposition Universelle*, Edition de la Reunion des Musees Nationaux, 1989.
長島伸一,『世紀末までの大英帝國』, 法政大學出版局, 1987.
中藤保則,『遊園地の文化史』, 自由現代史, 1984.
中川童二,『ランカイ屋一代』, 講談社, 1969.
中瀨壽一,『萬國博と情報ファンズム』, 校倉書房, 1970.
中山公男 監修,『エッフェル塔100年のメッセージ』, 東京ステーションギャラリー, 1989.
夏目瀨石,『虞美人草』, 新潮文庫, 1951 (1907).
西村三郞,『リンネとその使徒たち』, 人文書院, 1989.
西山印三他,『大正「住宅改造博覽會」の夢』, INAXギャラリー大阪, 1988.
野田正憓·中島明子 編,『目白文化村』, 日本經濟評論社, 1991.
乃村工藝社社史編纂委員會,『70万時間の旅』, 乃村工藝社, 1975.
能登路雅子,『ディズニーフンという聖地』, 岩波新書, 1990.
奥出直人,「1983年シカゴ博のミッドウェイ—ファーストフード·レストランノデザインの文化的起源」『アメリカ研究』, No.22, 1988, pp.89-112.
Olsen, D. J., *The City as a Work of Art*, Yale U.P., 1986, 和田旦 譯,『藝術作品としての都市』, 藝立出版, 1990.
大橋又太郎,『歐山米水』, 博文館, 1900.
大橋清次,『ジャポノズム』, 美術公論社, 1980.
大塚武松 編,『遣外使節日記纂輯』, 全3卷, 日本史籍協會, 1930.
Ory, P., *L'Expo Universelle*, Editions Complexe, 1989.
Ozouf, M., *Festivals and the French Revolution*, (Tr.Scheridan, A.), Harvard U.P., 1988.
Pemsel, J., *Die Wiener Weltausstellung von 1873*, Bohlau Verlag, 1989.
Pomian, K., *Collectors and Curiosities*, (Tr. Wiles-Portier, E.), Polity Press,

1990.

Queens Museum, ed., *Dawn of a New Day*, New York U.P., 1980.

Queens Museum, ed., *Remembering the Future*, Rizzoli, 1989.

Rearick, C., *Pleasures of the Belle Epoque*, Yale U.P., 1985.

Richards, T., *The Commodity Culture of Victorian England*, Stanford U.P., 1990.

Rydell, R. W., *All the World's a fair*, U. of Chicago Press, 1984.

Saalman, H., *Haussmann: Paris Transformed*, George Braziller, 1971, 小澤明 譯,『パリ大改造』, 井上書院, 1983.

定塚武敏,『海を渡る浮世繪』, 美術公論社, 1981.

Said, E., *Orientalism*, Georges Borchardt, 1978, 雄三・杉田英明 監修・今澤紀子 譯,『オリエンタリズム』, 平凡社, 1986.

阪田寛夫,『おが小林一三一』, 河出書房新社, 1983.

佐々木時雄,『動物園の歴史』, 講談社學術文庫, 1987.

佐々木時雄,『續動物園の歴史・世界編』, 西田書店, 1977.

Schivelbusch, W., *Geschichte der Eisenbahnreise*, Hanser Verlag, 1977, 加藤二郎 譯,『鐵道旅行の歴史』, 法政大學出版局, 1982.

Schivelbusch, W., *Lichtblicke*, Carl Hanser Verlag 1983, 小川さくえ 譯,『闇をひらく光』, 法政大學出版局, 1988.

Segrave, J. O. & D. Chu, eds., *The Olympic Games in Transition*, Human Kinetics Books, 1988.

柴崎力榮,『情報過程分析の可能性一天皇親率演習と博覽會』, 近代日本研究會 篇,『近代日本研究の檢討と課題』, 山川出版社, 1988, pp.48-64.

椎名仙卓,『明治博物館事始め』, 思文閣出版, 1989.

Siry, J., *Carson Pirie Scott*, U. of Chicago Press, 1988.

Smith, A., *The Newspaper*, Thames and Hudson, 1979. 仙名紀 譯,『ザ・ニュースパーパー』, 新潮社, 1988.

杉本つとむ,『江戸の博物學者たち』, 靑土社, 1985.

須見裕,『德川昭武―万博殿樣―代記』, 中公新書, 1984.

高橋邦太郎, 『花のパリへ少年使節―慶應三年パリ万國博奮闘記』, 三修社, 1979.

高山宏, 『月の中の劇場』, 靑土社, 1985.

高山宏, 『世紀末異貌』, 三省社, 1990.

多木治二, 『眼の隱喩』, 靑土社, 1982.

多木治二, 『「もの」の詩學』, 岩波書店, 1984.

多木治二, 『ヨーロッパ人の描いた世界』, 岩波書店, 1991.

田中芳男・平山成信, 『澳國博覽會參同紀要』, 1897.

田中優子, 『江戸の想像力』, 筑摩書房, 1986.

寺下勣, 『博覽會强記』, エキスプラン, 1987.

Thomas, B., *Walt Disney*, Simon & Schuster, 1976, 玉置悅子・能登路雅子 譯, 『ウォルト・ディズニー』, 講談社, 1983.

Todorov, T., La Conquete de L'Amerique, Editions du Seuil. 1982, 及川馥・大谷尚文・菊地良夫 譯, 『他者の記號學』, 法政大學出版局, 1986.

津金澤聰廣, 『寶塚戰略』, 講談社新書, 1991.

角山榮・川北稔 扁, 『路地裏の大英帝國』, 平凡社, 1982.

内田靑藏, 「大正四年から大正十一年までの博覽會・展覽會から見た住宅改良の動向について」『風俗』日本風俗史學會, 23卷 3號, 1984, pp.55-67.

上野益三, 『日本博物學史』, 平凡社, 1973(普及版 講談社, 1989)

Union Centrale des Arts Décoratifs, *Le Livre des Expositions Universelles 1851-1989*, Editions des Art Décoratifs, 1983.

若木幹夫, 『熱い都市 冷たい都市』, 弘文堂, 1992.

Wallerstein, I., *The Modern world-System*, Academic Press, 1974, 川北稔 譯, 『近代世界システム』, 岩波現代選書, 1981.

渡辺守章・山口昌男・蓮見重彦, 『フランス』岩波書店, 1983.

Wlliams, R. H., *Dream Worlds*, U. of California Press, 1982.

山田登世子, 『メディア都市パリ』, 靑土社, 1991.

山口廣 編, 『郊外住宅地の系譜』, 鹿島出版會, 1987.

山本光雄, 『日本博覽會史』, 理想社, 1970.

山本笑月,『明治世相百話』, 中央公論社, 1983 (1936).

山本武利,『近代日本の新聞讀者層』, 法政大學出版局, 1981.

安岡章太郎,『大世紀末サーカス』, 朝日新聞社, 1984.

吉田光邦,『改訂版萬國博覽會』, NHKブックス, 1985.

吉田光邦 編,『圖說萬國博覽會史』, 思文閣出版, 1985.

吉田光邦 編,『萬國博覽會の研究』, 思文閣出版, 1986.

吉田光邦 監修,『萬國博の日本館』, INAXギャラリー, 1990.

吉見俊哉,『都市のドラマトゥルギー』, 弘文堂, 1987.

吉見俊哉,「博覽會の政治」『都市問題』Vol.79, No.11, 1988, pp.39-54.

吉見俊哉,「遊園地のユートピア」『世界』No.528, 1989, pp.293-306.

吉見俊哉,「廣告としての世界」池田浩·海老坂武 編,『政治と藝術』(講座
　　　·20世紀の藝術6), 岩波書店, 1989, pp.119-146

吉見俊哉,「大正期のおけるメディア·イベントの形成と中産階級のユー
　　　トピアとしての郊外」『東京大學新聞研究所紀要』No.41, 1990,
　　　pp.141-152.

吉見俊哉,「博覽會の歷史的變容」『都市問題研究』Vol.42, No.3, 1990,
　　　pp.43-59.

吉見俊哉,「六四00萬人の幻影」『理想の科學』Vol.134, 1990, pp.20-29.

吉見俊哉,「博覽會都市の系譜學」『建築智識』No.386-398, 1990-91.

吉見俊哉,「コミュニケーションとしての大衆文化」『新聞學評論』No.39,
　　　1990, pp.78-105.

吉見俊哉,「演じるを讀む」『演じる』第3券, ポーラ文化研究所, 1991,
　　　pp.191-239.

吉見俊哉,「水晶宮の誕生」『空間系』No.3, 1992, pp.56-67.

吉見俊哉,「シミュラークルの樂園」多木治二·內田隆三 編,『零の修辭學』
　　　1992, pp.79-136.

吉見俊哉,「メディア變容と電子の文化」『思想』No.817, 1992, pp.16-30.

Zola, E., *Au bonheur des Dames*, 1883, 三上於菟吉 譯,『貴女の樂園』, 天佑
　　　社, 1922.

Zola, E., *L'Assommoir*, 1877, 古賀照一 譯,『居酒屋』, 新朝文庫, 1970.

찾아보기

박람회
근대의 시선

초판 1쇄 발행 2004년 1월 29일
초판 2쇄 발행 2019년 7월 20일

지은이 요시미 순야
옮긴이 이태문
펴낸곳 논형
펴낸이 소재두
등록번호 제2003-000019호
등록일자 2003년 3월 5일
주소 서울시 영등포구 양산로 19길 15 원일빌딩 204호
전화 02-887-3561
팩스 02-887-6690
ISBN 978-89-90618-02-3 03910
값 18,000원